넷플릭스
세계사

넷플릭스 세계사

N

인종차별과 빈부격차,
전쟁과 테러 등
넷플릭스로 만나는
세계사의 가장 뜨거웠던 순간

오애리 이재덕

◀◀   ▶   ▶▶

〈기묘한 이야기〉〈퀸스 갬빗〉
〈더 스파이〉〈메시아〉 등
특별한 세계사의 장면들을
스무 편의 넷플릭스 콘텐츠로 만나다

푸른숲

목차

들어가는 글

거두절미하고 말하자면, 이 책은 '넷플릭스^Netflix'와 아무런 관계가 없다. 기획부터 출간에 이르기까지 책의 전 과정이 넷플릭스와 완전히 무관하다는 이야기다. 그럼에도 넷플릭스라는 타이틀을 책의 전면에 내건 것은 넷플릭스가 오늘날 OTT^Over The Top 플랫폼을 대표하는 이름이라 해도 과언이 아니기 때문이다.

세계 최대 동영상 스트리밍 서비스인 넷플릭스가 미디어콘텐츠 부문에 미치는 영향은 실로 엄청나다. 2022년 기준 약 2억 3000만 명이 넘는 가입자들이 세계 각국에서 제작된 영화와 드라마, 다큐멘터리, 버라이어티쇼를 동시에 즐기고 있다. 최근 들어 가입자 증가세가 주춤하고 경영 실적이 예전만 못하다는 지적도 있지만, 넷플릭스는 글로벌 OTT 플랫폼 점유율 45.2퍼센트(2022년 기준)로 여전히 업계 선두를 지키고 있다.

넷플릭스라는 이름이 우리에게 각인된 계기는 2017년 봉준호 감독의 영화 〈옥자〉였다. 당시 이 영화는 국내 멀티플렉스 극장 체

인들이 넷플릭스 오리지널이란 이유로 보이콧하는 바람에 극소수
의 극장에서만 선보이는 수난을 겪어야만 했다. 이를 계기로 극장
업계와 OTT 간의 밥그릇 싸움이 본격화됐다는 기사들이 쏟아졌
던 것을 돌아보면, 불과 5~6년 만에 얼마나 큰 변화가 일어났는지
새삼 절감하게 된다.

2019년 말 중국을 시작으로 전 세계를 강타한 코로나19 팬데
믹 사태가 이른바 K-컬처 세계화의 결정적인 계기가 된 것은 아
이러니하기 짝이 없다. 물론 그 이전에 일본 등 아시아권의 한류
열풍이 있었고, 〈서편제〉 등 많은 한국영화가 각종 국제영화제에
서 수상하면서 작품성을 인정받았으며, 배우 박중훈과 이병헌 등
아시아를 넘어 할리우드에 진출하려는 우리 영화인들의 부단한
노력이 있었다. 그럼에도 불구하고 과연 넷플릭스와 같은 OTT
플랫폼이 없었다면 지금과 같은 K-컬처의 높은 인기가 가능했을
까? 오랫동안 실력을 키워온 K-컬처가 OTT라는 날개를 달고 위
기를 기회로 만들어낸 셈이다. 방송계의 아카데미상으로 불리는
에미상에서 〈오징어 게임〉이 드라마 부문 감독상과 남우주연상
등 여섯 개 상을 휩쓸었고, 〈킹덤〉 〈지옥〉 〈스위트홈〉 〈지금 우리
학교는〉 〈정이〉 등이 글로벌 차트 톱 또는 상위권을 휩쓰는 경사
가 이어졌다. 2022년 한 해 동안 넷플릭스 회원의 60퍼센트가 최
소 한 편 이상의 한국 작품을 시청했다는 통계도 나왔다. 우리나
라뿐만 아니라 전 세계의 많은 사람이 적게는 한두 개, 많게는 서
너 개의 OTT 플랫폼 이용료를 내는 것을 필수적인 문화비 지출
로 생각하는 시대가 됐다.

OTT 플랫폼이 펼쳐 보이는 세상은 언제나 경이롭다. 2020년 〈기생충〉으로 골든글로브 외국어영화상을 수상한 봉준호 감독이 "자막의 장벽은 장벽도 아니다. 1인치 정도 되는 장벽을 뛰어넘으면 훨씬 더 많은 영화를 즐길 수 있다"라고 말했던 것처럼, OTT는 리모컨 버튼을 몇 번 조작하는 것만으로 거실이나 방 안에서 전 세계를 펼쳐 볼 수 있다. 국제적인 명성을 자랑하는 명감독이 만든 작품조차 예술영화란 꼬리표가 붙으면 극장에서 만날 수 있는 기회가 점점 더 줄어드는 게 늘 아쉬웠던 내게 OTT는 마치 보물상자와도 같은 느낌이다. 영미권과 유럽은 물론이고, 아시아와 중동지역 작품들까지도 언제 어디서나 쉽게 만날 수 있으니 말이다.

이 책은 OTT를 통해 접할 수 있는 다양한 작품들을 좀 더 유익하게 즐길 수 있는 노하우를 공유하고자 하는 마음에서 출발했다. 오랫동안 언론사에 몸담으면서 국내외의 다양한 사건·사고와 이슈들을 다뤄왔던 경험과 자타공인 영화광으로서 영화에 대한 지극한 사랑을 하나로 녹여보고 싶은 욕심도 있었다. 드라마와 영화를 통해 지루하고 딱딱한 시사 이슈들과 역사 문제를 좀 더 쉽게 접근해 보고, 이를 통해 얻은 지식으로 더 재미있게 콘텐츠를 즐길 수 있다면 일거양득, 꿩 먹고 알 먹는 셈이 될 테니 말이다.

이 책에서 다룬 영화 〈로마Roma〉는 멕시코 원주민 여성의 삶과 한 가정의 일상을 정감 있게 그린 작품이지만, 20세기 멕시코의 치열했던 역사를 들여다볼 수 있는 텍스트이기도 하다. 알폰소 쿠아론 감독은 군사독재, 민주화 투쟁 등과 연관된 사건들을 마치

창밖의 풍경처럼 무심한 듯 묘사하지만 곱씹어보면 한 장면, 한 장면이 예사롭지 않다. 그중 하나가 백인 중산층 가정에서 가정부로 일하는 여주인공 클레오의 남자친구가 한국인 교관으로부터 군사훈련을 받는 장면이다. 이후 클레오는 민주화 시위 진압 현장을 목격하게 되는데, 시위 참가자들을 구타하는 폭력 단원들 속에서 옛 남자친구를 발견한다. 쿠아론 감독은 왜 이런 장면을 영화 속에 넣었을까? 한국이 멕시코에 민주화 탄압 기술을 전수했다는 메시지를 전하고 싶었던 걸까? 이 질문에 대한 해답의 단서를 찾아가다 보면, 〈로마〉가 더 특별하게 다가오게 될 것이다.

프랑스에서 제작된 영어 드라마 시리즈 〈더 스파이The Spy〉는 이스라엘과 시리아 간에 전운이 감돌고 있던 1960년대 중반, 이스라엘 정보기관 모사드의 비밀요원 엘리 코헨이 시리아 권력층 내부에 잠입해 첩보활동을 펼치다가 죽임을 당한 실제 사건을 소재로 하고 있다. 이스라엘의 '국민 영웅'을 소재로 한 전형적인 스파이물이지만, 이스라엘 건국 후 중동 갈등, 특히 국경을 맞대고 있는 이스라엘과 시리아가 어떻게 앙숙관계가 됐는지를 눈여겨보면 드라마가 더 흥미진진해진다. 심지어 사우디아라비아의 갑부 사업가인 모하메드 빈라덴과 그의 어린 아들 오사마 빈라덴이 등장하는 장면까지 나온다.

스웨덴 드라마 시리즈 〈칼리프의 나라Kalifat〉는 이슬람 테러리즘에 대한 유럽 내부의 시각을 담은 작품이다. IS(이슬람 수니파 무장조직 이슬람국가)가 전 세계를 경악과 공포 속으로 밀어 넣었던 당시, 사람들이 가장 이해하지 못했던 것은 이슬람 신도나 아랍계가 아닌데도 IS 대원이 되겠다며 나선 청년들이었다. 그중에는 한국의 10대 청소년도 있었다. 심지어 IS 대원의 아내가 되고 싶다며 시리아로 간 유럽 소녀들도 있었다. 드라마는 평범한 여고생이 IS에 대한 환상을 갖는 과정을 통해 복지국가 스웨덴의 인종차별 등 어두운 면을 드러내 보여준다. OTT의 장점 중 하나는 앞서 언급했듯이, 세계 각국에서 제작된 작품들을 만날 수 있다는 점이다. 〈칼리프의 나라〉를 재밌게 봤다면, IS 문제를 이해하기 위한 심화 코스로 아랍에미리트에서 제작한 드라마 시리즈 〈검은 지하드Black Crows〉에도 도전해 보자. 서로 다른 직업과 배경을 가진 사람들이 서로 다른 목적을 갖고 IS에 합류해 겪는 사건과 시련, IS의 잔혹한 만행 등이 30부에 걸쳐 펼쳐진다. 폭탄과 총알이 쏟아지는 시리아에서 목숨을 걸고 시민들을 구조하는 민방위대 '화이트 헬멧' 대원들의 활동을 다룬 다큐멘터리 〈화이트 헬멧: 시리아 민방위대White Helmets〉도 넷플릭스에서 만날 수 있다. 내전으로 인한 시리아의 처참한 현실은 물론 비극 속에서도 시들지 않는 인간애와 봉사정신의 위대함을 생생하게 느낄 수 있다.

　전 세계적으로 큰 화제와 인기를 끈 미국 드라마 시리즈 〈기묘한 이야기Stranger Things〉는 미소 냉전이 한창이던 1970~1980년대 미국 인디애나주 호킨스라는 마을에 사는 초능력 보유자 10대 소녀 제인이 주인공이다. 제인이 초능력을 갖게 된 데에는 미국 정부가 은밀하게 진행한 세뇌 실험이 있었다. 이 실험의 이름은 'MK 울트라'. 실제로 CIA가 약물과 전기충격요법으로 인간의 정신과 행동을 통제하고 조종하려 했던 비밀프로젝트였다. 과연 이것뿐이었을까? 한 걸음 더 들어가 보면, 드라마보다 더 기묘하고 끔찍한 실상들에 대해 알게 된다.

이 책에서 다룬 스무 편의 작품은 넷플릭스라는 '콘텐츠의 바다'에서 건져 올린 극히 일부분에 지나지 않는다. 각각의 작품에 대한 역사적, 정치적 배경 설명도 충분하지 않은 게 사실이다. 그럼에도 이 책이 독자 여러분을 더 넓은 관심과 더 깊은 탐구의 세계로 안내하는 가이드가 될 수 있다면 더 바랄 것이 없겠다.

2023년 5월
오애리, 이재덕

1

인종차별과 저항

블루스가 쏘아 올린
차별을 향한 저항

블루스 음악과 흑백 갈등

영화 〈마 레이니, 그녀가 블루스Ma Rainey's Black Bottom〉
출연 | 바이올라 데이비스, 채드윅 보즈먼, 글린 터먼
감독 | 조지 C. 울프
관람등급 | 15세 관람가

WHY?

첫 장면부터 가슴을 후벼파는 블루스 음악이 터져 나오는 〈마 레이니, 그녀가 블루스〉. 이 영화는 무엇보다 귀가 즐겁다. 블루스 문외한이라도 흑인의 한과 흥, 에너지가 폭포처럼 쏟아지는 선율을 들으면 몸을 가만히 두기 어려워진다.

영화의 주 무대는 1927년 시카고의 한 음악 스튜디오. 불같은 성미와 열정을 가진 블루스 가수 마 레이니와 밴드가 음반 녹음을 위해 모인다. 마 레이니는 온갖 것들을 요구하면서 신경질을 부리고, 트럼펫 연주자 레비는 자기 식으로 연주하겠다고 우긴다. 그 사이에 끼인 다른 밴드 멤버들과 음반 제작자는 미칠 지경이다. 그런데 마 레이니는 왜 그토록 까

다롭게 구는 것일까? 레비는 왜 무리한 행동을 거듭할까? 두 사람은 미국에서 흑인으로 살아간다는 것에 대해 말한다.

주인공 마 레이니가 한 밴드 멤버에게 이렇게 말한다.

"백인들은 블루스에 대해 아무것도 몰라. (듣는 사람이) 기분 좋으라고 부르는 게 아니야. 인생을 이해하려고 부르는 거지. 블루스 없는 세상은 공허해. 블루스는 내가 시작한 게 아니야. 항상 세상에 존재했지."

블루스는 단순한 음악이 아니라 곧 세상이며, 특히 흑인들이 살아온 세상이 담겨 있다는 것이다.

영화의 원제목은 〈마 레이니의 블랙 보텀Ma Rainey's Black Bottom〉이다. '검은 궁둥이'란 뜻의 '블랙 보텀'은 마 레이니의 최대 히트곡 제목이자, 1920년대에 흑인은 물론 백인들 사이에서도 유행한 춤의 이름이기도 하다. 노래 가사는 대충 이렇다.

"사내들 들어보시오. 여러분들에게 최고로 멋진 검은 궁둥이를 보여줄게. 남쪽 앨라배마에 친구 한 명이 있어. 사람들은 춤추는 새미라고 불렀지. 춤추면 다들 미쳐. 검은 궁둥이가 들썩이고 유대인 애기가 깡충거리지… 이제 내 검은 궁둥이를 보여줄게. 내가 기분 좋게 해줄게."

느릿느릿하면서도 관능적인 노래를 듣고 있노라면, 흑인 노동자들이 흥겹게 궁둥이를 흔들고 춤추면서 노동과 차별로 점철된 고단한 삶을 한때나마 잊으려는 심정을 이해할 수 있다.

마 레이니가 녹음실에서 까탈스러웠던 이유는 그것이 그녀만의 생존방식이기 때문이다. 그녀가 혹독한 현실에서 살아남을 수 있는 유일한 무기는 자신의 재능뿐이다. 그녀는 빨리 녹음하자며 다그치는 백인 음반 제작자와 매니저에 "저놈들은 내 목소리만 원하는 거야. 녹음을 마치고 나면 나를 창녀 취급할걸"이라고 말한다. 또 다른 주인공 레비는 여덟 살 때 어머니가 동네 남자 아홉 명으로부터 성폭력당하는 과정을 지켜봤던 순간과 아버지가 원수를 갚다가 붙잡혀 화형당하던 일을 회상하며 이렇게 말한다. "나는 그때 백인 다루는 법을 배웠어. 내게도 때가 올 거야."

영화는 녹음실이라는 한정된 공간을 배경으로 진행되며 대사의 밀도가 매우 높은데, 그 이유는 동명 연극을 토대로 하기 때문이다. 원작자인 희곡작가 어거스트 윌슨August Wilson이 2005년 세상을 떠났을 때 「뉴욕타임스」는 고인을 "블랙아메리카의 무대 위 시인"[1]이라고 평가했다. 윌슨은 생전에 한 인터뷰에서 "블루스는 본능적으로 철학적이다. 말로 하자면 '난, 절대로 싫어'라고 표현하는 것이다. '나는 저항할 테니 막을 테면 막아 보라'고 말하는 거다"라고 밝혔다. 그가 〈마 레이니, 그녀가 블루스〉를 통해 세상에 전하고 싶었던 메시지다.

마 레이니는 어떻게 '블루스의 어머니'가 됐나?

마 레이니는 미국 블

루스 역사의 초기에 공연과 음반으로 엄청난 인기를 누렸던 전설적인 가수다. 많은 블루스 아티스트는 물론이고 후대 미국 대중음악에 막대한 영향을 끼친 것으로 유명하다. 1920~1930년대를 주름잡았던 또 다른 블루스 가수 베시 스미스Bessie Smith에게 노래를 가르쳤던 것으로도 알려져 있다. 영화에서처럼 불같은 성질머리와 드센 성격, 거친 무대 매너 등을 가졌다고 한다. 젊은 여성 듀시와 연인임을 보여주는 장면도 나오는데, 실제로도 남녀 모두를 사랑하는 바이섹슈얼이었다. 그래서 '블랙 퀴어Black Queer'의 선구자로 불리기도 한다. 무대 위에서나 사생활에서나 거침이 없었던 그는 공개적으로 여성들과 데이트를 즐겼는가 하면, 1925년 시카고 자택에서 여성들만 참석하는 섹스파티를 벌였다가 체포된 적도 있다.

마 레이니는 자신의 노래 가사에 남성들의 폭력, 특히 가정폭력 문제를 노골적으로 담았다. '슬립 토킹 블루스Sleep Talking Blues'에는 잠꼬대로 다른 여자의 이름을 부르는 남편을 죽여버리겠다는 가사가 나오고, '블랙 아이 블루스Black Eye Blues'에는 함께 사는 남자에게 맞으며 살아가는 '미스 낸시'란 여자의 사연이 등장한다. 그런데 낸시는 얻어맞은 후 "똑바로 일어서서 이렇게 말해. '잘 봐, 조만간 내가 너를 잡는다'"라고 당당하게 말한다. 미국 정치학자이자 작가인 앤절라 데이비스Angela Davis는 음악전문지 「롤링스톤」과의 인터뷰에서 "여성 블루스 가수들은 남성폭력과 가정폭력 문제들을 어두운 그늘로부터 꺼냄으로써 페미니스트 반란의 도래를 시사했다"라고 평가했다. 마 레이니가 미국 페미니즘의 선구자로 평가받는 이유다.

마 레이니의 생년월일과 출생지는 불명확하다. 1882년 9월 앨라배마주에서 태어났다는 설도 있고, 1886년 조지아주 콜럼버스에서 출생했다는 이야기도 있다. 어린 시절 이름은 거트루드 프리제트. 10대 때부터 춤과 노래에 뛰어난 실력을 보여 보드빌^{Vaudeville} 극단과 순회공연을 다녔다. 보드빌은 1800년대 중반 미국 백인들 사이에서 인기를 끌었던 민스트럴^{Minstrel} 쇼에 뿌리를 두고 발전한 것으로 알려져 있다. 민스트럴이란 얼굴을 검게 칠한(블랙페이스) 백인 연기자들이 춤과 노래, 연기로 흑인을 흉내 내는 쇼였다. 1800년대 말에 인기가 시들해지면서, 좀 더 세련된 보드빌로 발전했다. 흑인을 비롯한 유색인종에 대한 차별이 법적으로 금지되고, 흑인이 정치적 영향력을 갖게 되면서 민스트럴 쇼는 인종차별을 조장하는 것으로 비판받으며 점점 설 자리를 잃었다.

마 레이니가 블루스 음악을 본격적으로 시작한 것은 10대 후반 또는 20대 초 무렵. 1902년 미주리에서 우연히 블루스 음악을 들은 게 계기가 됐다. 한 여성 가수가 기타를 치면서 부르는 사랑과 이별의 아픔에 관한 노래에 완전히 반해 버렸다고 한다. 이후 마 레이니는 공연에서 본격적으로 블루스를 부르기 시작했다. 1904년 윌리엄 '파' 레이니와 결혼한 그는 남편과 밴드를 만들어 순회공연을 다녔다. 바로 이 시절에 베시 스미스를 만나 함께 공연을 했다. 1916년 남편과 별거하게 된 그는 또 다른 밴드를 만들어 전국 순회공연을 하면서 대중적인 인기를 끌었다.

1923년, 마 레이니는 음반사 파라마운트와 음반계약을 맺는다. 마 레이니는 1923~1927년 약 100여 곡을 녹음해 음반으로 발표했는데, '문샤인 블루스^{Moonshine Blues}' '시 시 라이더^{See See Rider}' '트러스트 노 맨Trust No Man' 등이 바로 이 시기에 탄생했다. 1927년에는 '마 레이니의 블랙 보텀'이란 음반을 내놓았다. 영화는 바로 이 음반의 녹음 과정을 다루고 있다.

영화 속에서 백인 음반 제작자는 마 레이니에게 춤추기에 좋은 빠른 템포의 블루스가 유행이라면서 스타일을 바꾸라고 요구한다. 레비가 추구하는 블루스의 방향도 이와 비슷하다. 하지만 레이니는 이를 거부하고 자신이 오랫동안 해왔던 클래식 블루스를 고수한다. 그가 1928년을 마지막으로 더는 음반 작업을 하지 않게 됐던 것을 생각해 보면 충분히 설득력이 있는 설정이다. 파라마운트는 클래식 블루스가 더는 패셔너블하지 않다면서 그녀와의 음반계약을 종료해 버렸던 것으로 전해진다. 마 레이니는 1930년대 초반까지 무대공연을 계속하다 1935년에 은퇴를 선언하고 콜럼버스로 돌아가 공연장 두 곳을 경영하다가 1939년 12월 22일 심장마비로 사망했다.

한동안 잊히는 듯했던 그녀가 재평가받은 것은 1960년대부터다. 특히 윌슨의 연극은 마 레이니를 블루스 음악은 물론 미국 팝컬처의 아이콘 반열에 올려놓는 데 결정적인 계기가 됐다. 「뉴욕타임스」는 2019년 6월 '알아보지 못했던 고인들' 시리즈로 마 레이니의 부고 기사를 뒤늦게 게재했다. 80년 전 고인의 진정한 가치를 몰라보고 부고 기사를 쓰지 않았던 이 신문은 마 레이니야말로 "보드빌과 진짜 남부 흑인 민중음악 사이에 다리를 놓아준 최초의 엔터테이너였다"[2]라고 격찬했다.

블루스의 뿌리는 아프리카 전통음악과 노동요, 포크송 등으로 추정된다. 술집과 시장터 등을 떠도는 노래꾼들을 통해 불리던 블루스는 19세기 말에 형식을 갖추기 시작했고, 20세기 초에 남부지역을 중심으로 퍼져나갔다. 마 레이니가 블루스를 처음 들은 게 바로 이 시기다.

블루스라는 말이 처음 쓰이기 시작한 것은 1890~1900년대 초반이지만, 어원에는 여러 설이 존재한다. 아프리카인의 장례의식에서 유래됐다는 설도 있고, '블루 데빌Blue Devil'이란 표현에 뿌리를 두고 있다는 설도 있다. 전자는 남부 아프리카인들이 죽음을 맞아 의식을 치를 때 의복을 청색(블루)으로 물들여 입음으로써 자신들의 슬픔, 고통 등을 표현한 데서 '블루스'란 표현이 탄생한 것으로 본다. 청색으로 물들일 때 주로 사용하는 식물이 인디고페라 틴토리아인데, 미국 남부 노예농장에서 많이 재배됐기 때문에 이 지역의 노동요를 블루스로 부르게 됐다는 이야기다. 후자는 17세기부터 영어에 '심한 알코올 금단 증상'을 뜻하는 '블루 데빌스'란 단어가 있었고, 세월이 흐르면서 '데빌'이란 단어는 사라지고 '블루스'만 남아 우울함을 나타내는 표현으로 쓰이다가 미국 남부 흑인음악에 '블루스'란 이름이 붙게 됐다는 설명이다.

'짐 크로 법'과 흑인 대이동

영화의 또 다른 주인공인 레비는 실존 인물이 아니라 원작자 울프가 창조해 낸 남성이다. 마 레이니나 밴드 동료들보다 수십 년 어린 그는 새로운 흑인 세대를 상징한다. 다큐멘터리 〈마 레이니, 그녀가 블루스-못다 한 이야기〉는 레비 캐릭터를 다음과 같이 설명한다. "마 레이니가 (녹음하러) 시카고로 간 시기는 미국 흑인 역사에서 과거와 미래를 나누는 결정적인 순간이었다. 600만 명의 흑인들이 도시로 이주했고, 새로운 문화가 생겨났다. 그들을 대변하는 인물이 바로 레비이다."

1863년 에이브러햄 링컨 대통령의 선언으로 미국의 흑인 노예들은 자유의 몸이 된다. 링컨은 노예 해방을 선언하며 "나는 내 삶에서 내가 옳은 일을 한다는 확신을, 내가 여기 서명하는 지금 이 순간만큼 느껴본 적이 없다"라고 말했다. '노예해방선언'은 2년 전 발발한 남북전쟁에 도덕적인 명분을 부여했다. 1865년 4월 9일, 남군 총사령관 로버트 리Robert Lee 장군이 항복 문서에 조인하면서 남북전쟁은 종전을 맞았다. 같은 해 12월 18일에는 노예제도를 폐지하는 수정 헌법 제13조가 정식으로 공표됐다. 하지만 전쟁 이후에도 남부에서 흑인들에 대한 탄압은 계속됐다. 흑백분리를 합법화한 짐 크로Jim Crow 법이 시행되면서 공립학교, 공공장소, 대중교통 등에서 흑인은 백인과 격리돼 차별을 받았다. 이 법은 1965년에 와서야 효력을 상실했다.

1914~1950년은 미국 남부 시골에서 북부 도시로 600만 명 이상의 흑인들이 이주한 현상을 가리키는 '흑인 대이동Great Migration'이 일어난 시기다. 이들은 인종차별을 피해 일자리와 더 나은 생활환경을 찾아 도시로 이동했다. 역사학자들은 북부나 중서부 공

업지대로 약 160만 명이 이주한 제1차 대이동(1910~1930)과 대공황 이후 500만 명 이상이 캘리포니아와 기타 서부 도시로 이주한 제2차 대이동(1940~1970)으로 구분하기도 한다. 1900년경까지만 해도 흑인 인구의 무려 90퍼센트가 흑인을 탄압하는 남부지역에서 살고 있었지만, 1910년경부터는 흑인들의 북부 이동이 본격적으로 이뤄진다. 고향을 떠난 흑인들은 대부분 뉴욕(뉴욕주), 피츠버그와 필라델피아(펜실베이니아주), 클리블랜드(오하이오주), 미니애폴리스(미네소타주), 디트로이트(미시간주), 시카고(일리노이주), 밀워키(위스콘신주), 세인트루이스(미주리주), 오클랜드와 로스앤젤레스(캘리포니아주) 등 대도시와 중소 공업도시로 이주했다. 1914~1918년 1차 세계대전으로 군수산업이 성장하면서 흑인들에게 많은 일자리를 제공한 것도 이동을 가속화하는 데 영향을 미쳤다. 예를 들어, 1910년 디트로이트의 흑인 인구는 6000여 명에 불과했지만, 1929년에는 12만여 명으로 증가했다. 〈마 레이니, 그녀가 블루스〉에서 늙은 밴드 연주자는 새로 산 구두를 자랑하며 경박하게 구는 레비를 향해 말한다. "저게 문제야. 흑인은 늘 즐기려고만 하지. 즐기려다 골로 간 흑인이 얼마나 많은지 몰라. 즐기며 사는 게 전부는 아니잖아. 흑인들은 개선할 방안을 생각하지 않지. 모두 힘을 합쳐 행동해야 해." 레비는 결국 자신의 욕망과 분노를 절제하지 못하다가 인생의 파국을 맞게 된다. 그의 실패는 부푼 꿈과 희망을 갖고 대도시를 찾았지만 결국엔 좌절하고 마는 흑인들의 아픔을 대변한다.

'흑인 대이동'은 2000년대 들어서 크게 변화한다. 북부의 흑인들이 다시 남부로 이주하는 현상이 나타난 것이다. 남부의 정치 사회적 환경과 경제 상황이 나아지면서 2006~2010년 미시간주, 일리노이주, 뉴욕주, 캘리포니아주에 살던 흑인들이 남부 텍사스주, 조지아주, 노스캐롤라이나주, 버지니아주 등으로 대거 이주했다. 이를 두고 언론들은 100여 년 만에 흑인 대이동이 역전됐다고 보도했다.

'할렘 르네상스'는 어떻게 탄생했나?

미국 블루스와 재즈의 역사에서 시카고와 뉴욕은 양대 산맥을 형성한다. 시카고는 영화에서 마 레이니가 음반 녹음을 하기 위해 찾았던 것처럼, 남부의 수많은 흑인 뮤지션들이 자신의 음악세계를 펼치기 위해 상경했던 곳이다. 그 속에는 마 레이니와 같은 대스타도 있고, 훗날 시카고 블루스의 대표주자가 되는 머디 워터스^{Muddy Waters}도 있었다.

1900~1920년에만 10만 명이 넘는 흑인들이 이른바 딥 사우스^{Deep South}에서 시카고로 이주했다. 노동력이 크게 부족했던 시카고에서는 남부 흑인에게 일자리를 약속하면서 기차표를 무료로 제공하는 기업들도 있을 정도였다. 하지만 사회갈등도 증가했다. 1919년에는 열일곱 살짜리 흑인 소년이 수영하다가 흑백분리선을 넘었다는 이유로 심한 폭행을 당해 숨지는 사건이 발생했다. 단한 명의 용의자도 체포되지 않자, 수많은 흑인들이 거리로 뛰쳐나

와 경찰을 비판하며 시위를 벌였다. '블랙 라이브스 매터^{Black Lives Mat-}^{ter}(흑인의 생명도 소중하다)'의 선조 격인 셈이다. 시카고 시내가 시위로 발칵 뒤집힌 동안 흑인 거주지역인 브론즈빌에 백인폭력단이 들이닥쳐 주민들에게 폭력을 행사하는 사건도 벌어졌다. 약 일주일간 이어진 '시카고 봉기'에서 37명이 사망하고 536명이 다쳤으며, 1000여 명이 거주지를 잃었다. 피해자의 대다수는 흑인이었다.

영화 앞부분에서 마 레이니는 도로에서 자동차 사고가 나자 순식간에 백인 주민들에게 둘러싸인다. 백인들은 한여름에도 값비싼 모피를 두른 흑인 여자가 기가 죽기는커녕 더 당당하게 나오자 신기하면서도 못마땅한 시선을 던진다. 1927년이면 봉기가 일어난 지 8년이 지난 시점이지만, 흑인들을 바라보는 시카고 백인들의 당시 정서가 어땠을지 쉽게 상상이 가는 장면이다.

그럼에도 불구하고, 시카고의 흑인은 물론 백인 뮤지션들은 독특한 블루스와 재즈를 발전시켜 미국 대중음악 역사에서 중요한 한 획을 그었다. 시카고 블루스는 어쿠스틱 기타 말고도 전자 기타를 사용해 흔히 '일렉트릭 블루스'라고 불리며, 컨트리 블루스에 대도시의 세련미를 더했다고 해서 '어반 블루스'로 불리기도 한다. 1930년대부터 본격화된 시카고 블루스는 1940~1950년대에 화려하게 꽃피웠고, 1960년대 블루스를 추종하는 많은 로커들을 양산해 내면서 록 음악에도 큰 영향을 끼쳤다.

'대이동'으로 흑인 인구가 많이 늘어난 뉴욕에서도 블루스 등 흑인문화가 꽃피웠다. 특히 뉴욕 할렘은 흑인문화의 중심이 됐다. 할렘은 소외당하던 흑인들이 대거 몰려들며 지금의 흑인문화를 키워낸 온실과도 같은 존재다. 문자 그대로 블랙아메리카의 정신적·문화적 수도로 자리매김했다.

흑인예술문화의 부흥을 뜻하는 '할렘 르네상스'는 1930년대 대공황을 맞으면서 절정기를 지나게 되지만, 이후 수십 년 동안 미국 문화에 지속적으로 영향을 미쳤다. 1950년대에 할렘의 흑인 인구는 23만 명이 넘었으며 루이 암스트롱, 빌리 홀리데이, 듀크 엘링턴 등 뮤지션들은 물론 랭스턴 휴즈Langston Hughes와 같은 작가 등 수많은 아티스트들이 할렘을 중심으로 활동했다.

BONUS!

〈마 레이니, 그녀가 블루스〉의 비하인드 스토리가 궁금하다면, 다큐멘터리 〈마 레이니, 그녀가 블루스 – 못다 한 이야기Ma Rainey's Black Bottom: A Legacy Brought to Screen〉를 추천한다. 배우 댄젤 워싱턴이 프로듀서로 활약하고, 색소폰 명연주자 브랜퍼드 마살리스가 음악감독을 맡고, 네 번의 아카데미 여우주연상 및 여우조연상을 수상한 바이올라 데이비스가 열연한 이 작품이 가진 특별한 의미를 살펴볼 수 있다. 전설적인 블루스 싱어송라이터이자 흑인 민권운동가였던 니나 시몬을 다룬 다큐멘터리 〈니나 시몬: 영혼의 노래What Happened, Miss Simone?〉도 추천한다. 흑인음악과 떼어놓을 수 없는 저항정신을 시몬의 삶과 음악을 통해 되새겨볼 수 있다.

'흑인은 범죄자'라는
위험한 낙인

'센트럴파크 성폭행 사건'과 흑인 인권

드라마 〈그들이 우리를 바라볼 때When They See Us〉
출연 | 아산테 블랙, 베라 파미가, 펄리시티 허프먼, 존 레귀자모
연출 | 에이바 듀버네이
관람등급 | 청소년관람불가

WHY?

밤늦은 시간 센트럴파크에서 벌어진 소란에 휘말렸던 10대 흑인 소년 네 명과 라틴계 소년 한 명이 경찰에 체포된다. 그들에게 씌워진 혐의는 무시무시하다. 그날 밤 공원에서 조깅을 하던 20대 백인 여성을 때리고 집단으로 성폭행한 다음 숲속에 방치하고 도망쳤다는 것이다.

2020년 6월, 넷플릭스는 '흑인의 목숨도 소중하다(BLM)Black Lives Matter'라는 주제 아래 추천 작품 리스트를 공개했다. BLM에 대한 공개적인 지지를 선언했던 넷플릭스는 목록에 대해 "인종적 불평등, 미국에서 흑인으로 살아가기에 대한 복잡하고 다층적인 이야기들을 담은 작품들"이라며 "'흑인의 목숨도 소중하다'는 말은 '흑인의 이야기도 소중하다'는

것을 의미한다"라고 설명했다. 컬렉션에는 영화와 드라마, 다큐멘터리 등 다양한 형식의 작품 45편이 포함됐다. 〈그들이 우리를 바라볼 때〉는 그중 한 편이다.

1989년 4월 20일 오전 1시 30분쯤, 미국 뉴욕 센트럴파크의 으슥한 숲길에서 알몸으로 쓰러져 있는 여성이 발견된다. 여성의 이름은 트리샤 메일리Trisha Meili. 예일대와 경영대학원을 졸업하고 투자회사 솔로몬브러더스에서 일하는 28세의 백인 여성이다. 퇴근 후 매일 밤 센트럴파크에서 조깅을 해왔던 메일리는 전날에도 평소처럼 조깅을 하다가 누군가로부터 공격을 받고 쓰러진 뒤 도로에서 약 100미터 떨어진 숲으로 끌려가 구타와 성폭행을 당했다. 범인은 그녀의 옷을 벗겨 알몸인 상태로 방치하고 도망쳤다. 발견됐을 당시 메일리는 두개골 파열 등 몸 곳곳에 큰 상처를 입어 많은 피를 흘린 데다가 저체온증으로 의식을 잃고 생명이 위독한 상태였다. 병원으로 실려간 메일리는 12일 후에야 겨우 의식을 되찾았다.

〈그들이 우리를 바라볼 때〉는 아직도 많은 사람의 기억에 생생한 '센트럴파크 성폭행 사건'의 또 다른 피해자였던 10대 흑인 및 라틴아메리카계 소년 다섯 명에 관한 이야기다. 미국 뉴욕의 빈민가 할렘에 사는 소년들은 끔찍한 성폭행 사건의 공범이 되고, 이 사건은 미국 사회를 발칵 뒤집어 놓았을 뿐만 아니라 흑백 인종갈등으로 비화한다.

본론부터 말하면, 다섯 명의 소년은 경찰의 강압에 의한 가짜 진술 외에는 성폭행 사실을 입증할 만한 증거가 없었음에도 유죄 판결을 받는다. 각각 6~14년간 복역하던 중 실제 범인이 뒤늦게 자백하고 나서면서 누명을 벗었다. 법정에서 그토록 주장했던 무죄가 사실로 드러난 것이다.

드라마는 왜 이들이 억울하게 범인으로 낙인찍혔는지, 뉴욕 경찰은 왜 강압적인 수사를 했는지, 그리고 무엇보다도 다섯 명이 왜 경찰 앞에서 거짓 진술을 했는지 등을 세세히 보여준다.

드라마의 극본을 직접 쓰고 연출까지 한 에이바 듀버네이 감독은 오프라 윈프리와의 인터뷰에서 "나는 (인종차별적 사회 시스템에 대한) 대화의 촉매가 되는 작품을 만들고 싶었다. 생각하고, 행동하게 만들고 싶었다"라고 작품의 의도를 밝혔다.

그날 밤 센트럴파크에서 무슨 일이?

메일리가 성폭행을 당하던 날 밤 센트럴파크의 또 다른 쪽에서는 30명이 넘는 흑인과 라틴아메리카계 청소년들이 몰려다니며 폭동에 준하는 소란을 피우고 있었다. 이들은 산책을 즐기는 시민들을 무차별 공격하고 돈을 뺏는가 하면 공원에서 노숙하고 있는 사람들을 괴롭히기도 했다. 일부 피해자는 쇠파이프와 몽둥이로 폭행을 당하기까지 했다. 현장에 출동한 경찰은 20여 명을 체포했다. 그중에는 레이먼드 산타나(당시 14세), 케빈 리처드슨(14세)도 있었다. 메일리가 발견된 날 아침에는 앤트런 매크레이(15세), 유세프 살람(15세), 코리 와이즈(16세)가 소란 사건에 연루된 용의자로 체포됐다. 경찰은 변호사는 물론 부모 동석도 없이 이뤄진 심문 끝에 다섯 명으로부터 성폭행에 대한 자백을 받아낸다. 하지만 심문 당시 경찰은 소년들에게 성폭행 피해자의 옷에서 지문 등 증거가 발견됐다고 거짓말을 하며 자백을 강요했고, 소년들은 다른 소년의 이름을 대면서 그가 성폭력을 저지르는 것을 옆에서 거들었을 뿐 자신이 직접 범행을 한 것은 아니라고 허위 진술했다. 훗날 살람은 "(심문을 받는 동안) 옆 방에서 와이즈가 얻어맞는 소리가 들렸다. 그들은 나를 보면서 '다음은 네 차례야'라고 말했다. 너무나 공포스러워서 정말로 견딜 수가 없었다"라며 당시 상황을 회고했다.

경찰의 수사 발표에 미국 사회는 말 그대로 발칵 뒤집혔다. 사건 자체가 끔찍하기도 했지만, 비행 흑인 소년들이 범인이란 사실이 경악스러웠기 때문이다. 경찰과 언론은 다섯 명을 싸잡아 '센트럴파크 파이브'라고 불렀다. 평소 흑인들이 일으키는 크고 작은 범죄와 마찰을 못마땅하게 생각했던 사람들은 "그것 보라"는 식의 반응을 나타냈다.

사건 발생 몇 주 후, 다섯 명이 모두 진술을 번복해 무죄를 주장하고 나서면서 분위기는 바뀌었다. 경찰이 소년들을 강압적으로 조사한 정황도 드러났다. 게다가 이들의 범죄를 입증할 만한 증거는 전혀 나오지 않았다. 현장에서 발견된 DNA와 일치된 소년은 한 명도 없었다. 그러자 흑인사회와 인권단체들이 일제히 들고 일어났다. 다섯 명은 범인이 아니라 전형적인 흑인 차별의 피해자라는 것이다.

드라마에 등장하듯, 부동산 개발업자 도널드 트럼프는 들끓고 있는 상황에 기름을 부었다. 네 개 일간지에 전면광고를 게재하고 "사형을 부활시켜야 한다"라고 주장하고 나선 것이다. 그는 방송에 출연해서 "지금은 흑인이 살기 좋은 시대다. 나도 교육 잘 받은 흑인으로 태어나고 싶다"라는 어이없는 말도 했다. 즉, 인종차별 따위는 더는 존재하지도 않는데 흑인들은 자기들이 불리하기만 하면 차별 운운한다는 뜻이다. 트럼프는 훗날 대통령이 되었을 때, 백인 경찰의 인종차별적 공권력 남용을 규탄하는 시위가 한창인 상황에서 뜬금없이 "에이브러햄 링컨 이후 나처럼 흑인사회를 위해 일한 대통령은 없다"라며 자화자찬했다. 본질을 흐리는 그의 망언의 역사는 참으로 길다는 사실을 드라마를 통해 새삼 느끼게 된다.

재판에서도 검찰 측은 다섯 명의 성폭행 범죄를 입증할 만한 결정적인 증거를 제시하지 못했다. 그러나 배심원단은 모두에게 유죄를 선고했고, 판사는 각각 6~13년 형을 선고했다. 드라마는 다섯 명 모두 성폭행 사건은 물론이고 센트럴파크에서 벌어졌던 폭력 사건에도 전혀 연루되지 않았던 것처럼 묘사하고 있지만 이는 사실과 조금 다르다. 이들은 재판에서 성폭행을 제외한 폭력 사건에 대해서는 대체로 혐의를 인정했다. 살람의 경우에는 쇠파이프로 한 남성 행인을 공격하는 데 가담하기도 했다. 하지만 살람은 쇠파이프를 들고만 있었을 뿐 때린 적은 없다고 주장했다.

2002년, 세상은 다시 한번 깜짝 놀란다. 센트럴파크 성폭행 사건의 진짜 범인이 나타났기 때문이다. 다른 성폭행 및 살인사건으로 형을 살고 있던 마티아스 레이예스Matias Reyes란 자가 메일리를 성폭행한 것은 자신이었다고 자백했다. 또 공범은 없었으며 혼자서 한 일이라고 밝혔다. 뒤늦게 자백한 이유에 대해서는 지금이라도 사실을 밝히고 책임을 지고 싶었다고 설명했다. 현장에서 채집된 DNA와 레이예스의 DNA가 일치함에 따라 다섯 명은 모든 혐의를 벗게 됐다. 억울하게 누명을 쓰고 형을 살아야 했던 소년들과 죄 없는 사람을 진범으로 알고 살아온 피해자 메일리는 뉴욕시를 상대로 소송을 제기했다. 뉴욕시는 경찰 조사 과정에 아무런 하자가 없었으며 자백에 근거해 기소했을 뿐이라는 주장을 굽히지 않았다. 결국 2014년 9월 뉴욕시는 그 사건과 관련된 일체의 추가 소송을 하지 않는다는 조건으로 피해자들에게 4100만 달러(현재 환율로 약 495억 원)라는 뉴욕주 역사상 최고의 배상금을 지급했다.

그때 그 사람들, 지금은 어디에?

10대였던 다섯 소년들은 이제 40대 중년의 아저씨가 됐다. 케빈 리처드슨은 뉴욕을 떠나 가족과 함께 뉴저지에 자리 잡았으며, 형사사건 수사 및 재판 등의 개혁에 관한 일을 하고 있다. 앤트런 매크레이는 조지아에서 아내, 그리고 여섯 명의 자녀와 조용한 삶을 이어가고 있다. 드라마를 계기로 종종 대중매체에 얼굴을 내민 그는 자신에게 거짓말을 강요했던 아버지에게 분노와 서운함을 나타내기도 했다. 레이먼드 산타나는 한때 뉴욕에서 의류사업을 했으며, 지금은 조지아로 이주해 살고 있다. 그는 〈그들이 우리를 바라볼 때〉 프로젝트에 처음부터 적극적으로 참여해 지원했다. 코리 와이즈는 다섯 명 중 뉴욕시의 배상금을 가장 많이 받아 화제가 되기도 했다. 1220만 달러를 받았는데, 소년들 중 가장 나이가 많아 최장기로 복역했던 사실이 반영됐다. 그는 한 인터뷰에서 "돈으로는 내가 잃어버린 시간을 되찾을 수 없다"라고 말했다. 뉴욕시에서 살며 인종차별 철폐 및 사법제도 개혁 등에 대한 운동에 관여하고 있다. 2015년에는 '코리 와이즈 이노센스 프로젝트'란 이름으로 19만 달러를 기부하기도 했다. 조지아에서 아내, 그리고 열 명의 자녀와 살고 있는 유세프 살람은 시인이자 사회운동가로 활동 중이다. 2016년에는 사회개혁에 기여한 공헌으로 버락 오바마 대통령으로부터 평생공로상을 수상했다.

다섯 명에 대한 무리한 수사를 이끌었던 린다 페어스틴Linda Fairstein 검사는 뉴욕 맨해튼 지방검찰청의 성폭력 사건 책임자로 일하다가 2002년 레이예스가 범행을 자백해 다섯 명의 무죄가 입증되자 법복을 벗었다. 이후 미스터리 소설을 여러 권 발표했는데, 자신처럼 맨해튼의 여성 검사가 활약해 범인들을 잡아내는 스토리로 베스트셀러 작가가 되기도 했다. 그러나 드라마가 개봉된 후 자신이 몸담았던 각종 기관들에서 사실상 쫓겨나고 출판계약도 파기당했다. 그러자 그는 「월스트리트저널」에 글을 기고해 억울함을 토로했다.[3] 드라마가 다섯 명을 철저히 무고한 피해자로 그리는 왜곡을 저질렀다는 것이다. 자신도 그들이 성폭행을 저지른 진짜 범인이 아니었다는 사실은 인정하지만, 성폭행이 벌어졌던 그날 밤 센트럴파크의 다른 한쪽에서 그들은 지나가는 행인을 폭행하는 등 중대한 범죄를 저질렀다는 이야기다. 또 어떠한 강압수사도 하지 않았다고 주장했다. 그는 드라마 때문에 명예훼손 피해를 입었다며 넷플릭스를 상대로 소송을 제기한 상태다.

법정에서 다섯 소년을 몰아붙였던 엘리자베스 레더러Elisabeth Lederer 검사는 아직도 검사로 일하고 있다. 컬럼비아대학교 법과대학원에서 겸임교수로 재직하기도 했는데, 다섯 명의 무죄가 밝혀진 이후 레더러를 대학 강단에서 몰아내야 한다는 서명운동이 벌어졌고 이에 5000명 넘는 사람들이 서명을 했다. 드라마가 공개되고 소셜미디어에서 레더러를 해고하라는 운동이 재개되자, 2019년 6월 그는 대학 측에 재임용을 원치 않는다며 교수직에서 스스로 물러났다.

성폭행 사건의 피해자 트리샤 메일리는 대중에게 '센트럴파크 조거Jogger'로만 알려져 있다가 2003년에야 자서전《나는 센트럴파크 조거이다: 희망과 가능성 이야기》를 통해 이름과 얼굴을 드러냈다. 당시 그는 「뉴욕타임스」와의 인터뷰에서 "성폭행당하고 뇌를 다쳤지만 인생이 끝난 건 아니다"라며 많은 이들에게 용기를 줬다. 오랜 재활 끝에 지금은 건강을 거의 되찾았지만 여전히 사건 당시 상황에 대한 기억은 없다. 1996년 결혼해 두 자녀를 두고 있으며, 성폭력 피해 여성들을 지원하는 일을 하고 있다. 진범이 밝혀진 후에는 단독 범행이 아닌 것 같다며 이의를 제기하기도 했다.

진범 레이예스는 33년 형을 선고받아 수감생활을 하고 있다.

로드니 킹부터 조지 플로이드까지

드라마의 제목은 '그들(경찰과 백인)'이 '우리(흑인)'를 바라볼 때 무조건 '범죄자'로 생각한다는 뜻을 담고 있다. 실제로 수사를 지휘한 검사는 처음부터 경찰들에게 "이 애들은 (성폭력 사건의) 목격자가 아니라 용의자다. 어리다고 봐주지 말아라"라면서 소년들을 '애니멀'이라고 칭한다.

이 사건을 바라보는 당시 미국 백인사회의 시선은 드라마 속에서 한 기자의 기사를 통해 드러난다. "그들(다섯 소년)이 사는 세상은 마약과 기초수급, 총기와 칼, 무관심과 무지의 땅이었다. 그들이 사는 땅에 아버지는 없었다. 가난한 자들이 사는 변방이자, 집단적 분노가 지배하는 땅이었다. 그들의 목표는 하나뿐이었다. 행인을 두드려 패고, 빼앗고, 막아 세우고, 강간하는 것이었다. 부자는 증오의 대상이었다." 여기까지 쓴 기자는 "뭔가 자극적으로 마무리할 문장이 없을까"라고 말하면서 한 문장을 덧붙인다. "그들에게 백인은 적이었다."

드라마에서 가장 안타까운 장면은 소년들이 경찰이 원하는 대로 사건 정황을 거짓말로 지어내는 모습이다. 사실 13~16세의 소년들이 경찰 앞에서 두려움을 느끼지 않기는 어려운 일이다. 여기에 부모 세대로부터, 그리고 스스로 학습한 흑인으로서의 피해의식까지 더해지면 공포심은 더욱 커지게 마련이다. 그 결과, 경찰이 원하는 말만 해주면 집으로 돌아갈 수 있다는 어리석은 생각을 하게 된다. 심지어 한 소년의 아버지는 범죄를 저질러 교도소에 수감된 적이 있었던 본인의 과거 때문에, 경찰에게 밉보이지 않으려면 거짓말이라도 해서 빠져나와야 한다고 자신의 아들을 압박하기까지 한다.

　미국에서 흑인에 대한 공권력 남용 및 폭력의 역사는 길고도 길다. 노예제가 있었던 시절은 물론이고 지금도 벌어지고 있는 일이다. 대표적인 예가 1991년 로스앤젤레스에서 발생한 로드니 킹Rodney Glen King 사건이다. 그는 음주 후 과속운전을 하다가 경찰에 걸렸다. 경찰은 정차할 것을 요구했지만 그는 이를 무시하고 도망쳤다. 훗날 그는 도망쳤던 이유에 대해 강도 혐의로 인한 집행유예 기간이었기 때문이었다고 설명했다. 킹은 추격전 끝에 잡히자마자 차 밖으로 끌려나와 경찰들로부터 무자비한 구타를 당했다. 어쩌면 묻혀질 수도 있었던 이 일이 엄청난 사건으로 비화한 것은 동영상 때문이었다. 그가 구타당하는 장면이 누군가에 의해 비디오테이프로 녹화됐고, 이것이 전국적으로 방송되면서 흑인 인권 탄압과 경찰의 잔혹성을 나타내는 상징이 된 것이다. 이 사건으로 백인 경찰관 네 명이 구속됐다. 그러나 배심원단은 경찰들의 폭력에 대해 법 집행상 불가피한 일이었다면서 무죄 평결을 내렸다.

이 같은 결과는 흑인들의 대규모 폭동으로 이어졌다. 50명 이상 사망하고, 2000명 이상이 부상을 입었으며, 약탈과 방화로 10억 달러 이상의 재산상 피해가 발생했다. 특히 현지에 살고 있던 한국 교포들이 큰 피해를 입어 국내에서도 큰 이슈가 됐다.

로드니 킹 사건이 벌어진 지 20여 년 후인 2020년에는 미네소타주 미니애폴리스에서 비무장 상태의 흑인 남성 조지 플로이드 George Floyd가 백인 경찰의 과잉진압으로 숨지는 사건이 벌어졌다. 경찰은 "숨을 쉴 수 없다"며 애원하는 플로이드의 목을 무릎으로 10분 가까이 짓눌렀고, 플로이드는 결국 질식사했다. 경찰이 그를 체포하려 했던 이유는 위조지폐 사용 혐의였다. 위폐를 내고 물건을 사 간 사람이 차 안에 앉아 있다는 상점 주인의 신고를 받은 경찰은 곧장 출동해 플로이드를 붙잡았다. 플로이드는 위폐 사용 혐의뿐만 아니라 절도, 무장강도, 마약소지 등 다양한 범죄를 저지른 사람이었다. 사망 후 부검에서는 마약 성분도 나왔다.

플로이드는 법 없이도 살아온 선량한 시민은 아니었다. 그가 경찰의 체포 시도에 저항했고, 2미터 장신인 거구의 남성을 제압하기 위해서는 경찰이 무릎을 사용할 수밖에 없었다는 지적도 나왔다. 그럼에도 플로이드가 무릎에 눌린 상태에서 경찰에게 계속 존칭을 쓰며 풀어달라고 애원했는데도 그렇게 오랫동안 누르고 있어야 했는지에 대해 비판과 논란이 제기됐다. 앞서 2014년에도 에릭 가너 Eric Garner가 담배를 불법으로 팔다가 경찰에 적발되는 과정에서 목이 졸려 사망한 사건이 있었다.

"흑인의
생명도 소중하다"

플로이드 사건을 계기로 흑인들은 경찰의 과잉진압을 비판하며 대규모 시위를 벌였고, 백인 등 다양한 인종의 시민들도 전국 곳곳에서 시위에 동참했다. 일각에서는 폭동과 약탈이 벌어지기도 했다. 로드니 킹 사건 때와 달리 플로이드를 질식사시킨 경찰관 데릭 쇼빈Derek Chauvin은 사건이 일어난 직후 해고돼 살인죄로 기소됐다. 22년 6개월 형에 처해진 그는 현재 교도소에 수감 중이다.

이 밖에도 경찰의 과잉폭력 또는 총격으로 흑인이 사망한 사건은 수없이 많다. 그중 일부만 꼽자면 마이클 브라운Michael Brown(2014년), 프레디 그레이 주니어Freddie Carlos Gray Jr.(2015년), 필란도 캐스틸레Philando Castile(2016년), 스티폰 클라크Stephon Clark(2018년), 브레오나 테일러Breonna Taylor(2018년), 로널드 그린Ronald Green(2019년) 앤드루 브라운 주니어Andrew Brown Jr.(2021년) 사건 등이 있다. 이 중 브라운은 2014년 8월 9일 미주리주 퍼거슨시에서 경찰이 쏜 총알에 맞아 사망했다. 당시 그의 나이는 18세였다. 브라운은 친구와 함께 차도 한복판을 걷다가 경찰로부터 인도로 올라가라는 지시를 받았다. 이후 브라운과 경찰 간에 몸싸움이 벌어졌고, 브라운이 도주하자 경찰은 발포했다. 이 과정에서 브라운이 "손을 들었으니 쏘지 말라"라고 외쳤던 것이 보도되면서, 이 말은 백인 경찰의 폭력성에 저항하는 흑인들의 구호가 됐다. 그러나 2015년 법무부는 브라운이 사망 당시 손을 들고 "쏘지 말라"라고 말했다는 사실을 확인할 수 없다고 발표했다. 브라운을 사살한 경찰관은 정당방위를 인정받아 불기소 처분을 받았다. 또 브라운이 사건이 일어나기 전 동네 편의점에서 물건을 훔쳤으며, 경찰관의 총을 빼앗으려 했고, 도망치다가 경찰이 쏜 총에 맞았던 것으로 드러나면서 논란이 재개되기도 했다.

위와 같은 사건이 일어날 때마다 등장하는 '흑인의 생명도 소중하다(Black Lives Matter)'라는 구호와 저항운동은 2012년 플로리다주에서 흑인 소년 트레이번 마틴Trayvon Martin이 히스패닉계 백인 자율방범대 조지 지머먼George Zimmerman이 쏜 총에 맞아 숨진 사건이 직접적인 계기가 됐다. 알리시아 가르자Alicia Garza, 패트리스 컬러스Patrisse Cullors, 오팔 토메티Opal Tometi가 이 운동을 함께 시작했는데 이들은 지역사회 조직원을 양성하는 국가조직인 '지도력과 존엄성을 위한 흑인조직Black Organizing for Leadership and Dignity'을 통해 만난 사이였다. 지머먼이 무죄 판결을 받은 이후 미국 전역에서는 이를 비판하는 시위가 벌어졌다. 당시 가르자가 페이스북에 올린 '흑인들에게 보내는 러브 노트'라는 제목의 글에서 "우리의 삶, 흑인들의 삶"이라고 쓴 데 대해 컬러스가 #BlackLivesMatter란 해시태그를 달았던 게 이 운동의 출발점이다. 2014년 에릭 가너가 경찰이 목에 두른 팔에 짓눌려 질식사하는 사건이 발생하면서 본격적으로 확산됐고, 공권력에 의해 흑인이 겪는 인권 유린과 희생, 인종차별에 저항하는 운동으로 자리 잡았다.

BONUS!

〈오프라 윈프리와의 대화: 지금 그들이 우리를 바라볼 때Oprah Winfrey Presents: When They See Us Now〉는 센트럴파크 성폭행 사건의 용의자로 고초를 겪었던 남성 다섯 명과 시나리오를 공동집필하고 제작한 듀버네이의 목소리를 직접 들을 수 있는 인터뷰 프로그램이다. 다섯 명은 눈물을 흘리며 30여 년 전에 겪었던 일을 회상하면서 여전히 상처를 극복하지 못했음을 드러냈다. 넷플릭스의 '흑인의 목숨도 소중하다' 목록에 오른 나머지 45편도 강추한다. 1865년 노예제를 폐지했지만 흑인을 범죄자로 낙인찍는 미국 사법 시스템의 현실을 다룬 다큐멘터리 〈수정헌법 13조〉, 1960년대 흑인 민권운동가 맬컴 X를 주인공으로 한 영화 〈맬컴 X〉, 미국 사회의 인종차별 문제를 고발해 온 스파이크 리 감독의 영화 〈Da 5 블러드〉 등 수작들이 포함되어 있다.

미국 원주민 사회의
'불편한' 진실

미국 원주민 운동

드라마 〈너의 심장Chambers〉
출연 | 시반 알리라 로즈, 우마 서먼, 토니 골드원
감독 | 리아 레이철
관람등급 | 청소년관람불가

WHY?

미국 사회에서 원주민은 가장 가난한 집단에 속한다. 326개 원주민 보호구역에서 주 정부의 통치를 받지 않고 일정한 자치를 누리지만 일자리를 구하지 못한 이들이 많고, 정부 보조금을 받아 술이나 마약, 도박에 빠져 사는 경우도 잦다. 번듯한 직업을 갖기 위해 보호구역을 벗어나 도시로 향하는 이들도 있지만, 경제적으로 성공한 삶을 누리는 이들은 극소수에 불과하다. 원주민을 '이제는 문명화한 한때의 야만인' 정도로 낮춰보는 시각도 일부 남아 있다.

드라마 〈너의 심장〉은 미국 최대의 원주민 보호구역 나바호네이션Navajo Nation에 사는 나바호족 10대 여성 사샤가 또래 백인 여성의 심장을 이식

받은 뒤 기이한 환영과 충동에 사로잡히는 과정을 담은 미스터리물이다. 가난과 기회 박탈 등 구조적인 불평등을 마주한 원주민 사회가 정체성을 잃지 않고자 고군분투하는 모습을 상징적으로 그려냈다. 원주민을 '무력한 하층민' 혹은 '과거의 야만인' 정도로 여기는 미국 사회의 '클리셰'에서 벗어나 원주민 캐릭터에 주체성을 부여한 첫 번째 넷플릭스 장편 드라마이기도 하다.

1973년 3월 27일 45회 아카데미 남우주연상 수상자는 영화 〈대부〉에서 열연한 배우 말론 브랜도였다. 하지만 이날 시상식 무대에는 원주민 복장을 한 스물여섯 살 여성 사친 리틀페더가 대신 올라왔다. 아파치족인 사친은 모델 겸 배우로 일했고 원주민 권익운동에도 몸 담고 있었다.

"말론 브랜도는 이 영광스러운 상을 받을 수 없게 된 점을 유감스럽게 생각하고 있습니다. 그가 수상을 거부하는 건 오늘날 영화 산업이 아메리카 인디언들을 다루는 방식 때문이죠. 텔레비전, 그리고 재상영되는 영화들도 마찬가지예요. 최근 운디드니^{Wounded Knee}에서도 똑같은 일이 벌어졌습니다."

당시 아카데미 시상식의 프로듀서는 원주민 옷을 입은 사친에게 단 60초만 허락하면서 발언이 더 길어지면 무대에서 쫓아내 창피를 주겠다고 했다. 이 때문에 시상식 전 말론이 사친에게 건네준 수상 거부 연설문 여덟 장은 시상식이 끝나고 나서야 언론에 공개됐고, 정작 무대에서는 몇 문장 되지 않는, 사친의 강렬한 연설이 퍼져나갔다. 후에 사친은 "내가 했던 말들은 내 마음에서 나온 말들이었다. 말론이 쓴 긴 연설문을 짧게 줄여 나의 언어로 바꾸어 말했다"라고 했다. 북미 원주민들을 호전적이고 야만적인 종족으로 묘사하는 할리우드와 미국 사회에 대한 사친의 지적엔 서늘한 날이 서 있다. 사친은 말년에 출연한 다큐멘터리에서 "당신들은 우리를 인간이 아닌 것처럼 묘사하고, 우리를 단순화하고, 대응할 가치조차 없는 특정 카테고리 안에 우리를 집어넣는 방식으로 인종차별을 자행해 왔다"[4]고 말했다.

'서부극의 거장'인 존 포드 감독의 영화 〈역마차〉〈아파치 요새〉〈수색자〉 등에서 주연을 맡았던 당시 60대 중반의 존 웨인은 사친을 무대에서 끌어 내리려고 뛰어들었다가 경비원들에게 제지당했다. 클린트 이스트우드는 작품상 시상자로 나오면서 "존 포드의 서부극에서 총 맞아 죽은 모든 카우보이를 대신해 이 상을 전달해야 할 것 같다"라며 사친을 비꼬았다. 어떤 이들은 무대에서 내려온 사친을 향해 야유를 보내며 허공에 도끼질을 해댔다. 원주민의 전투 함성Indian War Cry과 토마호크 촙Tomahawk Chop을 흉내 내며 사친을 조롱한 것이다. 하지만 사친의 1분 연설에 전 세계는 '운디드니'라는 지역을 주목하기 시작했다.

운디드니, 그리고
원주민 보호구역의 삶

미국 사우스다코타

주 '파인 리지 원주민 보호구역Pine Ridge Indian Reservation' 안에 있는 운디드니는 1890년 12월 29일 미군이 라코타 수우족Lakota Sioux 원주민 수백 명을 학살한 곳이다. 라코타 수우족은 19세기 내내 벌어진 미군과 원주민의 전쟁에서 마지막까지 미군에 저항한 부족이었다. 당시 미 육군 제7기병대는 추장 큰 발Big Foot이 이끄는 라코타 수우족 350명을 붙잡아 운디드니에 있는 기지로 데려갔다. 제7기병대는 원주민 무리를 향해 기관총 네 정을 설치하고 원주민 전사들의 무장을 해제했다. 모든 이들이 순순히 무장해제에 응한 것은 아니었다. 한 원주민 청년의 총을 뺏는 과정에서 실랑이가 벌어졌고 총이 발사됐다. 총성이 울리자 미군의 무차별 응사가 시작됐다. 큰 발 추장과 원주민 전사들은 물론, 여성과 노인, 어린이까지 300여 명이 사망했다. 마지막까지 저항하던 라코타 수우족의 큰 발 일파가 몰살당하면서 미군과 원주민 간의 전쟁도 사실상 막을 내리게 됐다.

학살 83년 후인 1973년 2월 27일 총으로 무장한 원주민 활동가들이 운디드니를 점거하는 일이 벌어졌다. '미국인디언운동(AIM)American Indian Movement'을 조직한 활동가 데니스 뱅크스와 러셀 민스 등이 운디드니에서 71일간 무장 투쟁을 벌였다.

이들이 들고일어난 것은 그해 1월 사우스다코타주의 커스터에서 벌어진 살인 사건 때문이었다. 커스터의 한 술집에서 백인 사업가인 대롤드 슈미츠가 22세의 원주민 청년 웨슬리 배드하트불을 칼로 찔러 죽였는데, 주 정부 검사는 고의가 아닌 실수로 벌어진 살인이라며 슈미츠에게 살인이 아닌 2급과실치사 혐의를 적용했다. 사건 목격자인 한 원주민이 "슈미츠가 인디언을 죽이겠다고 말한 것을 들었다"라고 증언했지만 받아들여지지 않았다.

슈미츠는 보석금을 내고 하루 만에 풀려났고, 백인으로 구성된 배심원들은 슈미츠에게 무죄를 선고했다. 직전 해에도 두 명의 백인이 원주민을 살해하는 사건이 있었지만, 역시 2급과실치사로 기소됐다가 풀려났다.

운디드니를 점거한 원주민들은 인간답게 살 권리를 보장하라고 연방정부에 요구했다. 하지만 주요 언론들은 이를 제대로 보도하지 않았다. 미국연방수사국(FBI)에 의해 정보가 통제되고 왜곡되면서 공산주의자들의 행패인 양 묘사되기도 했다.

아카데미 시상식 무대에 선 사친이 운디드니를 언급하면서 상황은 급반전했다. 러셀 민스는 후에 "당시 점거 중인 활동가들의 사기가 매우 낮았다. 우린 완전히 고립돼 있었다"라며 "웬 인디언이 아카데미에 나와 우리 이야기를 하는데 모두가 놀랐다. 누군가 우리를 알고 있다는 데에 힘이 났다"라고 회상했다. 하지만 점거 투쟁은 순탄치 않았다. 경찰과의 교전이 여러 차례 벌어졌고, 라코타 수우족 한 명과 체로키족 한 명이 총에 맞아 숨졌다. 그해 5월 백악관이 'AIM의 불만사항을 조사하겠다'고 약속하자 원주민들은 점거를 풀고 경찰에 투항했다.

과거 큰 발 추장이 운디드니에 도착했을 때 원주민들이 빼앗긴

건 총만이 아니었다. 그들은 목소리도 함께 잃었다. 큰 발의 후손들이 총을 들고 운디드니를 점거한 건 자신들의 목소리를 되찾겠다는 의미이기도 했다.

미국 사회에서 원주민들은 '보이지 않는 존재'로 전락했다. 미국 원주민 커뮤니티는 실업률이 높고 마약과 알코올에 젖어 사는 이들이 상당수다. 2019년 기준 미국 원주민(알래스카 원주민 포함)의 중간가계소득은 4만 9906달러로, 백인 중간가계소득(7만 1664달러)의 64퍼센트 수준이다. 실업률은 6.1퍼센트로 백인(3.3퍼센트)의 두 배에 달했다. 대학 졸업자 비율도 15퍼센트로 다른 집단(히스패닉 16.4퍼센트, 흑인 21.6퍼센트, 백인 33.5퍼센트)에 비해 낮은 수준이다.

〈너의 심장〉에서 원주민 학교의 학생들은 대학에 진학하겠다는 꿈을 꾸지 않는다. 사샤의 장래 희망은 작은 네일숍을 차리는 것. 사샤 역을 맡은 배우 시반 알리라 로즈 역시 애리조나 피닉스 외곽의 '산카를로스 아파치 보호구역'에서 엄마, 할머니와 함께 살던 가난한 배우 지망생이었다. "예전의 나는 내일을 볼 거라고 생각하지 않았어요. 보호구역에 사는 평범한 10대들의 삶이 그래요. 너무나 끔찍해서 매주 자살 시도를 했어요." 그에게 '내일'을 알려준 이가 바로 50년 전 아카데미 무대에 오른 사친 리틀페더였다. 시반 알리라 로즈는 한 인터뷰에서 "사친 리틀페더는 영화계에서 내가 어떻게 행동해야 할지 선택하는 법을 알려준, 내게 길을 안내해 준 성인Guiding saint 같은 존재였다. 그는 (원주민 차별을 용인하는) 할리우드를 받아들이지 않았고 원하지도 않았다. 그보다 더 중요한 일이 있다고 생각하며 행동했다"[5]고 말했다.

동화정책과
원주민 운동

미국은 원주민들을 '보호구역'에 몰아넣은 것에 만족하지 않았다. 원주민 기숙학교를 만들어 원주민 아이들을 백인과 동화시키는 작업을 벌였다. 대표적인 곳이 1879년 펜실베이니아주에 세워진 칼라일 인디언 산업학교Carlisle Indian Industrial School였다. '인디언을 죽이고 사람으로 만든다'는 노골적인 교육 목표 아래 많은 원주민 학생들이 머리카락을 자르고, 서양식 복장을 하고, 이름을 바꾸고, 영어만 사용하도록 강요했다. 마지막까지 미군에 저항한 원주민 부족의 아이들이 기숙학교에 우선 배치됐다. 가톨릭과 개신교 교단도 학교 설립에 적극적이었다. 이들은 20세기 중반까지 미국 전역에서 150개 이상의 기숙학교를 운영했다.

캐나다에서는 더 끔찍한 일이 벌어졌다. 특히 가톨릭 교단이 브리티시컬럼비아주에서 1890년부터 1969년까지 운영한 캄루프 인디언 기숙학교Kamloops Indian Residential School는 악명이 높았다. 학생들을 상대로 성적·신체적·정신적 학대가 벌어졌고, 병에 걸려 죽거나 실종된 아이도 상당수였다. 2015년 캐나다 정부는 진실화해위원회를 꾸려 캐나다 내 원주민 기숙학교에 대한 조사에 나섰고, 1900년부터 1971년까지 기숙학교에서 사망한 원주민 학생들이 6000명

이상인 것으로 드러났다. 2021년 5월에는 캄루프 인디언 기숙학교 부지에서 기록조차 없는 아이 215명의 유해가 발견됐다.

덴마크 정부도 1951년 식민지인 그린란드의 원주민 아이들을 덴마크인으로 만드는 사회 동화 실험을 진행했다. 1951년 이누이트 원주민 아이 22명을 부모로부터 강제로 떼어내 덴마크로 보냈다. 22명 중 6명은 덴마크 가정에 입양됐고, 나머지 16명은 그린란드로 돌아왔지만 자신의 집이 아닌 고아원에서 살았다. 정부 주도의 사회 동화 실험은 완전히 실패했다. 71년 후인 2021년이 되어서야 메테 프레데릭센Mette Frederiksen 덴마크 총리가 당시 피해자들을 만나 사과하고 용서를 구했다. 살아 있는 피해자들은 여섯 명뿐이었다.

백인들이 없애려고 했던 원주민 문화와 언어가 2차 세계대전의 주요 전투에서 연합군을 승리로 이끌었다는 사실은 아이러니한 일이다. 북미 원주민들은 태평양전쟁에 투입돼 암호병으로 활동했다. 특히 나바호족 암호병들의 활약이 두드러졌다. 일본군은 나바호어로 이뤄지는 통신 내용을 이해하지 못했다. 나바호어에는 무기와 관련된 단어가 거의 없기 때문에 무기를 뜻하는 단어는 다른 나바호 단어로 대체됐다. 예컨대 전함은 '고래lo-tso'로, 전투기는 '벌새Da-he-tih-hi'로, 탱크는 '거북chay-da-gahi'으로 불렸다. 서태평양의 전략적 요충지인 이오지마를 두고 미군과 일본군이 벌인 전투에서 첫 이틀 동안 여섯 명의 나바호족 암호병이 800개의 메시지를 주고받았는데 단 한 개도 틀린 메시지가 없을 정도로 정확도가 높았다. 이들은 한국전쟁에도 참전했다. 나바호족 암호병들의 이야기는 오우삼 감독에 의해 2002년 〈윈드토커〉라는 영화로 만들어졌다.

　미국의 원주민들은 백인과의 전쟁에서는 패했지만 굴복하지는 않았다. 미국 내 원주민 부족들은 미국 정부의 동화정책에 대항하기 위해 1944년 인디언의회(NCAI)National Congress of American Indians를 결성했다. 서로 다른 언어와 문화를 가진 원주민들이 단합해 한목소리를 내기 시작한 건 이때부터였다. 특히 1960~1970년대 미국에서 반전, 평화, 민권운동이 시작되자 원주민 권리운동도 본격화했다. AIM을 비롯한 다양한 원주민 단체가 '모든 부족의 인디언들(IAT)Indians of All Tribes'이란 이름으로 1969년 11월 20일부터 1971년 6월 11일까지 샌프란시스코만의 바위섬 앨커트래즈를 점거한 사건은 범원주민 행동주의 운동의 시작점으로 꼽힌다. IAT가 바위섬에 오른 건 이곳의 앨커트래즈 형무소가 1963년 폐쇄됐기 때문이었다. IAT는 "1868년 미국 정부와 수우족 원주민 사이에 맺어진 라라미 조약The Treaty of Fort Laramie에 따라 사용 목적이 끝나서 놀고 있는 땅은 모두 원래의 주인인 원주민에게 돌려줘야 한다"라며 섬의 반환을 요구했다. 그들은 바위섬에 원주민박물관을 세우겠다고도 했다.

　비록 앨커트래즈 점거는 실패로 끝났지만 많은 원주민에게 영감을 줬다. 미국에서는 유럽에서 건너온 청교도들이 미 대륙에 정착한 것을 기념해 11월 넷째 주 목요일을 추수감사절로 정해 기리지만, 이날 원주민들은 앨커트래즈로 와서 반추수감사절Unthanksgiving Day 행사를 연다. 청교도들에게 칠면조 구이와 호박파이를 전하며 환영했지만 결국 죽임을 당한 원주민 선조들을 기리는 행사다.

원주민 권리운동은 스포츠에도 영향을 미쳤다. 이들은 스포츠팀 명칭과 마스코트에 원주민 이미지가 사용되는 것을 반대하며 1991년 '스포츠 및 미디어의 인종차별에 대한 전국 연합(NCRSM)National Coalition on Racism in Sports and Media'을 결성했다. 이들은 스포츠팀 이름에 들어간 원주민 이름이나 마스코트들이 원주민에 대한 오해와 고정관념을 반영해 만들어졌고, '원주민은 야만적이고 호전적'이라는 고정관념을 재생산한다고 지적했다.

이런 주장이 받아들여진 건 비교적 최근의 일이다. 미국 프로야구 메이저리그 클리블랜드 인디언스는 1901년 창단 때부터 팀 마스코트로 사용하던 원주민 '와후 추장Chief Wahoo'을 2018년부터 사용하지 않겠다고 선언했다. 2022년에는 팀 이름을 클리블랜드 가디언스로 변경했다. 미국 프로 풋볼리그의 워싱턴 레드스킨스도 2020년 7월 조지 플로이드가 경찰에 살해된 사건을 계기로 구단 명칭 변경 작업에 착수했다. 2022년부터 워싱턴 커맨더스로 이름이 바뀌었다.

하지만 이런 문제의식에 공감하지 못하는 애틀랜타 브레이브스 같은 메이저리그 구단도 있다. 애틀랜타의 팬들은 선수를 응원할 때 허공에 토마호크 촙을 해대며 "우우" 하고 함성을 지른다. 1973년 아카데미 시상식에서 백인들이 원주민 사친 리틀페더를 조롱하기 위해 보였던 모습과 같다. 체로키족 원주민이자 세인트루이스의 투수였던 라이언 헬슬리 선수는 2019년 10월 애틀랜타와의 경기에서 토마호크 촙 응원에 대해 불쾌함을 드러냈다. "체로키 사람들이나 미국 원주민에 대한 오해에서 비롯된 잘못된 표현이다. (그 응원은) 우리를 야만인처럼 묘사한다. 무례하기 짝이 없다."[6]

미국과 캐나다 등에서 인디언 기숙학교가 사라진 것도, 원주민 동화정책이 폐지된 것도, 스포츠팀 명칭에 원주민 마스코트가 사라진 것도 원주민 스스로 정치세력화하면서 끊임없이 싸워온 덕분이었다. 인디언 민권법(1968년), 인디언 자치 및 교육 지원법(1975년), 인디언 아동복지법(1978년) 등을 통해 미국 원주민 공동체는 자치권을 인정받기 시작했고, 2009년에는 미국 정부가 과거 원주민을 상대로 저지른 폭력행위와 잘못된 정책들에 대해 공식 사과하는 내용의 결의안이 미국 연방 상·하원을 통과하기도 했다.

당시 버락 오바마 대통령도 2009년 원주민 부족장 회의에 참석해 "원주민의 역사는 폭력과 질병, 빈곤으로 점철돼 있다. (연방정부와의) 협정은 무시됐고, 약속은 지켜지지 않았다"라며 원주민에게도 다른 미국인과 같은 공평한 기회를 제공하겠다고 약속했다.

키스톤 XL 승리의 주역

2000년대 후반, 유가가 오르기 시작하자 채굴업자들은 저유가 시대에는 엄두도 못 내던 방식으로 원유와 가스를 생산하기 시작했다. 끈적한 모래에서 원유(오일샌드, Oil Sands)를 분리해 내거나, 지하의 진흙 퇴적암인 셰일층에 포함된 원유(셰일오일, Shale Oil)를 뽑아 올렸다. 오일 샌드와 셰일오일은 생산 과정에서 일반 원유보다 주변 환경을 더 많이 파괴시키고, 70~110퍼센트 더 많은 온실가스를 배출한다. 캐나다와 미국에서 각각 오일샌드와 셰일오일 개발 붐이 일자 이 원유를 미국의 대도시와 항구로 운송하기 위한 대형 송유관이 건설되기 시작했다. 송유관에서 원유가 새는 사고도 잇따랐다. 키스톤 XL 송유관^{Keystone XL Pipeline}, 다코타 액세스 송유관^{Dakota Access Pipeline} 등의 건설이 예정된 지역 원주민들은 송유관 반대 운동을 벌였다.

키스톤 XL 송유관은 캐나다 앨버타주의 오일샌드를 미국 네브래스카주까지 운반하는 1800킬로미터 길이의 대형 송유관이다. 트랜스캐나다에너지^{TC Energy}가 2008년 시작한 공사를 가로막은 이들은 라코타 수우족, 다코타 수우족^{Dakota Sioux}, 크리족^{Cree} 등 북미 원주민이었다. 키스톤 XL송유관이 지나는 미 대평원에는 이들 원주민의 수원인 오갈랄라 대수층^{Ogallala Aquifer}이 있다. 원주민들은 "원유 누출 사고가 발생하면 대수층이 오염된다"라며 공사 중단을 요구했다. 이들은 2015년 오바마 정부를 압박해 송유관 건설 불허 결정을 끌어냈다. 트럼프 정부가 송유관 건설을 재추진하는 등 오바마 시대의 성과를 되돌리기 위해 애를 썼지만, 거대한 변화의 흐름을 거스를 수는 없었다. 키스톤 XL 건설 취소를 공약으로 내건 바이든 대통령이 2021년 백악관의 새 주인이 되자 이듬해 트랜스캐나다에너지는 사업 포기를 선언했다.

키스톤 XL이 캐나다산 오일샌드를 수송한다면, 다코타 액세스는 미국산 셰일오일을 실어나르기 위해 계획됐다. 노스다코타,

사우스다코타, 아이오와, 일리노이 등 네 개 주를 관통하는 길이 1900킬로미터의 대형 송유관이다. 미주리강과 오아히호수를 지나는데, 이는 스탠딩 락 수우Standing Rock Sioux 원주민 보호구역의 수원이기도 하다. 수우족들은 송유관에서 기름이 유출되면 미주리강 전역이 오염될 뿐만 아니라 송유관 건설로 수많은 원주민 성지가 훼손될 위험이 있다며 공사에 반대했다. 그러나 다코타 액세스 송유관은 2017년 공사를 마쳤고 하루 최고 47만 배럴의 원유를 운송한다. 미국에서는 다코타 액세스 폐쇄 여부를 두고 법정 공방이 진행 중이다.

뉴멕시코주 연방 하원의원을 지낸 뎁 할랜드Debra Anne Haaland는 키스톤 XL과 다코타 액세스에 반대해 온 대표적인 인물이다. 라구나 푸에블로족 원주민이기도 하다. 그런 그가 2021년 미국 역사상 최초로 원주민 출신 내무부 장관으로 임명됐다. 내무부는 연방정부가 소유한 토지와 광물 등의 천연자원, 문화유산의 보존·관리 등의 업무를 맡는다. 원주민들의 복지를 담당하는 주무부처이기도 하다. 원주민들의 터전을 빼앗는 데 앞장선 부처의 수장에 원주민 출신이 임명된다는 건 상징하는 바가 크다.

뎁 할랜드가 내무부 장관이 될 수 있었던 건 정치세력화한 원주민 커뮤니티의 목소리가 커진 덕분이었다. 원주민 지도자 120명이 조 바이든 대통령에게 서한을 보내고 "이미 오래전에 원주민계 내무장관이 나와야 했다"라며 뎁 할랜드의 지명을 촉구했다. 미국 원주민들은 진보적인 미국 사회를 만들어가는 또 다른 주역이 됐다. 굴복하거나 복종하지 않고 끊임없이 저항하며 목소리를 냈기에 이뤄낸 성취다.

〈너의 심장〉은 2019년 시즌 1(10부작)만 공개됐다. 넷플릭스가 시즌 2를 만들지 않겠다고 발표하자 일부 팬들은 "원주민 여성을 주인공으로 한 드라마는 없었다"라며 시즌 2를 제작해 달라는 청원을 벌이기도 했다. 〈너의 심장〉 시즌 2는 나올 수 있을까. 넷플릭스가 미국 남캘리포니아대학교 애넌버그 포용정책센터USC Annen-berg Inclusion Initiative를 통해 발간한 '다양성 보고서'에서 "아메리칸·알래스카 원주민, 하와이 원주민 등의 출연 비율이 현저히 낮은 것으로 조사됐다"며 "넷플릭스 콘텐츠의 다양성을 높여야 한다"라고 밝힌 점은 고무적이다.

아카데미는 2022년 8월 사친 리틀페더에게 공식 사과했다. 데이비드 루빈 아카데미 회장은 "당시 연설로 당신이 견뎌야 했던 학대는 부당하고 정당하지 않았다"라며 용서를 구했다. 이에 대한 사친 리틀페더의 답이 걸작이었다. "우리 인디언들Indians은 인내심이 상당한 사람들이거든요. (더 걸릴 줄 알았는데) 고작 50년 만에 사과를 받았네요! 이게 인디언들의 유머감각이에요. 우리의 생존 방식이죠."[7] 두 달 뒤인 2022년 10월 2일 사친 리틀페더는 75세의 나이로 세상을 떠났다.

BONUS!

나바호 원주민들의 일상을 보고 싶다면 넷플릭스 오리지널 다큐멘터리 〈나바호 바스켓볼 다이어리Basketball or Nothing〉를 추천한다. 나바호 원주민 보호구역인 나바호네이션의 고교 농구팀 '친리 와일드 캣츠'의 이야기를 담았는데, 만년 꼴찌팀이 주 대회에 나가 4강에 오르는 과정을 그렸다. 술과 마약이 일상인 원주민 보호구역에서 농구는 이들에게 유일한 놀이이자, 보호구역을 벗어날 수 있는 탈출구다. 1864년 미국 기병대가 나바호족을 650킬로미터 떨어진 뉴멕시코의 보스크 레돈도로 강제이주시켰을 때 나바호족들이 걸었던 '눈물의 길The Trail of Tears'도 다큐를 통해 접할 수 있다.

20세기 멕시코의 치열한 역사

멕시코 원주민과 민주화 투쟁

영화 〈로마Roma〉
출연 | 얄리차 아파리시오, 마리나 데타비라
감독 | 알폰소 쿠아론
관람등급 | 15세 관람가

WHY?

〈로마〉는 한없이 사랑스럽고 따뜻하면서도 슬프고 애잔한 영화다. 멕시코의 거장 알폰소 쿠아론Alfonso Cuarón 감독이 자신의 어린 시절을 무한한 사랑으로 돌봐줬던 원주민 도우미 여성에게 보내는 러브레터이기도 하다. 영화 끝에 자막으로 등장하는 '리보를 위하여Pora Libo'에서 '리보'는 쿠아론 감독의 실제 유모였던 리보리아 로드리게스Liboria Rodríguez다. 영화 속에서는 클레오란 이름으로 등장한다. 청소와 세탁, 요리뿐만 아니라 주인집 부부 수발과 네 명의 아이들을 챙기는 일 등으로 바쁜 하루를 보내던 클레오는 사랑에 빠지지만, 남자친구가 아무 말도 없이 잠적해버린 후 자신이 임신했음을 알게 되면서 인생 최대의 시련에 처하게 된다.

〈로마〉는 한 여성의 삶, 한 가정의 일상이라는 프리즘을 통해 20세기 멕시코의 치열했던 역사를 들여다볼 수 있는 영화다. 쿠아론 감독은 군사 독재, 민주화 투쟁 등과 연관된 사건들을 마치 열차나 자동차의 창문 밖으로 스쳐 지나가는 풍경처럼 무심한 듯 묘사하지만, 멕시코 땅의 주인이면서도, 유럽계 백인들이 주도하는 사회에서 변방으로 밀려난 원주민들의 삶을 따뜻한 시선으로 담아낸다.

1970년 멕시코시티의 부촌 로마(정식명칭은 콜로니아 로마나Colonia Romana)의 한 가정에서 식구들이 둘러앉아 저녁 식사를 하던 중, 한 아이가 불쑥 말을 꺼낸다.

"오늘 거리에서 한 아이가 물풍선을 가지고 놀다가 군인들에게 던졌어. 근데 군인들이 총을 쏴서 그 아이를 죽였어."

아이의 말을 들은 어른들은 아무 대꾸도 하지 않는다. 그리고 아무 일도 일어나지 않았던 것처럼 저녁 식사는 이어진다. 대낮에 군인들이 아이들에게 총질을 해대는 행동이 마치 흔한 일인 듯 말이다.

영화 〈로마〉의 주인공은 백인 가정에서 가정부로 일하는 원주민 여성 클레오다. 차분하고 온화한 성품의 그녀는 자신이 맡은 일을 묵묵히 성실히 해낸다. 네 아이 모두 클레오를 잘 따르고, 그중 특히 막내아들 페페(어린 시절 쿠아론 감독으로 추정)는 클레오를 유난히 좋아한다. 주인 부부와 할머니도 클레오를 존중하는 듯하지만, 이 관계에는 분명한 선이 있다. 저녁 식사 후 가족들이 거실에 모여 TV 코미디 프로그램을 보면서 깔깔 웃는 동안 클레오가 한쪽 구석에 슬그머니 앉아 함께 시청하려 하자, 여주인 소피아는 클레오에게 남편이 마실 차를 만들어오라고 지시한다. 가정부가 주인 가족과 함께 TV를 시청하는 건 불편하다는 사인이다. 소피아는 남편과의 사이가 틀어지는 일이 벌어질 때마다 클레오에게 온갖 신경질을 부리기도 한다. 임신한 클레오가 갑자기 산통을 겪자 주인집 할머니는 서둘러 병원에 데려간다. 하지만 나이 등 개인 신상을 묻는 간호사의 질문에 어느 하나 제대로 대답하지 못한다. 오랜 시간을 함께했지만 도우미 클레오의 삶에 대해선 아는 게 없었기 때문이다. 물론 클레오의 상황은 끔찍하게 학대받고 착취당하는 다른 원주민 노동자들보다는 좋은 편이라고 할 수 있다. 때론 감정적으로 육체적으로 힘들지 몰라도, 가족 구성원들이 그녀를 비교적 잘 대해 주기 때문이다.

그럼에도 〈로마〉에는 멕시코 원주민들이 겪는 일상적인 차별과 착취가 잘 드러나 있다. 클레오가 도망간 애인을 만나기 위해 찾아간 멕시코시티 외곽의 처참한 모습도 멕시코의 일상화된 차별을 보여준다. 인프라가 잘 갖춰진 '로마'와 달리, 원주민과 가난한 메스티소(백인과 원주민 혼혈)들이 모여 사는 그곳은 상수도 시설조차 갖춰져 있지 않은 데다, 도로는 진흙투성이고, 열악하기 짝이 없는 판잣집들이 가득하다.

멕시코 원주민, 고난과 차별의 역사

마야문명과 아즈텍 문명을 꽃피운 멕시코는 16세기 스페인의 침략을 받아 1821년 독립 때까지 기나긴 식민통치를 겪었다. 원주민, 유럽에서 건너온 백인, 아프리카에서 노예로 잡혀 온 흑인들 사이에서 다양한 혼혈들이 태어나자 멕시코의 혈통은 매우 복잡하게 분열됐다. 같은 백인이라도 유럽 본토 출신이냐, 멕시코에서 태어났느냐에 따라 에우로페오Europeo와 크리오요Criollo로 나뉘었고, 백인의 피와 원주민의 피가 절반씩 섞이면 메스티소Mestizo, 메스티소가 백인과 결혼해 백인의 피가 75퍼센트가 되면 카스티소Castizo로 불렸다. 백인과 흑인 혼혈은 물라토Mulato, 물라토와 백인 혼혈은 모리스코Morisco, 원주민과 흑인 혼혈은 삼보Zambo로 불렸다.

멕시코 전체 인구에서 메스티소는 62퍼센트, 원주민은 약 20퍼센트, 백인은 약 10퍼센트다. 멕시코 정부는 인구조사 때 인종 구분을 포함하지 않기 때문에 이는 추정치다. 혼혈이 워낙 흔하기 때문에 멕시코에는 인종차별이 없다는 주장도 있지만, 위와 같이 혈통을 따졌다는 것은 차별의식이 그만큼 강하기 때문이라고도 할 수 있다.

멕시코 국가인권위원회는 지난 2011년 조사 결과 원주민 어린이들이 비원주민 어린이들에 비해 사망률이 60퍼센트나 높고 문맹률은 네 배가 높으며 신장과 몸무게는 국가 평균치보다 크게 낮은 것으로 나타났다고 발표했다. 어렸을 때부터 차별과 멸시, 폭력에 노출돼 제대로 교육받지 못한 데다 가난 때문에 영양 섭취와 보건에 취약하기 때문이었다. 지난 2016년에는 교황 프란치스코가 멕시코 마야문명의 근거지인 치아파스를 방문해 "원주민 여러분들은 체계적이고 조직적으로 사회에서 배척당했다"며 "권력과 부, 시장을 장악한 이들이 여러분들의 토지를 빼앗고 오염시켰다"라고 비판한 바 있다.

2021년 5월 킨타나로오주를 방문한 안드레스 마누엘 로페스 오브라도르 Andrés Manuel López Obrador 대통령은 "500여 년 동안 끔찍하게 학대당한 마야인들에게 진심으로 사과한다"[8]라고 밝혔다. 특히 1847년부터 1901년까지 이어진 '카스테 전쟁 Caste War'에서 많은 마야 원주민이 사망한 데 대해 사과했다. 멕시코 남부 유카탄반도에서 원주민들과 백인 지배층의 이익을 대변하는 정부군 간에 벌어진 이 전쟁으로 원주민 약 25만 명이 사망했다.

멕시코 독립 후 유카탄반도는 멕시코 공화국의 주가 됐다. 하지만 1835년 중앙집권적 정부가 수립되면서 자치권이 훼손되자 중앙정부에 대한 원주민들의 반감이 매우 커졌다. 원주민들은 결국 1840년 독립을 선언하고 유카탄공화국을 수립했다. 이 과정에서 유카탄과 멕시코 중앙정부와의 갈등은 군사적 충돌로 이어졌다. 1848년 유카탄공화국이 멕시코에 완전히 재편입된 이후에도 이어졌던 마야인들의 기나긴 투쟁은 1901년 산타크루스가 정부군에 함락당하면서 공식적으로 종결됐다.

토지 불평등이
촉발한 멕시코혁명

영화 〈로마〉에서 한 원주민 가정부는 클레오에게 "토지분쟁 때 많은 사람이 죽고 주인집 강아지도 죽었다"라고 말한다. 멕시코뿐만 아니라 라틴아메리카에서 불평등한 토지분배는 고질적인 문제다. 백인 중심의 토지 소유 제도 때문에 첨예한 사회갈등이 벌어졌고, 1910년 멕시코혁명도 불평등한 토지분배에 대한 불만이 폭발하면서 발생했다고 할 수 있다.

멕시코 원주민들은 원래 토지 소유의 개념이 없이 공동경작을 해왔다. 그러나 19세기 말 포르피리오 디아스José de la Cruz Porfirio Díaz Mori 대통령이 근대화를 내세워 소유권이 애매한 토지를 흡수해 백인 대농장주와 외국 자본가들에게 매각하면서 대다수 농민은 소작인 신세가 되어버렸다. 디아스의 장기집권에 저항하는 사람들이 '토지와 자유'를 부르짖으면서 혁명을 일으켰고, 혁명정부는 1억 헥타르에 달하는 토지를 몰수해 재분배했다. 이 과정에서 원주민 공동체를 위해 도입한 것이 바로 '에히도ejidos' 제도이다. 공동체에게 토지 소유권을 주고, 구성원들이 자치적으로 경작할 수 있게 한 것.

하지만 이 제도는 1992년 카를로스 살리나스 데 고르타리Carlos Salinas de Gortari 대통령의 개헌으로 폐지된다. 정부가 경제협력개발기구(OECD) 가입을 추진하고 북미자유무역협정(NAFTA)을 체결하기 위한 사전 조치로 헌법 27조의 토지 국유화를 폐지하면서 에히도 역시 사라지게 된 것이다. 에히도 자체에도 문제는 있었다. 도입 이후 많은 시간이 흐르면서 공동체 내 인구는 늘어나는데 토지는 한정돼 있었고, 보다 현대적이고 체계적인 농경에 한계가 있었기 때문이다.

토지를 빼앗긴 원주민들은 들고 일어섰다. 바로 '사파티스타Zapatista 무장봉기'다. 1994년 1월 1일 북미자유무역협정 발효일에 마체테 칼과 낫, 총 등으로 무장한 원주민 등 약 2000명이 치아파스주 제2의 도시 산크리스토발데라스카사스 등에서 봉기를 일으켰다. 검은색 스키 마스크로 복면을 한 사파티스타 민족해방군Ejercito Zapatista de Liberacion Nacional의 '부사령관 마르코스Subcomandante Marcos'는 내외신 기자들 앞에서 '라칸도나 정글의 선언문Declaración de la Selva Lacandona'을 낭독했다.

"우리는 500여 년에 걸친 투쟁의 산물이다. 우리는 지금껏 우리를 총알받이로 사용해 나라의 부를 약탈해 가려는 세력에 의해 가장 기초적인 것조차 거부당했다. 우리에겐 교육은 물론 머리를 덮을 만한 반듯한 지붕도, 갈아먹을 땅도, 일자리도, 의료시설도, 식량도, 우리의 정치 대표자를 자유롭게 민주적으로 선출할 수 있는 권리도 없고, 우리 자신과 우리 아이들을 위한 평화와 정의도 없다. 그러나 오늘 우리는 말한다. 이제 그만! ¡ya basta!"[9]

사파티스타는 정부군에 맞서 무장투쟁을 벌이다가 1996년 정부와 평화협정을 맺었다. 현재는 치아파스주의 다섯 개 지역에서 자치를 실행하고 있다.

1968년과
1971년에 무슨 일이?

영화 〈로마〉 속 거
리에는 선거 포스터들이 여기저기 붙어 있다. 클레오가 도망친 애
인을 만나기 위해 찾아간 멕시코시티 외곽 마을에서는 선거유세가
한창이다. 화면에는 등장하지 않지만, 한 남자가 확성기에 대고 "루
이스 에체베리아 알바레스의 지도력 하에 온 국민이 한마음으로
노력하자"라며 지지를 호소한다.

1970년, 멕시코는 2년 전 벌어졌던 '틀라텔롤코 학살Tlatelolco
massacre'의 여파가 채 가시지 않은 상황에서 대통령 선거를 치렀다.
'틀라텔롤코 학살'이란 1968년 10월 2일, 멕시코의 수도 멕시코시
티 틀라텔롤코 광장에서 시위를 하던 학생과 시민들을 정부군과
사복 경찰이 학살한 사건이다. 당시 멕시코에서는 제도혁명당 일
당독재의 종식과 민주화를 요구하는 목소리가 날로 커지고 있었
다. 경제난 속에서 정부가 1968년 하계 올림픽 개최에 막대한 재
정을 지출한 데 대해서도 비판이 치솟았다. 10월 2일, 약 1만 명의
학생들과 시민들이 틀라텔롤코 광장에서 반정부 평화시위를 벌
였다.

같은 날 오후 5시 55분, 인근 건물에서 총이 발사되면서 정부군
과 경찰의 무자비한 진압이 시작됐다. 광장을 포위한 5000명 이
상의 군인과 경찰들은 시위대를 밤새 진압하면서 광장뿐만 아니
라 주변 건물들까지 수색해 수많은 학생을 체포, 구타, 사살했다.
사망한 사람들에는 학생들뿐만 아니라 일반 시민과 주변 주민들

도 포함되어 있었다. 군과 경찰이 트럭에 싣고 간 시신은 알려지지 않은 곳으로 사라졌다. 이날 사망한 사람의 수는 밝혀지지 않았지만 300명에서 400명 사이로 추정된다. 부상자는 2500여 명, 체포된 사람은 1500여 명으로 추산된다.

학살이 벌어진 지 열흘 뒤, 멕시코시티에서는 올림픽이 개최됐다. 정부와 친정부 언론들은 '학살'을 '폭동에 대응한 정당한 진압'이라고 주장했다.

이 비극적인 사건이 벌어진 지 약 2년 만에 치러진 대선에서 제도혁명당은 정권 재창출에 사활을 걸었다. 그 결과, 구스타보 디아스 오르다스 볼라뇨스Gustavo Diaz Ordaz Bolaños 대통령 정부에서 내무장관직을 맡았던 에체베리아가 새 대통령에 당선됐다. 에체베리아는 재임 기간에 사회보장제도를 확충했다는 평가를 받기도 했지만, 1971년에 발생한 '성체축일 학살'로 인해 멕시코 역사에 지워지지 않는 크나큰 상처를 남겼다.

에체베리아 대통령은 재임 초기에 개혁을 약속하면서 정치범들을 석방하고, '틀라텔롤코 학살' 이후 칠레 등 해외로 망명한 학생운동 지도자들의 귀국을 허용했다. 민주화 열망이 크게 고조되는 분위기 속에서 누에보레온자치대학교 재학생들이 학교 운영에 대한 참여 확대를 요구하며 학교 측과 충돌하자 멕시코국립자치대학교와 멕시코국립공과대학교 등 다른 대학교 학생들도 동조 시위를 벌였다.

1971년 6월 10일, 멕시코시티의 멕시코국립공과대학교 캠퍼스에서 대규모 집회가 열렸다. 참정권 및 정치범 석방 확대를 요구하는 학생, 노동자, 시민들은 학교 문을 나와 대통령궁과 정부청사 등이 있는 소칼로 광장을 향해 행진했다. 그들을 기다린 것은 중무장한 군인들과 '독수리들'이란 뜻의 극우 정치깡패집단 '로스 알코네스Los Halcones'였다. 이들은 행진 참가자들을 무자비하게 구타하고 총을 쏘며 진압했다. 로스 알코네스 조직원들은 시위 현장은 물론 인근 병원까지 난입해 다친 시위 참가자들에게 총을 쏴 살해하기까지 했다. 정부가 발표한 공식 사망자는 11명. 그러나 비공식 집계로는 300여 명이 사망한 것으로 추정된다. 이 중에는 14세 소년도 있었다.

같은 날 밤, 에체베리아 대통령은 대국민 연설을 통해 유감을 표명하면서 이번 사태를 조사해 부당성이 규명되면 관계자를 처벌하겠다고 약속했다. 그러나 반정부 진영은 1968년 '틀라텔롤코 학살' 당시 치안을 담당하는 내무장관이었던 에체베리아가 또다시 학살을 주도했다고 비난했다.

1976년 에체베리아가 대통령직에서 물러난 이후 그를 법적으로 단죄하려는 시도가 몇 차례 있었지만, 번번이 수포로 돌아가곤 했다. 하지만 2005년 6월, 멕시코 대법원은 1968년과 1971년 학살의 배후로 지목받아 온 에체베리아에 대한 공소시효(30년)가 2006년까지라고 판결해 그에 대한 사법 처리 가능성을 열었다. 이듬해 7월 연방형사법원 제2법정 호세 앙헬 마타르 올리바 판사는 집단학살 혐의를 받을 충분한 증거가 있다며, 에체베리아 전 대통령을 가택연금하라는 영장을 발부했다. 멕시코 사법 역사상 전직 대통령에 대해 영장이 발부되기는 처음이었다. 2006년 11월

에체베리아는 기소돼 가택연금에 처했다. 하지만 2009년 3월 26일 법원은 틀라텔롤코 학살에 대한 에체베리아의 모든 혐의를 기각하고 무죄를 선고했다.

2012년 여론조사에서 응답자의 46퍼센트는 에체베리아 행정부에 대해 '나쁨' '매우 나쁨'으로 평가했다. '좋음' '아주 좋음'은 27퍼센트, '보통'은 16퍼센트였다. 이 조사에서 에체베리아는 역대 멕시코 대통령 중 살리나스 다음으로 '최악의 대통령' 평가를 받았다.

한국이 멕시코 극우 테러 지원?

〈로마〉에서 클레오는 출산을 앞두고 아기침대를 사기 위해 시내 가구점에 들렀다가 '성체축일 학살'을 목격한다. 가게 안으로 피신한 시위 참가자들을 뒤쫓아 로스 알코네스 조직원들이 들이닥친다. 그런데 조직원 중 한 명이 클레오의 애인이었던 페르민이다. 페르민과 다른 조직원들은 겁에 질린 시민들이 지켜보는 가운데 숨어 있던 시위 참가자들을 사살한 후 그 자리를 떠난다. 앞서 클레오가 멕시코시티 외곽 마을로 페르민을 찾아갔을 때 그는 다른 남자들과 함께 군사훈련을 받고 있었다. 페르민은 클레오에게 "미국인과 한국인 교관들로부터 훈련을 받느라 바빴다"면서 그동안 연락을 끊었던 핑계를 댄다. 훈련장에 한국인으로 보이는 아시아인 교관이 서 있는 장면도 나온다.

로스 알코네스는 멕시코에서 1960년대 말 반정부 시위 진압을 목적으로 만들어진 조직이다. 다양한 배경을 가진 사람들이 가담했는데 갱단원과 범죄자들도 상당수였다. 이들은 주로 연방보안군 관계자들로부터 훈련을 받았다. 로스 알코네스가 처음 모습을 드러낸 것은 틀라텔롤코 학살사건이 벌어진 이듬해인 1969년 10월 2일 시위 현장에서였다. 본격적으로 활동한 것은 1971년 성체축일 학살사건 때다.

훗날 과거사 규명을 위한 멕시코 특별 검사팀은 성체축일 학살사건 발생 수개월 전 에체베리아 정부가 로스 알코네스 조직원들에게 일종의 '장학금'을 지급해 미국, 유럽, 일본 등에서 군사훈련을 받도록 했다고 주장했다. 그러나 에체베리아 대통령은 물론 알폰소 마르티네스 도밍게스Alfonso Martínez Domínguez 당시 멕시코시티 주지사와 훌리오 산체스 바르가스Julio Sánchez Vargas 검찰총장 등은 모두 로스 알코네스와의 연관성을 부인했다.

기밀해제된 미국 외교문건에 따르면, 에체베리아 정부 관계자들은 로버트 맥브라이드Robert McBride 당시 멕시코 주재 미국 대사를 여러 차례 찾아와 치안 회복을 위해 미국의 도움이 필요하다면서 자국 경찰에 대한 훈련 지원을 요청했다. 대사관 측은 1971년 1월 6일 국무부에 보낸 외교전문에서 "멕시코 정부 관계자들이 학생 시위와 폭동에 대한 통제에 많은 관심을 갖고 있으며, (시위에 대한) 구체적인 대응 전략에도 관심을 나타내고 있다"라고 보고했다. 외교전문에는 로스 알코네스에 대한 언급도 있다. 멕시코 정부군의 디아스 에스코바르^{Diaz Escobar} 대령이 이 조직을 이끌고 있으며, 그 규모는 약 2000명으로 추정된다는 것이다. 또 이 조직 위에 멕시코 정부가 있는 것으로 파악했다.

1971년 3월 8일, 디아스 측의 요청에 따라 다섯 명이 워싱턴에 도착해 군사훈련을 받았다. 그로부터 약 3개월 후 성체축일 학살이 발생하자 주멕시코 미국 대사관과 국무부 사이에는 외교전문이 바쁘게 오갔다. 전문에는 미국 정부가 로스 알코네스와의 연관성을 숨기기 위해 애썼던 정황들이 드러나 있다. 미국 정부는 멕시코에서 온 다섯 명이 학살사건 당시 워싱턴에 머물고 있었다는 점을 특히 강조했다. 실제로 이들은 학살 이후인 7월에 귀국했다. 따라서 미국이 성체축일 학살사건을 막후 지원한 것은 아니라는 게 미 정부의 논리였다. 또 이들은 공식적으로 멕시코 정부군 소속이었으며, 이들이 로스 알코네스와 관련이 있다는 것은 미 정부의 내부 정보였을 뿐이라는 입장을 나타냈다.

하지만 냉전이 최고조였던 1970~1980년대에 미국이 공산주의 확산 저지를 명분으로 라틴아메리카 친미 독재정권들을 적극적으로 지원했던 것은 이미 잘 알려진 사실이다. 1998년부터 1999년까지 기밀해제된 FBI 문서에 따르면, 미국은 중앙정보국 CIA 등을 통해 이른바 '콘도르 작전^{Operacion Condor}'을 후원했다. '콘도르 작전'이란 중남미 독재정권의 군·정보기관들이 서로 협력하면서 정치적 반대자를 암살하고 민주주의 요구를 탄압한 활동을 가리킨다. 아르헨티나, 칠레, 브라질, 우루과이, 파라과이, 볼리비아 등에서 이 작전으로 살해된 사람이 무려 6만 명에 달하는 것으로 추정되며,

약 3만 명이 실종, 약 40만 명이 투옥됐다. 헨리 키신저 당시 미국 국무장관은 콘도르 작전을 후원 또는 묵인했으며, CIA는 남미 정보기관 요원들을 훈련시키고 재정과 물자를 지원한 것으로 전해진다. 물론 키신저는 이를 부인했다.

〈로마〉에서 언급된 것처럼 한국군이 멕시코 정치깡패조직 훈련에 참여한 것이 사실일까? 만약 그렇다면, 한국이 민주화를 요구하는 멕시코 국민의 인권탄압을 배후 지원한 셈이 된다. 이를 입증할 만한 증거는 아직까지 나오지 않았다. 다만 박정희 정부가 미국의 요청으로 개입했을 가능성은 상상해 볼 수 있다.

쿠아론 감독이 로스 알코네스와 한국의 관계에 대해 언급한 적은 없다. 다만 그는 2018년 말 한국 취재진과 가진 화상 인터뷰에서 "독재정권에 저항한 민주화운동의 역사가 있다는 점에서 멕시코와 한국 사이의 감정적 유대가 있는 것 같다. 그런 맥락에서 유사한 특징 중 하나는 사회 고위층의 비리가 많다는 거다. 사회 고위층의 비리와 부패는 한국영화에서도 반복되는 테마인 것 같다"[10]라고 말했다.

BONUS!

1994년은 멕시코 현대사에서 특별한 의미를 갖는다. 미국, 캐나다와 함께하는 '북미자유무역협정(NAFTA)'이 출범했고, 그 여파로 멕시코 페소화 위기가 발생했으며, 사파티스타 봉기가 일어났고, 개혁과 변화를 주장하던 유력 대통령 후보 루리스 도날도 콜로시오Luis Donaldo Colosio가 괴한에 의해 암살당했기 때문이다. 넷플릭스 5부작 다큐멘터리 〈1994〉는 콜로시오 사건이 멕시코 정치는 물론 사회 전반에 미친 충격과 영향을 다룬 수작이다. 같은 사건을 소재로 만든 드라마로는 〈범죄의 기록: 비운의 후보Crime Diaries:The Candidate〉가 있다. 멕시코 원주민들의 삶과 투쟁을 다룬 작품으로는 〈우리의 목소리를 전하는 자La Vocera〉를 추천한다. 원주민 여성 최초로 2018년 멕시코 대선에 출마한 마리아 데 헤수스 파트리시오 마르티네스Maria de Jesus Patricio Martines의 선거유세와 인터뷰 등을 통해 원주민들의 생생한 목소리를 들을 수 있다.

2

전쟁과 테러리즘

누구를 위한
싸움인가

르완다 대학살

드라마 〈블랙 어스 라이징Black Earth Rising〉
출연 | 미케일라 코얼, 존 굿맨, 아베나 아이보
감독 | 휴고 블릭
관람등급 | 청소년관람불가

WHY?

르완다 대학살은 1994년 4월부터 7월까지 100여 일 동안 투치족Tuchi 80만 명이 후투족Hutu에 의해 살해당한 사건이다. 대부분 농민이었던 후투족은 농사 지을 때 사용하던 마체테 칼을 이웃의 투치족에게 휘둘렀다. 대학살은 투치족인 폴 카가메Paul Kagame가 이끄는 르완다애국전선 (RPF)Rwandan Patriotic Front의 반격으로 종결됐다. 국제형사재판소(ICC)는 전범들을 법정에 세워 학살에 대한 책임을 물었다. 드라마 〈블랙 어스 라이징〉은 당시 생존자인 케이트가 ICC 검사의 조사원으로 활동하며 자신의 과거를 추적하는 내용을 담았다.

르완다는 '아프리카의 스위스'라고 불릴 정도로 재건에 성공했지만, 폴 카가메는 20년 이상 장기 집권한 독재자가 됐다. 대학살 이후 투치족과 후투족의 갈등은 이웃한 콩고민주공화국(민주콩고)에서 반복됐다. 비극의 주인공인 르완다 투치족들은 민주콩고에서는 분쟁을 조장하는 악역을 맡았다. 르완다 대학살을 끝낸 영웅인 RPF 출신 군인들은 민주콩고에서 살인, 강간, 소년병 징집 등 전쟁범죄를 저지른 혐의로 이번에는 자신들이 ICC 법정에 섰다. 드라마는 르완다 정치 상황과 민주콩고 분쟁, 국제사회의 역학관계 등 다양한 요소들을 한데 버무려 비극을 재연한다.

금, 다이아몬드, 콜탄 등 천연자원이 풍부한 민주콩고 동부 이투리 Ituri 지역에서 반군 지도자 보스코 은타간다Bosco Ntaganda는 '터미네이터(종결자)'로 불렸다. 그는 2000년대 초 자신이 이끄는 부대에 민간인을 살해하도록 명령한 지도자로, 그의 부대는 막대기와 칼, 마체테를 이용해 이투리 지역의 바나나밭에서 49명을 무자비하게 살해했다. 현장에서 성인 남성과 여성, 어린이, 아기의 시신이 발견됐다. 내장이 뽑히거나 알몸으로 발견된 시신도 있었다. 은타간다가 이끄는 반군은 민간인 여성을 강간하고 성노예로 만들었다. 어린이들을 소년병으로 동원하기도 했다. 그는 2008년 11월 민주콩고 동부의 키완자Kiwanja 마을에서 150여 명을 학살한 혐의도 받는다.

반군은 그의 지휘 아래 광산, 불법 검문소 등에서 세금을 징수했다. 이를 두고 2011년 유엔안전보장이사회는 은타간다가 민주콩고에 수익성 좋은 사업 제국을 건설했다[11]고 표현했다. 안보리는 결의 1952호(2010년)를 통해 민주콩고에서 광물을 수입하는 업자들이 공급망 실사를 하도록 회원국에 요청하기도 했다.

민주콩고에는 전 세계 콜탄 매장량의 85퍼센트(15억 배럴), 코발트 매장량의 48.5퍼센트(340만 톤), 다이아몬드 매장량의 20퍼센트(1억 5000만 캐럿)가 묻혀 있다. 특히 콜탄은 노트북, 휴대전화 등 전자기기에 중요한 재료로 쓰인다. 코발트는 합금 제조는 물론 전기차 배터리 성능을 좌우하는 양극재로 사용된다.

민주콩고에는 르완다 또는 우간다와 연계된 무장세력들이 많은데 그 덕분에 민주콩고에서 나온 광물의 상당량이 이들 나라로 넘어간다. 르완다는 광물이 거의 나지 않는 나라인데도 콜탄을 수출해 돈을 벌었다. 민주콩고에서 채굴된 콜탄, 코발트, 다이아몬드, 금 따위의 광물이 이 지역 분쟁을 지속시킨다는 지적이 잇따르자 미국은 2010년 '도드-프랭크법Dodd-Frank Act 1502조'를 제정해 기업들에게 분쟁 광물의 수입 여부를 조사하고 공개할 의무를 부과했다.

민주콩고 반군의 지도자인 은타간다는 르완다 투치족 출신이다. 그는 20대에 폴 카가메의 RPF에 참여해 르완다 대학살을 종식하는 데 일조했다. 〈블랙 어스 라이징〉에서도 은타간다를 빼다박은 르완다의 영웅이 등장한다. 과거 RPF의 지도자로, 지금은 민주콩고에서 활동하는 응야모야 장군이다. 극 중에서 응야모야는 민주콩고의 광물을 르완다로 옮기려 하지만, 르완다 국경에서 옛 동지이자 르완다 대통령 특별고문인 데이비드 루니후라의 제지를 받게 된다.

"도드-프랭크법 1502조에 따라 수입 광물을 모두 확인해야 해. 콩고민주공화국에서 르완다로 수입되는 광물이 분쟁과 무관한 것인지 말이야. 그런 증명서가 없으니 자네 트럭들은 통과할 수 없네."

"난 전쟁 중이야. 자네를 위해 싸우고 있다고. 미국의 입김 때문이야?"

"아니. 전쟁이 끝났기 때문이야. 평화로운 시기에는 광물을 훔칠 수 없다네."

드라마 속에서 응야모야는 전범으로 기소돼 ICC의 재판을 기다리던 중에 괴한이 쏜 총에 맞아 숨진다. 반면 현실의 은타간다는 2019년 ICC의 전범 재판에서 30년 형을 선고받았다.

르완다 내전은
어떻게 시작됐나

〈블랙 어스 라이징〉

은 '불편한 진실'을 들추는 드라마다. 휴고 블릭 감독이 이 드라마를 제작하게 된 것도 ICC가 르완다 대학살의 가해자뿐 아니라, 대학살을 종식시킨 RPF 구성원들까지 수배했기 때문이었다. 그는 "왜 명백한 악당과 영웅을 쫓고 있는지 이해하고 싶었다"며 "알면 알수록 더 멀리 가야 했다"[12]라고 말했다.

그가 드라마 각본을 쓰기 위해 르완다와 민주콩고를 방문했을 때, 그는 호텔 벨보이의 머리에 끔찍한 상처가 있는 것을 발견했다. 대학살에서 살아남은 생존자였다. 감독은 "르완다 대량 학살의 여파를 보는 것은 충격적인 경험"이라며 "거의 25년이나 지난 일이지만 학살을 경험한 사람들에게 당시 상황은 놀랍도록 생생하다"[13]라고 말했다. 〈블랙 어스 라이징〉은 그만큼 세심한 영화다. 르완다 출신 배우가 아닌 가나계 영국인인 미케일라 코얼에게 주인공인 케이트 역을 맡긴 것도 르완다 출신 배우가 역할을 맡을 경우 르완다의 가족에게 피해가 갈 것을 우려했기 때문이었다.

르완다 사람들은 후투(85퍼센트) 아니면 투치(14퍼센트)다. 투치는 왕가, 귀족, 군사령관 등 지배계급에 속했고 후투는 농부, 군인 등이 대부분이었다. 18세기만 해도 부유한 후투족이 투치족에게 섞여 살거나, 가난한 투치족이 후투족에게 동화돼 사는 경우도 있었다. 사회적 이동이 가능했고 투치와 후투 간의 결혼도 많았다.

1919년 벨기에가 르완다 식민통치를 시작하면서 투치와 후투가 나뉘기 시작했다. 벨기에는 신분증에 종족을 표시하도록 했고, '백인의 대리인' 투치족을 이용해 후투족을 관리했다. 1959년부터 1961년까지 후투족이 투치족에게 맞서 봉기했는데, 후투족에 의해 2만여 명의 투치족이 목숨을 잃었다. 후투족 임시정부는 1962년 독립을 선언했다. 당시 많은 투치족들이 후투족의 보복을 피해 이웃한 민주콩고, 우간다, 브룬디 등으로 도망갔다. 후투족이 집권세력이 된 이후 르완다에서는 1963년, 1967년, 1973년 등 수차례에 걸쳐 투치족을 상대로 한 학살이 자행됐다.

민주콩고와 우간다 등에 머물던 투치족들은 무장조직인 RPF를 조직해 1990년 정부군과 전투를 벌였다. 프랑스와 벨기에가 정부군을 지원하면서 내전은 상당 기간 교착상태에 빠졌다. 유엔의 중재로 1993년 양측은 탄자니아에서 휴전협정을 맺었다.

평화는 오래가지 않았다. 1994년 4월 6일 쥐베날 하브자리마나^Juvénal Habyarimana 르완다 대통령이 탄 비행기가 격추되는 사건이 발생하자 후투족들은 투치족이 배후에 있다고 믿었다. 후투족 강경파인 '인테라함웨^Interahamwe(함께 싸우는 이들) 민병대'는 마체테를 휘두르며 투치족을 살해하기 시작했다. 당시 이들의 입장을 대변했던 언론이 밀 콜린스 자유텔레비전 방송(RTML)^Radio Television Libre des Mille Collines이라는 라디오 방송이었다. RTLM의 아나운서는 "사람들의 키와 외양을 잘 살피고 코가 작은 사람(투치족)이 있으면 박살내라"라고 선동했다. 제거해야 할 투치족 명단을 발표하기도 했다.

격주간지 「캉구라^Kangura」는 투치족을 다루는 방법은 오로지 '칼'뿐이라고 선동했다. 지면에 '후투족이 지켜야 할 십계명'을 싣기도 했다. '투치족 여성과 결혼하거나, 투치족 여성을 고용하거나, 투치족 여성을 보호하는 후투족은 배신자들이다'(제1계명) '후투족들은 투치에게 자비를 베푸는 행위를 중단해야 한다'(제8계명) 등의 내용이 담겼다.

대학살 당시 르완다의 수도 키갈리^Kigali에 있는 밀 콜린스 호텔의 지배인이었던 후투족 폴 루세사바기나^Paul Rusesabagina는 인테라함웨에 의해 여러 차례 배신자로 몰렸다. 투치족 아내를 둔 데다, 1000여 명의 투치족들을 호텔에 수용해 보호했기 때문이었다. 그는 여러 번 죽을 고비를 넘겼다. 폴 루세사바기나의 이야기는 2004년 영화 〈호텔 르완다〉로 만들어졌다.

많은 투치족이 후투족을 피해 가톨릭 성당으로 몰려들었다. 다수가 가톨릭 신자이기도 했고 적어도 성당 안에서는 죽음을 피할 수 있다고 믿었기 때문이다. 하지만 성당의 사제와 수녀들도 학살에 가담했다. 르완다 대학살 현장 중에 성당이 많은 건 이 때문이다. 수도 키갈리에서 남쪽으로 30킬로미터 떨어진 엔타라마^{Ntarama}의 성당에서는 1994년 4월 15일 후투족 민병대들이 성당 안으로 들어와 공포에 떠는 투치족을 향해 마체테를 휘둘렀다. 2만 명의 투치족과, 투치족을 도왔던 후투족이 배신자로 몰려 살해됐다. 엔타라마 인근의 니아마타^{Nyamata} 성당에도 투치족 여성들과 아이들이 숨어 있었다. 후투족 민병대는 이들을 향해 수류탄을 던지고 총알을 퍼부었다. 니아마타 성당과 인근 초등학교 등에서 1만 명의 투치족이 목숨을 잃었다. 훗날 이 성당들은 정부에 의해 제노사이드 기념관으로 지정됐다. 당시 죽임을 당한 수만 명의 유해가 수습되지 않고 그대로 남아 있다.

'아프리카 속 스위스'의 그늘

1994년 7월 18일 폴 카가메가 이끄는 RPF가 후투족들을 물리치면서 투치족을 향한 후투족의 살육도 멈췄다. 후투족들은 보복을 피해 도망가기 시작했다. 르완다 경계 곳곳에 후투족 난민캠프가 만들어졌다. 브룬디와 가까운 르완다 남부 키베호의 난민캠프는 후투족 9만 명에서 10만 명이 머물고 있었다. 1995년 4월 RPF 병사들이 캠프를 폐쇄하겠다며 난민을 향해 총을 쏘기 시작했다. 당시 UN 지원군 (UNAMIR)United Nations Assistance Mission for Rwanda으로 온 호주와 잠비아 군인들이 학살 현장을 목격했다. 현장에 있었던 호주 군인은 이렇게 증언했다.

"RPF 병사들이 자동 소총, 로켓 추진 수류탄, 50구경 기관총으로 난민들을 공격했다. 폭우가 병사들의 시야를 가렸다. 그나마 다행이었다. 우리는 모래주머니 벽 뒤에 숨어 이를 지켜봤다. 군중 사이로 수류탄이 떨어지더니 십여 명이 쓰러졌다. 약 50미터 떨어진 곳에 있던 한 여성이 갑자기 양손을 든 채 일어섰다. RPF 병사가 여성을 밀쳤고 그를 향해 총을 쐈다."[14]

폴 카가메 대통령은 RPF의 후투족 학살행위를 인정하지 않는다. 대신 종족 간 화합을 내세우며 '나는 르완다인이다Ndi Umunyarwanda' 캠페인을 벌이고, 대학살 과정에서 희생된 이들을 100일간 추모하는 퀴부카Kwibuka를 매년 진행한다. '희생자 = 투치'와 '가해자 = 후투'라는 프레임 속에서 RPF와 폴 카가메는 폭력을 종식한 영웅으로 묘사된다. 강경 후투족에 의해 죽임을 당한 '온건한 후투족'의 존재를 지우려 한다는 지적[15]도 있다.

르완다는 1994년 학살 이후 국가 재건에 나섰다. GDP는 1994년 7억 5200만 달러에서 2018년 95억 달러로 늘었고, 같은 기간 1인당 GDP는 125.5달러에서 787달러로 증가했다. 출생 시 기대 수명도 1990년대 중반 29세에서 2019년 69세로 늘었다. 코로나19 팬데믹 전인 2019년까지 연평균 약 8퍼센트의 GDP 성장률을 기록했다. 치안도 안정되어 있고, 여성 인권 순위는 북유럽 다음으로 높은 수준을 기록하기도 했다. 서구에서는 르완다를 가리켜 '아프리카의 스위스'라고 부른다.

하지만 언론의 자유가 보장되지 않는 나라이기도 하다. 폴 카가메를 비판하거나 투치족이 자행한 학살 등에 대해서는 공개적인 논의가 불가능하다. 국제인권단체는 폴 카가메 정부가 반정부 인사들을 불법체포해 감금하고 고문한다며 비판한다. 예컨대 〈호텔 르완다〉의 실제 주인공 폴 루세사바기나는 폴 카가메를 비판했다가 테러의 배후 세력으로 몰려 2020년 체포됐다. 그는 법정에서 25년 형을 선고받고 수감 중이다.

투치족으로 대학살 당시 아버지를 잃은 르완다 민중 가수 키지토 미히고Kizito Mihigo 역시 카가메와 RPF를 비판하는 노래를 불렀다가 옥고를 치렀다. 그는 2014년 3월 발표한 '죽음의 의미Igisobanuro Cy'urupfu'에서 이렇게 노래했다.

"세상에 좋은 죽음 따위는 없다. 제노사이드로 죽든, 전쟁으로 죽든, 복수를 위한 살육의 희생자가 되든, 사고나 병들어 죽든 간에 죽음보다 더 끔찍한 건 없다. 학살이 나를 고아로 만들었어도 그것이 나를 사람과 공감하지 못하는 존재로 만들지는 못한다. 그들(후투족)의 삶도 (RPF에 의해) 잔혹하게 희생됐지만 집단학살로 다뤄지지 않는다. 형제들, 자매들. 그들 모두 인간이고 나는 그들을 위해 기도한다. 그들을 위로하고 기억한다. 나의 존엄과 사랑은 속세의 삶과 부가 아니라 인간이기에 나오는 것. '나는 르완다인이다'가 '나는 인간이다'를 앞서게 두지 말자."

키지토 미히고는 2015년 쿠데타 혐의로 기소돼 10년 형을 선고받았다. 이후 폴 카가메의 사면 조치로 2018년 9월 풀려났지만, 국경을 넘으려 했다는 혐의로 2020년 다시 체포됐다. 그해 2월 르완다 정부는 키지토 미히고가 경찰서에서 시신으로 발견됐다면서, 조사를 받던 중 스스로 목숨을 끊은 것 같다고 발표했다.

BONUS!

"광산 주변에서 강간범죄가 자주 발생해요. (민병대가) 강간을 전쟁 무기로 쓰는 거죠. 이들이 당신 마을을 공격한다고 상상해 봐요. 살아남은 사람은 어쩌겠어요? 떠납니다. 그러면 민병대가 빈 마을을 차지하죠. 대부분 광산 주변의 마을들이에요."

넷플릭스 다큐멘터리 〈기쁨의 도시City of Joy〉는 민주콩고 동부의 광산 마을에 살다가 민병대에 의해 성폭행 피해를 당한 여성들의 목소리를 담았다. 피해자이자 생존자인 여성들은 부카부Bukavu라는 지역에서 공동체를 이루며 산다. '기쁨의 도시'는 공동체의 이름이기도 하다. 여성들은 서로를 보듬고 어루만지며 자신의 트라우마와 싸운다. 영상 속에서 한 여성은 이런 질문을 던진다. "콩고 내전이 이렇게 오랫동안 계속되는데도 왜 국제사회가 더 적극적으로 개입하지 않죠? 광산을 놓고 싸우는 이 내전에 전 세계가 책임이 있는데 도대체 뭘 하는 거냐고요?"

'킬링필드'의
악몽

크메르루주의 공포정치

영화 〈그들이 아버지를 죽였다First They Killed My Father〉
출연 | 사럼 스러이 목, 포엉 콤피억, 스벵 소치어타
감독 | 앤절리나 졸리
관람등급 | 15세 관람가

WHY?

1975년 미군이 베트남에서 철군하면서 전쟁은 끝났지만, 이웃 캄보디아에선 악몽 같은 일이 이어졌다. 마오이즘 공산주의 정권인 크메르루주가 4년간 벌인 집단 이주, 강제 노동, 학살 등으로 캄보디아 인구의 3분의 1인 200~300만 명이 사망했고, 캄보디아는 '킬링필드Killing Fields(죽음의 땅)'가 됐다. 크메르루주 집권 전후로도 수십 년 동안 캄보디아는 베트남, 중국, 소련, 미국 등 강대국들 틈바구니에서 전쟁과 내전에 시달렸다.

크메르루주가 수도 프놈펜을 장악한 1975년 4월 17일. 다섯 살 소녀 로웅 웅과 그의 가족들은 프놈펜에서 쫓겨나 농촌으로 강제 이주해 집단

농장에서 일한다. 경찰이었던 아버지는 신분이 발각돼 사살됐고, 가족들은 작은 주먹밥으로 하루하루를 버틴다. 로옹 웅이 2000년 회고록 《킬링필드, 어느 캄보디아 딸의 기억First They Killed My Father》을 냈고, 캄보디아 아이를 입양한 앤절리나 졸리가 2017년 이 책을 원작으로 영화를 만들었다.

1969년 3월 18일 밤. 전략폭격기 B-52 60대가 미군의 괌 앤더슨 공군기지에서 날아올랐다. 작전명은 '아침 식사Operation Breakfast'. 북베트남에서 라오스-캄보디아-남베트남으로 이어지는 호치민 트레일HoChiMinh Trail을 공격하기 위해서다. 호치민 트레일은 북베트남군이 남베트남 민족해방전선에게 물자를 지원하기 위해 라오스, 캄보디아 국경을 따라 만든 보급로로, 베트남 전쟁 시기에 미군의 폭격 대상이었지만 이전까지는 중립국 캄보디아 국경 안으로 폭탄이 떨어진 적이 많지 않았다. 하지만 이날은 달랐다. B-52 60대 중 48대가 캄보디아 국경을 넘어 2400톤의 폭탄을 투하했다.

대통령에 취임한 지 두 달도 안 된 리처드 닉슨과 그의 국가안보보좌관이었던 헨리 키신저는 캄보디아 폭격을 강행하고 이를 철저히 비밀에 부쳤다. 5월 9일 「뉴욕타임스」가 익명의 닉슨 행정부 고위 관계자를 인용해 캄보디아 폭격을 보도했지만 큰 반향을 얻지는 못했다. 오히려 닉슨과 키신저는 이 사실을 언론에 흘린 '빨대'를 찾아내기 위해 이때부터 정부 고위직 인사들을 상대로 불법 도청을 벌이기 시작했다.

미군은 '아침 식사 작전' 이후에도 여러 차례에 걸쳐 캄보디아 남쪽과 동쪽을 대상으로 폭격을 이어갔고, 작전명도 하나씩 추가 됐다. 점심 식사Operation Lunch, 간식Snack, 저녁 식사Dinner, 디저트Dessert, 만찬Supper 등이다. 1969년 3월 18일부터 1970년 5월 26일까지 미군의 전략공군사령부가 캄보디아를 융단폭격한 전술폭격작전 일체를 '메뉴 작전Operation Menu'이라고 부르는 건 이 때문이다.

친미정권 무너뜨린 크메르루주

당시 캄보디아는 시 아누크Norodom Sihanouk 왕이 통치하고 있었다. 시아누크는 베트남 전쟁 에서 철저히 중립을 지켰는데 덕분에 북베트남군은 캄보디아 땅에 보급로를 만들 수 있었고, 미국도 캄보디아를 통해 북베트남군의 정보를 얻을 수 있었다. 1970년 3월, 군 장성 출신인 론 놀Lon Nol이 쿠데타를 일으켜 시아누크 왕을 몰아내고 공화정(1970~1975년)을 도입했다. 친미 성향의 론 놀이 정권을 잡자 닉슨 행정부는 막대한 자금을 지원했다. 론 놀 정부는 '공산주의자를 몰아내겠다'며 캄보 디아의 베트남인들을 학살하고, 미군에게 자국의 일부 지역에 폭 탄을 투하해 달라고 요청하기도 했다. 공산당 게릴라들이 이들 지 역에 숨어 있다는 이유였다.

이제 닉슨은 공개적으로 캄보디아 폭격을 선언한다. 1970년

4월 30일 닉슨은 대국민연설[16]에서 "캄보디아 일부 지역에 적(북베트남)의 주둔지가 있고, 최근 적이 주력군을 이곳에 집중시키고 있다"면서 "캄보디아군과 함께 앵무새 부리 Parrot's Beak 지역(베트남과 국경을 맞대고 있는 캄보디아 스바이리엥주의 남쪽 끝 지역으로, 앵무새 부리 모양처럼 생겼다)에서 적을 몰아내겠다"라고 말했다. 그는 "캄보디아의 요청이 있었다"며 "그동안은 중립국인 캄보디아의 영토를 침범하고 싶지 않아 (적이 있다는 사실을 알면서도) 적의 주둔지를 공격하지 않았다"라고도 했다. 물론 거짓말이다. 미군은 이미 1년 전부터 캄보디아 국경지대를 대상으로 융단폭격을 벌이고 있었다.

캄보디아에 친미정권이 들어서자 메뉴 작전이 더는 필요 없게 됐다. 미군은 캄보디아의 더 넓은 지역을 대상으로 더 많은 폭격을 벌이는 '프리덤 딜 작전 Operation Freedom Deal'을 시작했다. 메뉴 작전과 프리덤 딜 작전 기간 동안(1969년 3월~1973년 8월) 캄보디아에 떨어진 폭탄은 53만 9000톤에 이른다. 남부의 농촌 마을이 가장 큰 피해를 입었다. 50만 명에서 60만 명가량 사망했고, 농지마다 폭격으로 인한 웅덩이가 생겼다. 수많은 피난민이 프놈펜 등 도시로 향했고 농업이 무너지면서 캄보디아는 식량난에 시달렸다.

이 시기에 캄푸치아 공산당의 무장조직인 크메르루주 Khmers rouges ('붉은 크메르'라는 뜻)가 민심을 얻기 시작했다. 나무에서 과일을 따 가져가더라도 돈과 메모를 남겼고, 농민들을 모아 소규모 신용협동조합을 만들고 수확기에 서로 도울 수 있도록 상호 부조망을 조직했다. 크메르루주 대원들은 똑같은 검은옷을 입고 목에는 붉은색과 흰색의 체크무늬가 있는 '크라마^{Krama}'를 둘렀으며, 자동차 타이어를 잘라 샌들을 만들어 신었다. 남자는 중국식 챙모자를 썼고, 여자는 단발머리를 했다. 평등하고 검소하게 보이는 크메르루주는 부패의 상징으로 여겨졌던 론 놀 정부와 여러모로 대비됐다. 농민들을 미군의 공습으로 패인 구덩이로 데려가 '론 놀이 캄보디아를 미국에 팔았다'며 정치 교육도 벌였다. 공습으로 가족과 집을 잃은 농민들이 크메르루주에 합류했다.

여전히 캄보디아 농민들이 '신성한 왕'으로 여기는 시아누크를 끌어들여 시아누크의 지지를 받아낸 것도 농민들의 환심을 사기 좋았다. 론 놀이 시아누크를 폐위했을 때 농민들이 "비를 내려주는 왕이 없는데 이제 어떻게 농사를 짓냐"[17]라고 토로할 정도로 당시 시아누크의 영향력은 상당했다. 미군이 1975년 3월 말 인도차이나반도에서 철수하자 미국만 믿고 있던 론 놀도 힘을 잃었다. 1975년 4월 크메르루주가 수도 프놈펜으로 진격하자 론 놀은 미국 하와이로 도망쳤다. 프놈펜을 점령한 크메르루주는 '민주캄푸치아'라는 공산주의 국가를 세웠다.

생지옥으로
변한 캄보디아

당시만 해도, 크메르루주의 일인자인 당 총비서 폴 포트^{Pol Pot}에 대해 아는 사람은 많지 않았다. 폴 포트의 원래 이름은 살로트 소르^{Salot Sâr}인데, 전쟁 동안 모습을 잘 드러내지 않았고 여러 이름을 써가며 비밀리에 활동했다. 론 놀 정권의 첩자가 소르를 만난 적은 있지만 그의 정체는 몰랐고, 미국 CIA도 '폴'이란 이름을 쓰는 사람이 크메르루주의 지도자라는 정보를 입수했지만, 자신들이 이미 알고 있던 살로트 소르가 바로 폴이라는 사실은 알지 못했다. 폴 포트가 공개석상에 모습을 드러낸 것도 크메르루주가 프놈펜을 장악한 지 1년이 지나서였다.

폴 포트는 부유한 집안에서 태어났고, 이복 누나가 캄보디아 왕실의 일원이 된 덕분에 캄보디아를 떠나 유럽에서 유학할 수 있었다. 프랑스에서 공산주의 이론을 접하고 귀국한 뒤 캄푸치아 노동당(캄푸치아 공산당의 전신)을 창당했으며, 베트남 전쟁 시기에 크메르루주의 지도자로 활동하며 무장투쟁을 벌였다.

폴 포트는 가난한 농민들을 진정한 캄보디아인이라고 생각했고, 농민들을 중심으로 한 평등사회를 지향했다. 농민을 '구인민', 도시민을 '신인민'으로 구분하고 신인민은 노동을 통해 교화시켜야 한다고 믿었다. 작가 필립 쇼트Philip Short는 폴 포트가 금욕·절제·수양을 중시하는 캄보디아의 소승불교 전통과, 농민 계급에 의한 공산주의 혁명을 주장한 마오쩌둥의 영향을 강하게 받았다고 평가했다.

1975년 4월 17일 수도 프놈펜에 입성한 크메르루주가 가장 먼저 한 일은 주민들, 즉 신인민을 내쫓는 '도시 소개'였다. 이들은 집마다 돌아다니면서 "미군이 곧 프놈펜을 폭격한다"라며 잠시 피난을 떠날 것을 지시했다. 많은 주민이 이를 믿을 수밖에 없었는데 미군이 진행한 '프리덤 딜 작전'으로 캄보디아의 상당수 지역이 폭격을 받았던 게 불과 두 달 전이었기 때문이다. 크메르루주 군인들은 주민들에게 사흘 후면 집으로 돌아갈 수 있다고 말했지만, 실제 집으로 돌아간 이는 아무도 없었다. 프놈펜, 씨엠립, 시아누크빌, 바탐방 등 캄보디아 전역에서 도시 소개가 진행됐고, 주민들은 농촌 지역으로 강제 이주됐다. 지역마다 차이가 있긴 하지만 전 공무원, 경찰, 군인, 의사, 교사 등은 신분이 발각되면 처형됐고, 피부가 하얗거나 안경을 썼거나 혹은 손바닥에 고된 노동으로 생긴 굳은살이 없다는 이유로 목숨을 잃기도 했다.

강제 이주를 당한 도시민들이 향한 곳은 집단 농장이었다. 이들은 크메르루주와 구인민의 감시 속에서 종일 농장에서 일했다. 폴포트는 집권 초기 크메르루주 지도부 모임에서 "농업이 캄보디아를 건설하고 방어할 비결"이라며 농업 생산량을 늘리는 일을 최우선 과제로 선포했다. 폴 포트는 캄보디아 논 1헥타르당 벼 3톤을 기본 할당량으로 정했다. 필립 쇼트에 따르면, 당시 캄보디아의 평균 생산량은 1헥타르당 1톤이 조금 넘는 수준이었는데, 화학비료도 없이 생산량을 두 배로 늘리는 건 사실상 불가능한 목표였다. 당은 인민들도 휴식이 필요하다며 10일 근무에 1일 휴가제와 연간 15일의 연차휴가를 법으로 정했지만 실제로 제대로 지켜지지는 않았다. 할당받은 수확량을 채우기 위해 지방에서는 노동시간을 늘리고 이에 불만을 품은 사람들을 처형하는 등 공포 정치를 벌이기도 했다. 처벌이 두려워 할당량을 채우지 못했어도 이를 달성했다고 중앙에 보고한 지방 간부들도 상당수였다. 정부는 이를 기반으로 군에서 먹을 쌀과 전략물자용 쌀 등을 징수했다. 이 때문에 농촌 인구의 40퍼센트가 기아에 내몰렸다. 상당수가 집단 농장에서 강제 노동을 하는 신인민들이었다.

크메르루주는 중국에서 인쇄한 새 화폐를 들여왔지만 유통하지는 않았다. 일부 당 인사들이 화폐제도를 폐지하고 물물교환을 도입할 것을 주장했기 때문이었다. 상당 기간 화폐 유통 문제를 두고 찬반 의견이 대립했지만, 결국 폴 포트는 화폐를 폐지하자는 이들의 손을 들어주었다. "돈은 특권과 권력을 만들어내는 도구다. 돈을 가진 자들은 돈을 이용해 당 간부를 매수하고 (…) 우리 체제를 무너뜨릴 것이다. 사람들이 사유재산을 갖고 싶어 하는 마음을 내버려 둔다면, 사람들은 점점 사유재산을 축적하는 데만 열중할 것"[18]이란 이유에서였다. 하지만 이는 경제 활동에 비효율성을 초래할 뿐 아니라, 국가가 다양한 경제 상황에 효과적으로 대응할 수 있는 통화정책 수단이 하나도 없다는 것을 의미하기도 했다.

1975년 겨울 크메르루주는 프놈펜 남부 투올 슬렝Tuol Sleng에 있던 고등학교 건물을 개조해 교도소(제21보안사무소, S-21)로 만들었다. 주로 '외국의 첩자'나 '변절자'로 지목된 이들이 S-21에 갇혀 모진 고문을 받았다. 강제 수술, 생체 실험 등도 진행됐다. 한 교도관은 당시 상황을 이렇게 증언했다. "고문관들이 펌프를 이용하여 죄수들에게서 피를 빼냈다. 몸에 피가 한 방울도 남지 않을 때까지 피를 빼는 바람에 죄수들은 거의 숨을 쉬지 못했다. 죄수들은 숨을 헐떡였고, 눈동자가 돌아가 눈에 흰자위가 드러났다. 사망한 죄수들의 시체는 구덩이에 버려졌다." 그렇게 뽑아낸 사람들의 피는 인근의 프놈펜 병원으로 보내졌다.

크메르루주 통치 동안 S-21에 수감된 이들은 1만 5000명 이 상으로 추정된다. 그중에는 외국인, 여성, 심지어 어린이도 있었다. 크메르루주는 1979년 프놈펜에서 퇴각하면서 S-21에 수감자들 을 모두 죽이라는 긴급 명령을 내렸다. 당시 처형을 피해 옷 무더 기에 숨어 있던 여덟 살 소년 농 찬 팔Norng Chan Phal 등 몇 명만 겨우 살아남았다. S-21의 소장이었던 카잉 구엑 에아브Kaing Guek Eav는 크 메르루주가 몰락한 뒤 도피생활을 하다 1999년 체포됐고, 2008년 크메르루주 지도부 가운데 처음으로 기소됐다. 이때 에아브의 재 판에 농 찬 팔이 나와 S-21의 참상을 전 세계에 알렸고, 에아브는 결국 종신형을 선고받았다.

바척 학살과
베트남의 침공

크메르루주는 베트 남 전쟁 시기 북베트남과 동맹관계였지만, 캄보디아 정권을 장악 한 뒤부터는 베트남을 경계하기 시작했다. 베트남이 우세한 군사 력으로 동남아 일대에서 세력을 키우는 등 '팽창정책'을 펴고 있 다고 판단한 것이다. 양측은 국경선을 두고 분쟁을 벌였고, 국경 지대에서는 서로 먼저 도발했다고 주장하면서 크고 작은 교전을 이어갔다. 당시 민주캄푸치아의 국가주석이었던 키우 삼판Khieu Samphan은 1976년 캄보디아 해방 1주년 연설에서 "제국주의 국가가 작든 크든, 가까이 있든 멀리 있든 캄보디아 영토를 침략하면 가만 있지 않겠다"라고 선언했다. '작고 가까이에 있는' 베트남을 염두에 두고 한 말이었다. 1977년 12월 크메르루주는 베트남과의 외교관계를 단절하겠다고 선언했다.

군사적 긴장이 높아지는 상황에서 1978년 4월 18일 크메르루주 군대가 베트남과의 국경을 넘어 인근의 바척^Ba Chuc 지역을 공격했다. 집들을 태우고 돈과 귀중품을 강탈했다. 주민들은 피라이, 땀 부우 등 인근 사원이나 투옹산으로 몸을 피했다. 군인들은 사원을 에워싼 뒤 총격을 가해 주민들을 살해하고, 피난민들이 숨은 투옹산 동굴에는 수류탄을 던져 몰살시켰다. 12일간 크메르루주는 3157명의 민간인을 살해했다. 이제 캄보디아와 베트남 사이 전쟁은 기정사실이 됐고, 양측은 전쟁을 준비하기 시작했다.

지미 카터 미국 대통령의 안보담당관이었던 즈비그뉴 브레진스키^Zbigniew Brzezinski는 베트남과 캄보디아의 전쟁을 "소련과 중국의 대리전쟁"이라고 말했다. 공산주의 양대 세력인 소련과 중국은 1960년대 말 국경분쟁을 거치며 완전히 등을 돌린 상황이었다. 더군다나 전임 닉슨 행정부는 소련을 견제하기 위해 1971년 키신저를 중국으로 보내 핑퐁외교를 벌이는 등 중국과의 관계 개선에 힘썼다. 공산권은 사실상 두 진영으로 갈렸다. 선택의 순간에 캄보디아는 중국, 베트남은 소련을 선택했다. 1978년부터 소련과 중국의 무기들이 각각 베트남과 캄보디아로 흘러 들어가기 시작했다.

1978년 12월 25일 베트남군은 공습을 시작했고 무서운 속도로 프놈펜을 향해 진격했다. 보름도 채 되지 않아 폴 포트는 도망쳤고 프놈펜은 베트남군에 의해 점령됐다. 1979년 1월 7일 민주캄푸치아라는 국가는 사라지고 캄푸치아 인민공화국의 시대가 시작됐다. 크메르루주의 장교였다가 숙청을 피해 1977년 베트남으로 망명했던 훈 센Hun Sen도 이때 베트남 군대와 함께 프놈펜에 돌아왔다. 그는 캄푸치아 인민공화국의 초대 외무부 장관을 맡으며 장기집권의 토대를 쌓아간다. 1985년 총리가 된 훈 센은 40년 가까이 장기집권하고 있으며, 장남인 훈 마넷 군사령관을 후계자로 지명해 권력을 세습하려 하고 있다.

크메르루주 치하에서 강제 노동에 시달리던 캄보디아 사람들에게 베트남군은 해방군처럼 여겨졌다. 로웅 웅은 회고록에서 당시 베트남군을 만난 이야기를 이렇게 전한다. "요운(베트남인들을 얕잡아 부르는 말)은 우리에게 총을 쏘지도, 아이들을 데려가 배를 가르지도 않았다. 심지어 우리에게 (난민 수용소가 있는) 푸르사트가 어디 있는지 알려주기까지 했다. (…) 사람들은 요운이 캄보디아를 해방하고 우리 모두를 폴 포트의 살인정권에서 구해준 거라고 입을 모은다."[19]

베트남은 '해방군' 이미지를 최대한 활용하고자 했다. 캄보디아 침공에 이어 친베트남 정권까지 세운 것에 대해 국제사회의 여론이 좋지 않았기 때문이었다. 베트남은 크메르루주가 저지른 학살을 국제사회에 전하기 위해, 수많은 이들이 숨진 투올슬렝의 S-21 등을 외신 기자들에 공개하고 캄보디아 전역의 '킬링필드'를 찾아내 알렸다.

그럼에도 불구하고 크메르루주는 상당 기간 캄보디아의 유일한 정부로 인정받았다. 1979년 11월 유엔총회는 캄보디아의 친베트남 정권이 아닌 크메르루주 대표단에게 의석을 내줬다. 소련과 베트남의 지원을 받는 새 정부를 인정할 수 없었던 미국은 공개적으로는 크메르루주를 비난했지만, 비공개적으로는 크메르루주가 계속 국제사회에서 발언할 수 있도록 여론을 만들어나갔다. 브레진스키는 "내가 중국에게 폴 포트를 지원하라고 권했다. 태국에게도 민주캄푸치아(크메르루주)를 돕도록 부추겼지만, 문제는 캄보디아 국민을 어떻게 설득할 것인가였다. 폴 포트는 혐오 대상이었고, 미국은 결코 노골적으로는 그를 지지할 수 없었지만 중국은 할 수 있었다"라고 말했다. 크메르루주는 중국의 지원으로 태국과 인접한 캄보디아 북쪽 지역에서 활동하며 내전을 벌여갔다. 1989년 베트남군이 캄보디아에서 철수하면서 캄푸치아 인민공화국 시대는 막을 내리고 명목상 국왕이 다스리는 지금의 캄보디아 왕국이 세워졌다. 크메르루주는 그로부터 10년이 더 지난 1999년이 돼서야 비로소 해체됐다.

크메르루주의 대량학살 등을 단죄하기 위해 유엔과 캄보디아 정부는 2006년 크메르루주 특별재판소(ECCC)Extraordinary Chambers in Courts of Cambodia를 만들었다. 크메르루주의 부서기장 누온 체아Nuon Chea, 국가주석 키우 삼판, 외교부 장관 이엥 사리Ieng Sary, 사회부 장관 이엥 티릿Ieng Thirith 등이 심판대 위에 섰다. 하지만 자신의 죄를 인정한 이는 아무도 없었고, 제대로 처벌받은 사람 역시 없었다. 누온 체아는 종신형을 선고받은 지 얼마 못 가 사망했고, 이엥사리는 재판 도중 숨졌다. 이엥 티릿은 치매 판정을 받고 가석방으로 풀려난 뒤 죽었다. 키우 삼판은 항소에 나섰다가 2022년 9월에야 종신형이 확정됐다. 크메르루주 최고 지도자였던 폴 포트는 1998년 사망해 이 재판에서 제외됐다.

BONUS!

넷플릭스 다큐멘터리 〈명예훈장Medal of Honor〉은 미국 군인이 받을 수 있는 최고의 훈장인 '메달 오브 오너'를 받은 군인들의 이야기를 담은 작품이다. 총 여덟 개 에피소드 중 베트남전은 일곱 번째 '리처드 에치버거' 편이 유일하다. 1968년 에치버거 상사는 베트남이 아닌, '중립국' 라오스에서 미 공군의 '호치민 트레일' 폭격을 지원하는 임무를 수행하다가 북베트남군의 공격을 받아 사망했다.

미군은 어떻게 중립국인 라오스에서 활동할 수 있었을까. 다큐멘터리에서 닉슨의 답변을 들을 수 있다. "라오스는 베트남과 관련이 많습니다. 호치민 루트가 라오스를 지나가니까요. 미국은 이를 인지해야 할 필요가 있습니다. 공중 정찰도 있어야 하고 다른 활동도 필요한 거죠."

미군이 라오스에서 작전을 벌였다는 사실은 극비였기 때문에 에치버거의 죽음도 제대로 알려지지 않았다. 2010년 오바마 행정부에서 기밀이 해제되고 나서야 에치버거의 임무가 알려졌고, 그는 순직 40여 년이 흐른 뒤에야 명예훈장을 받을 수 있었다.

스파이
'코헨'의 최후

이스라엘과 중동분쟁

드라마 〈더 스파이|The Spy〉
출연 | 사샤 배런 코언, 노아 에머리히
감독 | 기드온 래프
관람등급 | 청소년관람불가

WHY?

2차 세계대전 이후 유대국가 이스라엘이 건국한 지 70년이 훌쩍 넘었지만 중동지역에서는 영토와 민족, 종교 등을 둘러싼 갈등이 계속되고 있다. 1967년 프랑스에서 출간된《이스라엘에서 온 스파이L'Espion qui venait d'Israël : l'affaire Elie Cohen》를 토대로 한 드라마 시리즈 〈더 스파이〉는 이스라엘과 시리아 간에 전운이 감돌던 1960년대 중반, 이스라엘 정보기관 모사드의 비밀요원이었던 실존 인물 엘리 코헨Ellie Cohen이 시리아의 권력층 내부에 잠입해 첩보활동을 펼치는 과정을 그리고 있다. 그가 전한 정보들은 1967년에 발발한 '6일 전쟁'에서 이스라엘이 시리아에 승리하는 데 결정적 기여를 한 것으로 알려져 있다.

〈더 스파이〉는 이스라엘을 중심으로 한 중동 갈등, 특히 국경을 맞대고 있는 이스라엘과 시리아가 왜 지금까지도 앙숙관계인지를 들여다볼 수 있다는 점에서 흥미롭다. 1963년 바트당 주도의 쿠데타와 독재체제의 탄생 등 시리아 내부의 정치사를 살펴볼 수 있는 흔치 않은 작품이란 점도 매력 포인트.

1965년 1월 24일, 시리아 수도 다마스쿠스의 고급 아파트에서 무전기로 이스라엘 정보기관 모사드Mossad에 정보를 타전하던 남자가 급습한 군인들에게 붙잡혔다. 이스라엘 정부는 그를 무사히 데려오기 위해 협상을 벌이려 했지만, 지난 수년에 걸쳐 신분을 감추고 암약했던 그를 향한 시리아 정부와 국민의 분노를 누그러뜨리기는 불가능했다. 훗날 이스라엘 총리가 되는 골다 메이어Golda Maboritz 당시 외무장관이 소련에까지 협상중재를 요청했으나 아무런 소용이 없었다.

그로부터 약 4개월의 시간이 흐른 5월 18일. 이날은 이스라엘과 시리아 국민에겐 결코 잊을 수 없는 날이다. 다마스쿠스 시내의 광장 한복판에 끌려 나온 이스라엘 스파이 엘리 코헨이 수많은 시민이 지켜보는 가운데 교수형에 처한 날이기 때문이다. 시리아 정부는 코헨을 처형한 후 여섯 시간 동안이나 그의 시신을 교수형대에 그대로 매달아 놓고 온갖 수모를 가했다. 당시 보도사진을 보면, 사망한 코헨의 목에 시온주의를 비난하고 조롱하는 구호들이 적힌 커다란 종이가 걸려 있다. 시리아 정부는 코헨의 시신을 가족에게 보내는 것도 거부했다. 모사드가 코헨의 시신을 몰래 파내 가져갈까 봐 세 번이나 이장했다는 설도 있다.

〈더 스파이〉는 드라마보다 더 드라마 같은 삶을 살았던 코헨이 어떻게 모사드의 스파이가 되어, 중동의 판도를 바꿔놓을 시리아 군사정보를 빼낼 수 있었는지를 그린 작품이다. 이스라엘 국민에게 그는 지금도 '국민 영웅'으로 추앙받고 있다. 하지만 시신은 아직도 고국으로 돌아오지 못하고 있다. 최근에 협상이 재개됐다는 뉴스가 나왔지만 큰 진전은 없는 상태다.[20]

중동지형 바꾼 스파이 '코헨'은 누구?

코헨은 1924년 이집트 알렉산드리아의 유대 가정에서 태어났다. 그의 부모는 본래 시리아 알레포에서 살다가 이집트로 이주한 시오니스트들이었다. 〈더 스파이〉의 도입부에서 코헨은 유럽 출신의 부유한 유대인들로부터 무시당하는 심정을 아내에게 이렇게 토로한다.

"그들의 눈에 나는 아랍인이야."

세계 각국에 흩어졌던 유대인들이 벅찬 심정으로 신생국가 이스라엘에 들어와 정착했지만, 그들 사이에 보이지 않는 차별이 있었음을 드러내는 장면이다. 코헨은 젊은 시절 이집트 내 유대인들을 이스라엘로 보내는 비밀조직의 일원으로 활동했던 것으로 알려져 있다. 무하마드 나기브Mohammed Naguib와 가말 압델 나세르Gamal

Abder Nasser 대통령 통치 시기에 이스라엘 정보부를 위해 첩보활동을 하기도 했다. 1956년 2차 중동전쟁(일명 '수에즈 위기') 발발 이듬해 이스라엘로 이주해 텔아비브에 정착한 코헨은 모사드에 들어가려다 몇 번 고배를 마신 끝에 결국 소원을 이룬다. 아랍어는 물론 영어와 프랑스어에도 능통한 점이 채용에 유리하게 작용했던 것으로 전해진다.

코헨은 6개월간의 훈련을 마친 후 아르헨티나 부에노스아이레스로 파견된다. 그의 새로운 신분은 시리아계 사업가 카말 아민 타베트. 당시 부에노스아이레스는 전 세계에서 가장 큰 시리아 이주민 커뮤니티를 가진 곳이었다. 모사드는 타베트의 신상정보를 매우 상세하게 꾸며냈다. 레바논 베이루트에 거주하는 시리아인 아버지 아민 타베트와 어머니 사디아 이브라힘 사이에서 태어났고, 1948년 가족과 함께 아르헨티나로 이주했으며, 아버지의 직물사업을 이어받아 크게 성공했고, 조국 시리아에 대한 남다른 애국심의 소유자란 것이다. 아르헨티나에서 만든 인맥을 이용해 1962년 시리아 수도 다마스쿠스에 들어간 코헨은 군부와 정계의 고위 인사들과 친분을 쌓고, 골란고원에 있는 군기지를 직접 방문해 지하 벙커 등에 관한 정보를 확보한다. 당시 이스라엘군은 국경 너머 골란고원에 있는 시리아군의 포대 위치를 정확하게 알지 못해 난감한 상황이었다. 드라마에 등장하듯, 유칼립투스 나무를 심어 포대를 가리는 계획은 바로 코헨의 아이디어였다. 코헨은 이 정보를 모사드에 전해 나무가 있는 곳을 공격하게 만들었다.

이스라엘에게 골란고원이 중요한 이유는 군사적 목적 말고도 또 있었다. 바로 수자원 확보다. 이스라엘 수자원의 약 40퍼센트 가 바로 골란고원에 의존하기 때문이다. 골란고원은 안티레바논 산맥의 최고봉 헤르몬산의 눈 녹은 물이 흘러내려 농경지를 적시는 수원지이자, 이스라엘 국민의 주요 식수원인 바니야스강의 발원지다. 갈릴리호수 물의 3분의 1이 이 고원으로부터 흘러들어 온다. 이스라엘과 시리아 입장에서 골란고원은 절대 양보할 수 없는 생명선인 셈이다. 코헨은 이스라엘 쪽으로 흐르는 골란고원의 물줄기를 다른 방향으로 돌리려는 시리아 정부의 계획에 관한 중요한 정보들도 전했다. 그 덕분에 1964년 초 이스라엘 공군은 시리아 쪽에서 진행 중이던 새로운 수로 공사 현장 위치를 정확히 타격해 초토화할 수 있었다.

코헨은 1964년 중후반쯤에는 고국으로 돌아가고 싶어 했다고 한다. 모사드의 강력한 요청으로 활동을 중단할 수 없었던 그는 같은 해 말쯤엔 변화된 행동 패턴을 보였던 것으로 알려져 있다. 이전에는 정체를 들키지 않기 위해 극히 조심했던 반면 이제는 긴장감이 풀린 모습을 나타냈던 것. 하루에도 몇 번씩 무선통신을 하는가 하면 한 번 하면 길게 수다를 떨기까지 했다. 이에 대해 일각에서는 코헨이 자살 충동을 느꼈던 게 아닌가 추측을 하기도 하지만, 오랜 첩보원 생활로 경각심의 수위가 떨어졌던 듯하다는 분석도 있다.

핵심 정보가 자꾸 빠져나가자 시리아 정보부는 소련에서 들여온 최첨단 장비를 이용해 수상한 무선전파 포착에 나섰고, 결국 자택에서 무선을 치고 있는 코헨을 잡았다. 드라마에서 그려진 것처럼, 그의 체포 작전을 진두지휘한 사람은 정보부 책임자인 아흐메드 수에다니 대령이었다. 코헨은 온갖 고문을 당한 끝에 공개처형됐고, 처형 과정은 시리아 국영TV로 생중계됐다.

세계에서 가장 무서운
정보조직 '모사드'

모사드는 '정보 및 특수작전 연구소'란 히브리어 명칭의 약자다. 정보 수집, 테러 방지, 잠복근무, 암살 등 여러 가지 임무를 맡고 있다. 해외 정보 수집과 공작을 담당하는 모사드는 군사정보를 담당하는 아만Aman, 국내 정보 담당 신베트Shinbet와 함께 이스라엘의 3대 첩보기관 중 하나다. 2차 세계대전 중 나치의 집단학살(홀로코스트)에서 살아남은 유대인을 이스라엘로 이주시키기 위해서 1949년 다비드 벤구리온David Ben Gurion 총리의 제안으로 설립되었다. 이스라엘 건국 전 영국 위임통치기에 팔레스타인에 있던 유대인 비밀민병대 산하 정보조직이 모사드의 모태라는 주장도 있다. 이 조직은 유럽 내 유대인들을 홀로코스트 위협으로부터 구출해 은밀하게 팔레스타인 땅으로 이주시키는 임무를 수행했던 것으로 알려져 있다. 설립 초기 모사드는 외무부 소속이었다가 총리 직속기관으로 바뀌었다. 모사드 책임자가 국가최고정보위원회 의장으로 전 정보기관들 간의 업무를 조정한다.

모사드의 위상을 세계에 처음으로 각인시킨 것은 아르헨티나에 숨어 살던 나치 전범 아돌프 아이히만^{Adolf Eichmann}을 납치해 이스라엘 법정에 세운 작전이었다. 아이히만은 홀로코스트를 실제로 주도했던 나치 친위대 장교로, 독일·오스트리아·헝가리 등지의 유대인을 집결시켜 폴란드의 강제수용소로 보내 집단살해했다. 1954년 나치 전범 추적 전문가 시몬 비젠탈^{Simon Wiesenthal}은 아이히만이 아르헨티나 부에노스아이레스에서 가명으로 살고 있다는 첩보를 입수, 이를 이스라엘 정부에 알렸다.

1960년 5월 11일 저녁 8시 30분, 아이히만은 모사드 요원에 의해 납치됐다. 이틀 뒤 다비드 벤 구리온 총리는 의회에서 아이히만의 신병을 확보했다고 공식 발표했다. 하지만 전범을 추적하던 민간단체가 자발적으로 아이히만을 납치했다고 주장하면서 모사드의 개입을 부인했다. 1961년 12월 사형선고를 받은 아이히만은 이듬해 사형됐다. 아이히만은 자신의 유골을 바다에 뿌려달라는 유언을 남겼지만, 이스라엘 정부는 "우리 영해에 아이히만의 유골을 뿌리는 것은 유대인에 대한 모독"이라며 공해로 가지고 나가 뿌렸다고 한다.

유대인 대상의 잔학무도한 인체 실험으로 악명 높은 나치 친위대 소속 의사 요제프 멩겔레^{Josef Mengele}도 종전 후 아르헨티나 등 남미 각국을 돌아다니며 게르하르트란 가명으로 살다가 1979년 브라질에서 바다 수영을 하다 심장마비로 사망했다. 그의 신원이 멩겔레라는 사실이 확인된 것은 그로부터 6년 후인 1985년이다.

1972년 뮌헨 올림픽 당시 이스라엘 선수단 숙소에 난입한 팔레스타인 게릴라 조직 '검은 9월단'이 선수 한 명과 코치 한 명을 살

해하고 선수 아홉 명을 인질로 잡았다. 이스라엘 감옥에 있는 수
백 명의 팔레스타인인을 석방하라는 것이 이들의 요구였다. 당시
서독 정부는 테러단과 협상해 이들을 보잉 727기로 이집트 카이
로로 보내는 데 합의했다. 테러리스트를 안심시킨 다음 특공대와
저격수를 동원해 사살하고 인질을 구출한다는 계획이었다. 하지
만 작전이 진행되는 동안 테러단은 격렬히 저항하면서 인질 9명
전원을 살해했다. 테러리스트 8명 중 5명은 사살되고 3명은 체포
됐다.

이스라엘 선수들을 단 한 명도 구해내지 못한 이스라엘은 모사
드를 동원해 보복에 나섰다. 이른바 '신의 분노' 작전이다. 모사드
소속 암살요원들은 1972년 10월 이탈리아 로마에서 야세르 아라
파트^{Yasser Arafat} 팔레스타인해방기구(PLO) 의장의 친척이자 이탈리
아 PLO 조직 책임자였던 압델 즈바이테르를 암살한 데 이어 프랑
스와 키프로스, 레바논 등에서 PLO 고위 간부들을 하나씩 제거했
다. 암살당한 이들이 이스라엘 선수단 테러에 얼마나 직접적으로
관여했는지는 명확하지 않다. 이 사건을 계기로 눈엣가시인 PLO
를 공격했다는 비판이 제기되는 이유다. 그러나 이스라엘 정부와
모사드에게 그것은 별로 중요한 문제가 아니었던 듯하다. "우리를
건드리는 자는 결단코 가만두지 않겠다"라는 메시지를 전 세계에
과시하는 게 더 중요했기 때문이다. 1976년 엔테베 인질구출작전
도 모사드의 작품이었다.

1976년 6월 27일 이스라엘 텔아비브를 출발해 파리로 가던 에
어프랑스 항공사 소속 AF139편 여객기(에어버스 300)가 공중납치

됐다. 네 명의 납치범들은 팔레스타인인민해방전선(PFLP)과 서독 극렬 테러단체 적군파(바더 마인호프Baader-Meinhof) 소속이었다. 비행기에는 승객 244명과 12명의 승무원이 타고 있었다. 납치범들은 항공기를 리비아 벵가지 공항으로 끌고 갔다가 우간다 엔테베 공항에 착륙시켰다. 이들 역시 이스라엘에 수감된 팔레스타인인과 유럽 각국의 감옥에 있는 게릴라들의 석방을 요구했다. 협상 끝에 유대인이 아닌 승객들과 노약자들이 석방됐지만, 유대인 승객 103명과 승무원 12명은 그대로 남았다. 7월 3일 캄캄한 자정 무렵 우간다의 빅토리아호수를 거쳐 엔테베 공항에 은밀히 진입한 이스라엘 특공대 100여 명은 첫 총성이 울려퍼진 지 불과 2분도 안 되는 짧은 시간에 납치범 전원을 제거하는 데 성공했다. 구출한 승객들을 태운 수송기가 공항 활주로를 떠나기까지 걸린 시간은 30분 정도에 불과했다. 다만 이 과정에서 승객 세 명과 특공대원 한 명이 사망했고 우간다 군인 40여 명이 목숨을 잃었다.

적대적인 국가나 조직의 관계자 암살은 모사드의 주요 업무 중 하나다. 2004년 팔레스타인 무장정파 하마스의 창설자 셰이크 아흐메드 하산 야신Sheikh Ahmed Ismail Hassan Yassin 암살도 모사드의 작품이다. 2018년 8월 시리아에서 저명한 로켓과학자 아지즈 아스바르Aziz Asbar가 자동차 폭발로 사망했다. 아스바르는 '섹터4'로 불리는 시리아의 기밀 무기 개발 프로젝트를 이끌어 온 것으로 알려진 인물이다. 고체연료 로켓뿐만 아니라 화학무기 프로젝트에서 역할을 했다는 지적도 있었다.

「뉴욕타임스」는 중동지역 정보부 고위 소식통을 인용해 모사드가 미리 자동차에 설치해 놓은 폭탄이 터지면서 아스바르가 살해됐다고 보도했다.[21] 또 이스라엘이 해외에서 적의 무기 개발 전문가를 암살하기는 3년 내 최소 네 번째라고 지적했다. 2007년 이후 이란 핵과학자 여섯 명이 암살당한 사건 역시 모사드의 소행으로 추정되고 있다. 미사일 프로젝트를 관장하던 한 이란 장군이 본부에서 부하 17명과 폭사한 적도 있다.

2014년 다마스쿠스 인근 핵 시설이 폭탄 공격을 받아 시리아인들과 북한인들이 사망했는데, 그로부터 4년 뒤 이스라엘은 이 공격을 자신들이 했다고 공식 시인했다. 2020년 1월에는 이라크 바그다드에서 이란 혁명수비대를 이끌던 가셈 솔레이마니Qasem Soleimani 총사령관이 미군의 '표적 공격'을 받아 사망했다. 같은 해 11월에는 이란 핵과학자 모흐센 파드리자헤Mohsen Fakhrizadeh가 수도 테헤란 외곽에서 차를 타고 가다가 매복 공격을 당해 사망했다. 두 공격에서도 모사드의 첩보활동이 중요한 역할을 한 것으로 추정된다. 이런 암살 작전의 승인권은 총리만 가지고 있다. 모사드 내에서는 '네거티브 처방'이라고 부른다고 한다.

중동분쟁의 뿌리 '6일 전쟁'

코헨이 처형당한 지 2년이 지난 1967년 6월 5일, 이스라엘 공군 소속 전투기들이 초저공비행으로 이집트 방공망을 뚫고 침투해 주요 공군 기지들에 대한 기습 폭격을 감행했다. 아랍연합군 중 최대 전력을 자랑하던 이집트 공군은 450여 대의 항공기 중 300여 대를 상실하고 공군 기지와 레이더 기지 등을 잃는 엄청난 피해를 입었다. 비슷한 시각, 이스라엘군은 이집트 시나이반도에서 이집트 육군에 대한 대대적 공격 작전을 펼친다. 이틀 뒤인 6월 7일에는 이스라엘군이 요르단령 예루살렘 구시가지(동예루살렘)와 요르단강 서안을 장악했고, 8일에는 시나이반도 점령을 완료했으며, 9일엔 시리아 골란고원 장악에 성공했다. 다음 날 시리아는 이스라엘과의 휴전을 수용했다. 이로써 이스라엘은 불과 6일 만에 동예루살렘과 시나이, 골란고원을 차지하는 엄청난 승리를 거뒀다. 코헨이 목숨을 걸고 모사드에 보낸 각종 정보들이 승전에 결정적 기여를 했던 것은 물론이다. 이처럼 전광석화 같은 이스라엘의 군사작전에 아랍 국가들은 물론 전 세계가 경악했다. 아랍 연합군의 인명피해는 막대했다. 2만 1000여 명이 사망하고 4만 5000여 명이 부상을 입은 것. 반면 이스라엘군은 679명이 사망하고 2563명이 부상을 입는 데 그쳤다.

참고로, 1948~1949년 이스라엘 건국 과정에서 벌어진 아랍연합군과의 전쟁을 1차 중동전쟁, 1956~1957년 수에즈 운하를 둘러싸고 벌어진 전쟁은 2차 중동전쟁이라고 부른다. '6일 전쟁'으로도 불리는 3차 중동전쟁은 지금까지도 이어지고 있는 중동분쟁의 뿌리다. 이스라엘은 이후 시나이반도는 이집트에 돌려줬지만 서안지구와 골란고원 일부는 여전히 사실상 불법 점령하고 있다. 게다가 요르단강 서안에 있는 동예루살렘을 포함한 예루살렘 전체를 자국의 수도라고 주장하고 있다.

시리아 '바트당 쿠데타', 그리고 빈라덴

〈더 스파이〉는 1963년 시리아에서 벌어진 바트^{Ba'ath}당 쿠데타와 이후 아민 알하페즈^{Amin al-Hafez} 정권의 출범 과정을 흥미롭게 보여준다.

바트당 쿠데타를 언급하기 이전에 20세기 시리아 정치사를 간략히 살펴볼 필요가 있다. 1차 세계대전 이후 오스만 제국(오늘날 튀르키예)의 식민통치로부터 벗어나게 된 시리아는 프랑스 위임통치를 거쳐 1946년 독립했다. 1960년대 후반까지 시리아에서는 여러 차례 쿠데타가 일어나 극심한 정치 혼란이 이어졌다. 이런 가운데 변화를 추구하는 젊은 지식인들 사이에서 바트당의 영향력이 커지게 된다. 시리아 철학자이자 사회운동가인 미셸 아플라크^{Michel Aflaq}가 창당한 바트당은 모든 아랍 국가를 하나의 나라로 통일하는 동시에 당시 아랍 지역을 지배하고 있었던 서구 식민지배에 투쟁하기 위한 아랍민족주의 및 세속주의 운동조직이었다. 아랍어로 '바트'는 부흥, 재건이란 뜻이다. 대체로 개량적 아랍사회주의, 아랍민족주의, 범아랍주의, 세속주의를 내세워 이슬람 원리주의와는 대립관계다. 바트당이 표방하는 사회주의는 보편적인 의미인 정통 사회주의나 마르크스 - 레닌주의가 아니며, 아랍민족주의와 사회주의(생산수단 국유화 등을 주장하는)의 결합인 아랍사회주의를 뜻한다.

바트당은 시리아뿐만 아니라 이라크, 레바논, 예멘, 요르단, 바레인 등으로도 세력을 확장했다. 이라크의 사담 후세인은 약 30여 년간 바트당 일당독재를 이끌기도 했다. 1963년 3월 바트당 시리아 지부 군사위원회는 쿠데타를 일으켜 정권을 장악했다. 군사위원회의 주요 인사였던 무함마드 움란Muhammad Umran, 살라 자디드Salah Jadid, 〈더 스파이〉에서 코헨과 각별한 친분관계를 맺는 아민 알하페즈 등이 쿠데타 핵심 세력이었다. 이 중 알하페즈는 총리를 거쳐 1963년 7월부터 1966년 2월까지 대통령으로 재직하다가 자디드가 이끄는 바트당 내 급진파의 쿠데타에 실각했다. 이후 이라크 등에서 망명생활을 하다 2003년 고국으로 돌아가 2009년 알레포에서 사망했다. 63년 쿠데타에 가담했던 또 다른 인물 하페즈 알아사드Hafez al-Assad는 자디드와 함께 1966년 쿠데타를 일으킨 후 국방장관 등 요직을 역임하다 1970년에 또다시 쿠데타를 일으켜 권력을 잡았다. 1971년 허울뿐인 선거를 통해 대통령이 된 그는 2000년 사망할 때까지 30년 동안 철권통치를 하다가 차남 바샤르 알아사드에게 권력을 세습했다. 50여 년에 걸쳐 계속되고 있는 알아사드 부자의 독재는 2011년 시리아에서 민주화 요구 대규모 시위를 촉발한 핵심 원인이었다. 그로부터 출발한 내전의 비극은 지금도 현재진행형이다.

〈더 스파이〉에는 오사마 빈라덴의 아버지 모하메드 빈아와드 빈라덴Mohammed bin Awad bin Laden이 시리아에서 알하페즈 정부의 대이스라엘 전쟁을 뒤에서 지원하는 과정을 보여준다. 예멘에서 태어나 사우디아라비아로 이주해 사업가로 크게 성공한 모하메드 빈라덴은 개인적으로 시리아와 인연이 있다. 22명의 부인 중 한 명인 하미다가 바로 시리아인이다. 차도르 대신 샤넬 드레스를 즐겨 입었다고 알려진 하미다는 오사마 빈라덴의 생모이다. 모하메드 빈라덴은 실제로 시리아에서 농산물 수출입 사업을 벌였으며, 특히 시리아 정부의 대이스라엘 '물 전쟁War Over Water'을 위해 비밀 펌프시설 건설공사에 참여했던 것으로 알려져 있다. 당시 소년이었던 오사마 빈라덴이 아버지와 함께 어머니의 고국인 시리아를 방문했을 가능성도 있어 보인다. 코헨이 관련 정보들을 얻기 위해 현장을 방문했다면, 모하메드 빈라덴을 실제로 만났을 수도 있다.

〈더 스파이〉의 내용에 오류[22]가 적지 않다는 지적도 있다. 대부분은 시리아 쪽 작가와 역사학자들의 주장이다. 우선 아민 알하페즈가 코헨과 개인적으로 매우 가까운 사이였음을 확인시켜 주는 구체적인 증거가 없다는 것이다. 드라마에서는 알하페즈가 아르헨티나 대사관에서 무관으로 재임하던 시절 코헨과 처음 만나 친해진 것으로 나오지만, 그가 아르헨티나에 파견된 것은 1962년이며, 당시 코헨은 시리아 다마스쿠스에서 자리 잡은 지 오래된 시점이었다는 주장이다.

알하페즈 정부와 사이가 좋지 않았던 이집트의 언론들이 코헨과의 친분관계를 지어내 보도했다는 주장도 있다. 또 드라마는 알하페즈가 쿠데타를 주도해 성공하고 곧바로 대통령이 된 것으로 그리고 있지만, 이는 사실이 아니다. 앞서 지적했듯이 그는 쿠데타 이후 각료 및 혁명평의회 의장직을 맡았다가 7월에야 대통령이 된다. 알하페즈는 실각 이후인 2001년 한 언론 인터뷰에서 코헨을 개인적으로 만난 적이 한 번도 없으며, 그가 체포된 이후에야 어떤 사람인지 알았다고 주장한 바 있다. 물론 이것이 사실인지 확인하기는 어렵다. 바트당 지도자 미셸 아플라크에 대한 오류 지적도 있다. 아플라크가 쿠데타 모의에 직접 가담했고, 특히 코헨을 직접 만나 고위 관료와 군부 인사들을 파티에 초대해 시선을 다른 곳으로 돌리지 못하도록 만들라고 요구하는 장면은 사실이 아니라는 것이다. 역사학자들에 따르면, 아플라크는 바트당 군사위원회의 쿠데타 계획에 동의하기는 했지만 직접 적극적으로 나서지는 않았다고 한다. 당시 바트당 내에서는 군인 당원들과 민간 당원들 간의 갈등이 적지 않았다. 군사위원회는 아플라크 등 민간인들이 바트당을 이끄는 데 대해 불만이 많았고, 아플라크 역시 당내 군 세력에 대해 감정이 좋지 않았다고 한다. 양측은 쿠데타 이후 권력을 어떻게 나눌지에 대해서도 합의를 하지 못했던 것으로 알려져 있다. 실제로 정권을 잡은 직후부터 갈등이 악화일로로 치닫게 된다. 1965년 당 총재 자리에서 밀려난 아플라크는 이듬해 쿠데타가 일어난 이후 레바논 베이루트를 거쳐 브라질로 피신했다. 이후 이라크에 정착해 사담 후세인 대통령의 비호 속에 '바트당 창설자'로 대접을 받기는 했지만 정치적 영향력은 거의 없었다. 아플라크는 1989년 프랑스 파리에서 심장수술을 받은 이후 건강을 회복하지 못하고 사망했다.

BONUS!

넷플릭스 영화 〈오퍼레이션 피날레^{Operation Finale}〉는 독일 나치
의 유대인 학살계획 실무 책임자였던 아이히만을 체포하기 위
한 모사드 요원들의 집념과 활약을 그린 작품이다. 영화 〈간디〉
로 유명한 인도계 영국배우 벤 킹슬리가 아이히만으로 열연한
다. 〈코드명 엔젤^{The Angel}〉은 '6일 전쟁' 전후 이스라엘과 이집
트 간의 갈등과 중동정세를 들여다볼 수 있는 영화다. 이스라엘
에게 빼앗긴 시나이반도를 되찾으려는 가말 압델 나세르 이집
트 대통령, 평화 방안을 고민하는 안와르 사다트 대통령, 리비
아의 독재자 무아마르 알카다피, 이집트 고위관리면서도 이스
라엘 모사드에게 자국의 중요한 군사정보를 넘겼던 아슈라프
마르완 등 실존 인물들이 대거 등장한다.

IS를 향한
잘못된 환상

이슬람국가(IS)와 현대사회의 그늘

드라마 〈칼리프의 나라Kalifat〉
출연 | 기젬 에르도안, 노라 리노스
감독 | 코란 카페타노비치
관람등급 | 15세 관람가

WHY?

이슬람 수니파 무장조직 이슬람국가(IS)가 전 세계를 경악과 공포 속으로 밀어 넣었던 당시, 사람들이 가장 이해하지 못하는 것은 이슬람 신도나 아랍계가 아닌데도 IS 대원이 되겠다며 각국에서 몰려든 청년들이었다. 심지어 IS 대원의 아내가 되고 싶다며 시리아로 간 유럽 소녀들도 있었다. 그들은 도대체 무엇 때문에 IS에 열광했을까? 〈칼리프의 나라〉는 그 질문에 대한 답을 찾으려는 스웨덴 드라마다.

스웨덴 정보부 소속의 여성 수사관 파티마는 어느 날 시리아 락까Raqqa에서 걸려온 전화를 받는다. 전화를 건 사람은 IS 대원과 결혼한 스웨덴 여성 페르빈. 하루하루가 악몽뿐인 그녀는 집으로 돌아가고 싶다며 매달린다. 파티마는 페르빈을 안전하게 구출해 내는 동시에 IS 대원들이 스웨덴에서 벌이려는 테러도 막아내야 한다. 이 와중에 스웨덴의 한 고등학교에 재학 중인 술레는 여동생과 친구와 함께 IS에 대한 환상만을 갖고 락까로 향한다. 이들에겐 어떤 일이 벌어질까? 페르빈은 과연 집으로 무사히 돌아올 수 있을까?

〈칼리프의 나라〉는 복지국가 스웨덴, 더 나아가 유럽의 인종갈등, 그리고 21세기 자본주의 사회의 어두운 그늘을 들여다보려는 제작진의 문제의식이 느껴지는 작품이다.

2015년 2월, 영국에 살고 있던 10대 아랍계 소녀 세 명이 가출했다. 같은 학교에 다니던 동급생 샤미마 베이검(당시 16세), 카디자 술타나(15세), 아미라 아바스(15세)는 IS 합류를 위해 영국을 떠나 튀르키예로 향했다. 며칠 뒤, 이들이 시리아 남동부 지역으로 가기 위해 튀르키예 이스탄불의 한 버스 정류장에서 대기하는 모습이 CCTV 화면에 포착됐다. 세 명은 모두 A학점을 받는 우등생으로, 한 해 전 IS에 가담하기 위해 시리아로 떠난 다른 영국 소녀와 같은 학교 친구였다. 이들은 튀르키예의 이른바 '킬리스 루트^{Kilis Route}'를 이용, 국경을 넘어 시리아로 들어갔다. 킬리스는 튀르키예 남동부의 작은 국경도시로, 국경을 넘으면 시리아 알레포까지 길이 연결되어 있다.

서구 사회에서 안락한 삶을 누리던 소녀들이 IS의 신부가 되겠다며 제 발로 락까를 찾아간 행동에 전 세계는 경악했다. 그들뿐만 아니라 많은 서구 청년들이 스스로 IS 대원이 되어 시리아에서 미국 등 서구 연합군에 맞서 싸우고 테러를 자행했다.

〈칼리프의 나라〉는 IS에 빠져 시리아 락까로 갔던 영국 소녀 세 명의 사연에 아이디어를 얻어 제작된 작품이다. 실제와 다른 것 은 극 중 소녀들이 스웨덴인들이란 점이다. 여고생 술레는 아이돌 가수와 농구를 좋아하는 평범한 소녀다. 팔레스타인계인 술레는 가정적이고 개방적인 부모를 두고 있다. 술레가 남들과 다른 점 은 비판정신이 누구보다 강하다는 점이다. 그녀는 아랍계 이주민 과 이슬람에 대한 차별에 강한 분노를 갖고 있다. 프랑스 풍자언 론 「샤를리 에브도Charlie Hebdo」 편집국에 난입해 총기를 난사한 테러 범들에 대해 "그들은 영웅이다. 샤를리 에브도가 이슬람을 모독했 다" "스웨덴은 미국만큼이나 인종차별이 심한 나라"라는 말을 서 슴없이 내뱉는다. "스웨덴에 이슬람 신도 경찰이 한 명이라도 있 느냐"라는 말도 한다. 이런 문제들에 대해 저항하지 않는 온건파 이슬람 신도들, 특히 부모의 나약한 태도가 그녀는 너무나도 화가 난다. 그런 그녀에게 이베라는 이름의 남성이 접근한다. 학교에서 보조교사로 일하는 그는 술레가 가진 문제의식을 칭찬하면서 이 슬람교를 좀 더 깊이 있게 배워보라고 권한다. "넌 다른 아이들과 는 다르다. 특별하다"라며 은근히 유혹하기도 한다. 이베는 스웨 덴에서 활동하는 IS 대원 모집책이자 테러계획 주모자로 그의 본 명은 이브라힘 하다드. '여행자'라는 별명으로 불리기도 한다. 조 금씩 IS에 빠져든 술레는 결국 한 친구와 락까에 가기로 한다. 여 동생마저 언니와 같이 가겠다며 함께 가출을 감행한다. 이베의 유혹이 술레의 여동생에게까지 미쳤던 것. 셋은 스웨덴을 출발해 튀르키예에 입국하고, 한밤중에 시리아로 넘어가기 위해 국경 바로 앞까지 도착한다.

이때까지만 해도 술레 일행은 락까에서 상상하기 어려운 끔찍한 일들이 아무렇지도 않게 벌어진다는 사실을 상상조차 못 한다. 락까에서는 IS 대원과 경찰들에게 붙잡힌 사람들이 대낮 거리에서 처형당하는 광경쯤은 평범한 일상에 불과하다. 이전에 IS 대원과 결혼하겠다며 락까에 온 스웨덴 여성 페르빈은 매일 공포와 절망을 느낀다. 역시 스웨덴에서 온 IS 대원인 남편 후삼과의 사이에 어린아이를 둔 페르빈은 우연히 휴대전화를 손에 넣게 되고, 스웨덴에 있는 돌로레스 선생님에게 전화를 걸어 도움을 요청한다. 돌로레스는 이 사실을 평소 알고 지내던 수사관 파티마에게 전하고, 그 덕분에 페르빈과 파티마는 직접 통화를 할 수 있게 된다. 하지만 파티마는 페르빈에게 스웨덴으로 돌아오고 싶은 게 진심인지 증명하라며 정보를 요구한다. 결국 페르빈은 락까를 탈출하기 위해 스파이가 된다.

'1S의 신부'가 된 영국 소녀들

드라마의 실제 모델인 샤미마 베이검 등 영국 소녀 세 명 역시 술레와 거의 비슷한 과정을 거쳐 IS에 포섭돼 시리아로 간 것으로 추정된다. 영국 경찰의 수사 결과, 이들은 온라인을 통해 이슬람 극단주의자들과 접촉했다. 한 명은 무려 70명의 극단주의자들과 친구 관계를 맺은 것으로 드러났다. 이들은 글래스고 출신의 아크사 마흐무드(당시 20세)라는 이름의 여성에게 트위터 메시지를 보낸 뒤 몇 시간 만에 이스탄불행 비행기에 올랐다. 마흐무드는 19세 때인 2013년 시리아로 가서 IS 대원과 결혼한 후 '인터넷 대원 모집책'과 IS 남성대원들을 위한 성노예 수용소 운영자로 활동해 왔다.[23]

아크사는 IS에 열광하는 사람은 가난한 가정에서 태어난 사회부적응자일 것이란 편견을 깨는 인물이란 점에서 주목된다. 그의 아버지는 파키스탄 태생으로 1970년대에 영국으로 이주해 크리켓 국가대표 선수를 지냈고 사업가로도 크게 성공한 사람이다. 아버지의 재력 덕분에 아크사는 최고급 사립학교에 다녔고, 대학에서 방사선학을 전공하던 전도유망한 여성이었다. 아크사는 2011년 3월 시리아 내전 발발 후 이슬람 사상에 빠진 것으로 추정된다. 2013년 가출해 시리아로 간 그는 2014년 갓난아기에게 무거운 소총을 들려 놓은 사진을 온라인에 게재해 큰 논란을 불렀다. 외신들은 이 아기가 IS 대원과의 사이에서 낳은 아이로 보인다고 보도했다.

샤미마 등이 아크사의 꼬임에 넘어가 시리아로 간 지 약 5개월 뒤인 2015년 7월, 영국 일간지 「가디언」은 락까에 간 소녀 세 명 중 두 명이 각각 전화와 SNS(소셜네트워크서비스)를 통해 가족들에게 결혼 사실을 알렸다고 보도했다. 그로부터 약 1년 뒤 이들과 관련된 새로운 소식이 전해졌다. 이들 세 명 중 술타나가 락까에

서 폭격을 맞아 사망한 듯하다는 것이다. 자세한 사망 정황에 대
해선 알려지지 않았다. 술타나는 락까를 탈출해 영국으로 돌아오
는 방법을 논의하기 위해 가족과 연락을 주고받았다고 한다. 보도
에 따르면, 술타나는 동생과의 통화에서 IS 대원인 남편이 사망하
자 영국으로 돌아오고 싶지만 너무나 두렵다고 말했다고 한다. 아
버지는 영국 언론과의 인터뷰에서 "IS의 선전이 거짓이란 것을 술
타나가 일찍 알아차린 것 같다"면서 "오스트리아 소녀가 탈출하려
다 붙잡혀 공개적으로 맞아 숨지자 탈출 위험을 감수하지 않기로
한 것 같다"라며 안타까워했다. 아미라 아바스의 생사는 확인되지
않고 있다. 샤미마는 2023년 현재 시리아 북동부에 있는 알로지
난민캠프에 수감되어 있는 것으로 알려져 있다. 그는 영국 언론
등과의 인터뷰[24]를 통해 고국으로 돌아가서 처벌받고 싶다는 뜻
을 여러 차례 호소했지만, 정부는 그의 영국 국적을 박탈하고 귀
국을 허가하지 않고 있다.

락까로 간 '김 군'은
어떻게 됐을까?

비이슬람권 'IS 전사'
는 남의 나라 문제가 아니다. 2015년 1월 '김 군'이란 호칭만으로
알려진 한국의 10대 청년이 튀르키예와 시리아 접경지역에서 실
종됐다. 현지 언론은 김 군이 월경해 시리아로 들어갔으며, IS 대
원이 된 듯하다고 보도했다. 그 역시 '킬리스 루트'를 이용했다. 김

군은 실종되기 약 2년 전부터 페이스북과 트위터 등에 IS를 칭송하는 글들을 올렸으며, "IS에 가입하고 싶으면 이스탄불에 있는 하산이라는 사람에게 전화하라"라는 답글과 전화번호를 받았던 것으로 나타났다. 국가정보원은 비공개로 열린 국회정보위 전체회의에서 "김 군의 소재는 확인하지 못했지만 IS에 합류해 훈련을 받고 있다"라고 보고했다. 김 군 말고도 한국인 IS 대원들이 더 있다는 보도도 나왔다. 같은 해 10월에는 김 군이 폭격에 사망했을 가능성이 제기됐다. 미국과 요르단 연합군이 락까 일대에 공습을 단행했는데, 김 군이 몸담고 있던 IS 분파 내 외국인 부대도 공습 대상에 포함됐다는 것이다.[25]

IS가 전 세계를 공포에 떨게 만들었던 2010년대 중후반과 비교해 지금은 그 세력이 많이 위축된 것이 사실이다. 그러나 탈레반이 재집권한 아프가니스탄이 IS와 알카에다 등 테러조직의 새로운 온상이 되고 있으며, 시리아와 이라크에서도 IS가 여전히 활동하고 있다는 경고가 계속되고 있다. IS 대원이 되겠다며 아프가니스탄 등으로 향하는 외국인들의 동향은 포착되고 있지 않지만, 언제 또다시 IS 테러가 준동하게 될지는 아무도 모른다. 특히 세계 각국에서 이슬람에 대한 차별이 없어지지 않는 한 'IS의 유혹'은 현재진행형일 수도 있다.

전문가들은 이라크와 시리아에서 활동한 74개국 출신 IS 대원 1만 2000명 중 약 3000~4000명(2015년 기준)을 유럽 출신으로 추정했다. 유럽 출신 여성도 10~15퍼센트로 분석됐다. 각국 언론과 싱크탱크들이 극단 이슬람주의에 빠지는 유럽 청년들의 심리를 규명해 내기 위해 안간힘을 썼지만 명쾌한 결론을 제시하지는 못했다. 유로존 위기의 직격탄을 맞은 청년층 실업과 빈곤을 '자생적 IS 대원'의 핵심 원인으로 꼽는 분석도 있지만, 이것만으로는 이해가 안 되는 부분이 너무 많은 게 사실이다.

영국의 테러 전문가들의 분석에 따르면, 유럽 지하디스트(성전주의자) 중 대다수가 중동, 아프리카, 아시아의 이슬람국가 출신 이민자 가정에서 태어난 20~30대 젊은이들이다. 청소년기에는 보수적인 가정 분위기와 갈등을 겪기도 하지만, 성장기에는 유럽 사회에 통합되지 못하는 현실을 깨달으면서 극단적 이슬람주의에 빠지는 경우가 많다고 한다. 30대 이상의 기혼자, 학력 수준이 높은 지식인 출신 지하디스트들도 적지 않다. 대부분은 인터넷을 통해 극단 이슬람주의를 학습하고, 소규모 모임을 통해 소속감을 얻는다.

2001년 9.11테러 이후 한때 지하드 조직에 몸담았다가 발을 뺀 영국의 테러리즘 전문가 쉬라즈 마허Shiraz Maher는 한 인터뷰에서 유럽 출신 지하디스트를 △모험추구형 △악당형 △이상주의형으로 나눴다. 이 중 트위터 등에 자신의 활약을 떠벌리는 부류가 바로 '모험추구형'인데, 그들이 올린 메시지를 보면 IS를 마치 서머캠프처럼 인식하고 있는 듯하다는 것이다. 그들은 이라크, 시리아 정부군과 맞서 싸우고 포로들의 머리를 참수하는 영상을 올리면서, 유럽에 있을 때보다 더 만족스러운 생활을 하고 있다고 자랑하기도 했다.

악명 높은 서구 출신 IS 대원들

서구 출신 IS 대원 중 가장 악명 높은 인물은 일명 '지하디 존Jihadi John'으로 알려진 영국인 무함마드 엠와지Mohammed Emwazi다. 쿠웨이트의 유복한 가정에서 태어나 가족과 함께 영국으로 이주한 그는 웨스트민스터대학교에서 컴퓨터 프로그래밍을 전공했고 쿠웨이트의 IT 회사에서 근무하기도 했다. 친구들의 증언에 따르면, 엠와지는 대학을 졸업한 뒤 탄자니아로 여행을 다녀오고 나서 극단주의에 빠진 것으로 보인다. 그는 2014년부터 미국과 영국, 일본 등의 인질 참수 동영상에 검은 옷과 복면 차림으로 여러 차례 등장해 관심을 끌다가 2015년 11월에 사망한 것으로 추정된다.

호주 출신의 칼레드 샤루프Khaled Sharrouf도 잔혹성으로 유명한 IS 대원이다. 아내와 다섯 명의 자녀를 끌고 락까로 간 그는 어린 아들의 손에 참수된 인질의 목을 들려 찍은 사진으로 세계를 경악시켰다. 샤루프는 2017년 두 아들과 함께 락까에서 목숨을 잃었다.

각국 정부가 가장 우려하는 것은 이라크와 시리아에서 활동하다 귀국한 IS 대원과 IS의 신부들, 그들의 자녀들에 의한 테러다. 〈칼리프의 나라〉에서 이베는 시리아에서 IS 대원으로 활동하다가 스웨덴으로 돌아와 신분을 속이고 모집책으로 일하면서 테러를 모의한다. 실제로 2014년 6월 벨기에 브뤼셀에서 발생한 유대인 8명 살해사건은 프랑스 출신 IS 대원이 저지른 것으로 드러났다. 2022년 1월 미국 대법원은 자국 출신 IS 여성 선전요원 호다 무타나가 낸 시민권 회복 및 입국 허가 소송을 기각했다. 그가 소송을 제기한 지 6년 만이다. 무타나는 2014년 IS에 가담 후 트위터에 미국 여권을 불태우는 동영상과 테러 조장 메시지를 게재했던 여성이다. 전투로 남편 세 명을 잃은 그는 2016년 시리아 내에서 미국이 지원하는 현지 무장조직에 체포됐다. 이후 IS 가담을 후회한다며 자녀들과 함께 귀국하고 싶다고 주장했지만 법원은 이를 받아들이지 않았다.

미국 여성 앨리슨 플루크-에크렌 역시 악명 높다. IS 내에서 여성으로서 가장 고위직이었던 그는 여성과 아동들을 대상으로 한 군사훈련을 지휘했고, 2012년 리비아 주재 미국대사를 포함해 4명의 미국인을 숨지게 한 벵가지 테러에 가담하는 등 테러리스트로 활동했다. IS가 세력을 상실한 2021년 시리아 경찰에 자수한 그는 고국인 미국으로 넘겨졌고, 2022년 재판부로부터 20년 형을 선고받아 수감생활 중이다.

IS는 어떻게 '칼리프의 나라'를 세웠나?

2014년 6월 29일, '이라크-레반트(시리아) 이슬람 국가(ISIL·IS)'라는 조직이 칼리프 국가를 수립하겠다고 선언했다. 이슬람 율법인 샤리아에 따라 국가를 통치하겠다는 것이다. 며칠 뒤 이라크 모술의 알 누리 모스크 연단에 검은 수염을 기른 한 남성이 연설을 했다. 그의 이름은 아부 바크르 알바그다디Abu Bakr al-Baghdadi, 본명은 이브라힘 아와드 이 브라힘Ibrahim Awad Ibrahim. 스스로를 '칼리프(초기 이슬람 시대의 신정일 치 지도자) 이브라힘Caliph Ibrahim'으로 칭하며 세계를 테러의 공포에 떨게 만든 인물이 처음으로 세상에 자신의 얼굴을 드러낸 순간이 었다. 이라크 바그다드대학교에서 이슬람을 공부했으며, 이라크 주둔 미군에 맞서 싸운 적이 있다는 전력 외에는 개인적인 정보가 거의 없다. 2003년 이라크 팔루자에서 미군에 체포됐다가 석방된 적이 있으며, 이후에는 알카에다 이라크지부(AQI)에 들어가 활동 한 것으로 추정된다.

AQI는 훗날 이라크이슬람국가(ISI)로 이름을 바꾸는데, 2010년 4월 이를 이끌던 아부 오마르 알바그다디Abu Omar al-Baghdadi가 폭사한 후 아부 바크르 알바그다디가 조직을 장악하게 된다. 그는 내전의 혼란에 빠진 이라크에서 빠르게 세력을 넓히면서 2013년 4월 ISI 를 이라크·시리아이슬람국가(ISIS)로 이름을 바꾸고 시리아의 강 경 수니파 반군을 흡수, 약 10개월 뒤 '칼리프 국가'를 선언했다. IS 는 2015년에 공개한 문서를 통해 IS의 출발을 아부 무사브 알자르 카위Abu Musab al-Zarqawi(2006년 폭사)가 1999년 이라크에서 세운 '자마 트 알타우히드 왈지하드Jama'at al-Tawhid wal-Jihad'로 주장했다. '유일신과 성전'으로 번역되는 이 조직은 우리나라와 악연이 있다. 2004년 이 라크에서 미군 군납업체 가나무역에서 일하며 선교사를 꿈꿨던 한 국 청년 김선일을 인질로 붙잡아 참수했기 때문이다.

알바그다디와 IS는 2014년부터 3년간 전성기 때의 알카에다를 능가하는 세력을 떨쳤다. 알카에다조차 혀를 내두를 정도로 잔학한 IS는 '가장 부유한 테러조직'이자 역사상 가장 급성장한 테러조직이 됐다. 이라크와 시리아의 정부 시설, 유전, 은행 등을 손에 넣은 IS의 재산은 한때 수십억 달러 규모였던 것으로 추정된다. 점령지의 문화재를 우상숭배라며 파괴했던 IS는 전략을 바꿔 해외 암시장에 문화재들을 팔아넘겨 막대한 돈을 챙기기도 했다.

하지만 IS는 2017년에 모술과 팔루자, 하위자, 마야딘 같은 주요 지역을 잃으면서 급격히 쇠퇴하기 시작했다. 같은 해 10월 17일에 미군의 지원을 받은 시리아 민주군(SDF)이 락까를 점령해 근거지를 상실했고, 같은 해 12월에는 이라크 전역에서 지배력을 상실했다. 2019년 10월 27일 트럼프 대통령은 IS의 수괴 알바그다디가 사망했다고 공식 발표했다. 시리아 이들립 지역에서 이뤄진 이 작전을 위해 미군 특수부대를 투입했는데, 쫓기던 알바그다디가 자살조끼를 이용해 스스로 목숨을 끊었다는 것이다. 트럼프 대통령은 알바그다디가 "개처럼, 겁쟁이처럼" 사망했다고 조롱했다.

IS는 알바그다디의 후계자로 아부 이브라힘 알 하시미 알쿠라이시Abu Ibrahim al-Hashimi al-Qurayshi를 임명했지만, 그 역시 2022년 2월 3일 시리아에서 미군의 공격을 받다가 자폭해 사망했다. 그로부터 약 한 달 뒤 IS는 알쿠라이시의 사망을 공식 확인하면서, 아부 알하산 알하시미 알쿠라이시Abu al-Hassan al-Hashimi al-Qurayshi가 새로운 지도자로 임명됐다고 밝혔지만, 그 역시 2022년 말 사망한 것으로 전해지고 있다.

IS는
종이호랑이가 됐나?

IS의 힘이 예전만 못한 것은 분명하지만, 그렇다고 해서 완전히 뿌리 뽑힌 것은 아니다. 2022년 5월, IS는 자체 선전매체 아마크 뉴스채널을 통해 나이지리아에서 남성 기독교도 20명을 처형하는 영상을 공개했다. IS는 이들을 처형하는 이유에 대해 "전 세계 기독교인들에 대한 경고"라며 "지하디스트들은 세상이 끝날 때까지 그들과 전쟁을 벌일 것"이라고 말했다. 전문가들은 영상에 등장하는 복면 괴한들이 이슬람국가 서아프리카지부(ISWAP) 소속이며, 피해자들은 나이지리아 북동부의 보르노주 출신들인 것으로 보인다고 밝혔다. 앞서 ISWAP는 나이지리아 치복 등 여러 곳에서 기독교인들을 살해하거나 납치하고, 교회와 마을 등을 파괴했다. 이에 나이지리아군은 ISWAP 무장대원들이 주둔하는 차드호수 지역을 공습해 70명이상을 사살했다. 처형 영상 공개는 정부군의 군사작전에 대한 보복으로 추정됐다. 유엔에 따르면 지난 2009년부터 나이지리아 동북부 지역에서 ISWAP와 또 다른 테러조직 보코하람의 공격으로 4만 명이 사망하고 220만 명의 난민이 발생했다.

아프리카 부르키나파소에서도 IS와 연계된 것으로 추정되는 무장괴한들에 의해 민간인 수십 명이 사망하는 등 테러사건이 이어지고 있다. 인도네시아에서는 IS에 충성을 맹세한 동인도네시아 무자히딘(MIT)이 활동하고 있다. 이집트에서는 IS 대원들이 시나이반도 북부 국경경비대 초소 등을 공격해 군인들을 살해했다.

탈레반이 장악한 아프가니스탄에서는 IS 분파조직인 IS-호라산(K)이 준동하고 있다. 호라산이란 아랍어로 '태양이 떠오르는 땅'이란 의미로, 오늘날의 이란(페르시아)과 아프가니스탄 지역을 가리킨다. IS-K는 2015년 파키스탄 출신의 탈레반 내 급진파에 의해 만들어진 것으로 전해진다. 당시 IS는 아프가니스탄에 지부가 있다고 공식화한 바 있다. IS-K는 탈레반과 대척관계다. 미국 등 서방 및 시아파에 대한 탈레반의 대응이 너무 온건하다는 것이다. 2021년 180여 명의 목숨을 앗아간 카불 공항 자폭 테러, 쿤두즈와 칸다하르의 시아파 모스크에서 발생한 자폭 테러도 IS-K가 저지른 것으로 알려져 있다. 2022년 5월 수도 카불과 북부 대도시 마자르-이-샤리프에서 일어난 연쇄 폭탄테러 역시 이들의 소행으로 전해졌다.

이탈리아의 언론인이자 테러 전문가인 로레타 나폴레오니Loretta Napoleoni는 《이슬람 불사조The Islamist Phoenix》[26]라는 저서에서 IS를 "다극화 시대를 정확하게 파악하고, 실용적 전략·고도의 심리전과 최신의 테크놀로지를 구사해 준국가로 성장했던 조직"으로 평가했다. 특히 이들이 목표로 내건 7세기 이슬람 신정 '칼리프 국가' 건설은 전 세계의 좌절한 이슬람교도들에게 '유대인들의 이스라엘 건국' 수준의 유토피아적 희망이 됐다는 것이다. 저자는 IS를 시대착오적 극단주의자로 몰아붙이는 것만으로는 그들을 넘어설 수 없다며, 대테러 전략이 지금까지와는 달라져야 한다고 주장했다. 만약 그렇지 못하다면, 제2, 제3의 IS를 만나게 될 수 있다는 것이다.

BONUS!

넷플릭스의 장점 중 하나는 세계 각국에서 제작된 작품들을 만날 수 있다는 점이다. 〈검은 지하드 Black Crows〉는 아랍에미리트 UAE에서 제작된 IS 소재의 드라마 시리즈다. 서로 다른 직업과 배경을 가진 사람들이 서로 다른 목적을 갖고 IS에 합류해 겪는 사건과 시련, IS의 잔혹한 만행 등이 30부에 걸쳐 펼쳐진다. 영화 〈모술 Mosul〉은 이라크 모술에서 IS를 토벌하기 위해 싸우는 현지 경찰의 최정예 조직 '니네베 스와트' 대원들의 활약을 그린 액션물이다. 쿠르드족 출신의 젊은 경찰 카와가 IS와의 전쟁 최전선에서 겪는 위기와 고민, 그리고 성장을 그렸다. 브래드 피트 주연의 영화 〈월드 워 Z〉의 시나리오를 썼던 매슈 마이클 카나한 감독의 데뷔작으로, 미국 영화임에도 아랍어 대사로 제작됐다.

혼란한 시대,
누가 이 세상을 구원할 것인가

난민사태와 종교 갈등

드라마 〈메시아Messiah〉
출연 | 미셸 모나한, 메디 데비, 토머 시슬리
크리에이터 | 마이클 페트로니
관람등급 | 15세 관람가

WHY?

혼란의 시대에 사람들은 믿고 따를 수 있는 메시아를 기원한다. 만약 메시아를 자처하는 사람이 나타난다면, 무조건 그를 믿고 따를 수 있을까? 아니면 사기꾼이라고 손가락질을 하면서 메시아는 없다고 단정 지을까? 사람들은 왜 2000여 년 전 세상에 온 메시아는 진실이라고 믿을까?

〈메시아〉는 '제2의 예수 재림'이라는 심각한 주제를 다루는 드라마다. 주인공은 확인할 수 있는 팩트만을 신봉하는 미국 CIA의 중동지역 담당 요원 에바 겔러. 그는 전 세계의 관심을 한 몸에 받고 있는 알마시히란 남자가 매우 수상쩍다. 사람들은 그를 새로운 메시아라고 부른다. 중동에서 시작된 그를 향한 숭배 열풍은 미국으로까지 번져 엄청난 혼란을

일으킨다. 겔러는 알마시히의 뒤에 러시아 등 수상한 세력이 있다고 확
신한다.

〈메시아〉는 종교의 본질은 물론 중동전쟁과 난민사태, 미국 정부의 이
민정책, 소셜미디어 등 매체의 영향력, 동유럽을 둘러싼 미국과 러시아
간의 갈등 등 다양한 국제 이슈들을 빼곡히 담고 있는 문제작이다.

내전이 한창 벌어지고 있는 시리아 다마스쿠스. IS의 총공세를 앞
두고 극심한 공포와 혼란에 빠진 시민들 앞에 한 남성이 등장한
다. 가녀린 몸매와 길게 기른 머리칼이 흡사 예수의 모습을 떠올
리게 하는 이 남자는 IS의 격퇴를 예언하고, 그 예언이 실현되자
사람들은 그를 '알마시히(또는 알마시흐^Al Masih)' 즉 '구원자'라고 부
른다. 그는 굶주림에 지친 팔레스타인계 시리아 난민 수천 명을
광야로 이끌어 이스라엘에 들어가는가 하면, 예루살렘의 최고 성
지 템플마운트^Temple Mount(아랍어로 하람 알샤리프^Haram al Sharif)의 알아크
사 모스크^Al Aqsa Mosque 앞에 나타나 죽은 아이를 살려내는 기적을 행
한다. 엄청난 규모의 숭배자들을 이끌고 미국 수도 워싱턴 DC에
가서 대통령과 비밀리에 독대하기도 한다. 그의 목적은 무엇일까?
그는 '메시아^Messiah 콤플렉스'를 앓는 망상증 환자일까? 아니면 진
정한 메시아일까?

'메시아'는 구원자 또는 해방자란 뜻이다. 히브리어로는 '마시
아흐', 아랍어로는 '알마시히', 그리스어로는 '맛시아스'로 부른다.
'기름을 바른(또는 기름을 부은) 자'라는 뜻을 갖고 있다. 고대에 향

유를 몸에 바른 사람은 지체가 매우 높은 지도자를 의미했다는 데서 유래한 것으로 추정된다. 드라마 〈메시아〉에서 사람들이 남자를 '알마시히'라고 부르는 이유는 그를 '메시아'로 확신하기 때문이다.

기독교와 유대교, 이슬람교는 하나의 뿌리에서 출발한 종교들이다. 모두 유일신을 믿는 일신교로 아브라함의 자손임을 믿는다. 세 종교 모두 구약을 경전으로 삼고 있는데, 이슬람교 쿠란에 등장하는 28명의 성인 중 21명이 기독교의 성인이다. 또 성모 마리아에게 예수의 수태를 알린 천사 가브리엘은 이슬람교의 창시자인 무함마드에게 하느님의 계시를 전달한 천사다. 아담과 이브, 최후의 심판과 천국을 믿는 것도 같다.

메시아는
누구인가?

3대 종교로 불리는 기독교, 유대교, 이슬람교의 가장 큰 차이점은 예수에 관한 입장이다. 기독교는 예수를 삼위일체설에 입각해 하느님의 아들 '메시아'로 믿는다. 또한 예수가 재림할 때를 고대하고 있다. 하지만 유대교는 예수를 여러 메시아 중 한 명으로 여긴다. 예수는 유대교의 일파를 이끌다 순교한 선지자일 뿐이다. 유대교 경전 탈무드는 예수에 대해 "마술을 써서 이스라엘을 미혹시켜 배교하게 만들어 유월절 전날에 처형됐다"라고 적고 있다. 따라서 하느님이 약속한 메시아는 아직 오지 않았다는 것이다. 유대인들은 언젠가 진짜 메시아가 나타나서 '올람 하바^{olam ha-ba}', 즉 '다가올 세상'을 만들어 줄 것을 기다리고 있다. 이슬람교 역시 예수를 무함마드 이전에 온 메시아 중 한 명으로 보고 있으며, "알라로부터 기름 부음을 받은 자"로 이해하고 있다. 아담을 비롯하여 노아, 아브라함, 이스마엘, 이삭, 야곱, 모세, 예수, 무함마드 모두 하느님이 보낸 메시아들이지만, 하느님이 인류에게 보낸 마지막이자 영원한 메시지는 무함마드에게 계시한 메시지라는 것이다. 예수가 비록 이 세상에 재림한다고 해도 무함마드가 마지막 메시아라는 사실이 달라지지는 않는다. 이슬람교도들은 예수가 재림하게 되면 모든 거짓 메시아들을 쳐부수고 유일신인 알라를 섬기는 세상을 이룩하게 된다고 믿는다.

세 종교는 '구원'에 대해서도 서로 다른 개념을 가지고 있다. 기독교는 십자가의 피로 속죄하신 예수를 믿음으로써 구원될 수 있다고 믿는다. 반면 유대교는 하느님이 준 율법을 지키고 선행을 하면 구원된다고 생각한다. 이슬람교도 마찬가지로 이 세상에서 선하고 바른 행동을 하면 구원받아 천국에 갈 수 있다고 믿는다.

위의 설명을 토대로 본다면, 〈메시아〉에서 알마시히를 믿는 기독교 신자들은 '재림 예수'로 여기며, 유대교 신자들은 오랫동안 기다려온 진정한 메시아, 이슬람 신자들에게는 알라가 무함마드에게 계시한 메시지를 받들어 알라를 섬기는 세상을 이룩하기 위해 온 메시아다. 참고로 알마시히는 아랍어로 '메시아'란 뜻이지만 뒤에 '앗 다잘^{ad dajjal}'이 붙으면 '거짓 메시아'란 의미가 된다. 기독교

식으로 표현하면 '적그리스도'이다. 〈메시아〉에서 알마시히가 진짜 메시아일 수도, 아니면 말세에 나타나 사람들을 미혹하고 혼란에 빠트린다는 '적그리스도'일 수도 있음을 암시하고 있는 셈이다.

〈메시아〉에 등장하는 또 하나의 종교인 예수그리스도후기성도교회는 19세기 중반 미국에서 '회복된 기독교'를 표방하며 만들어진 종교다. 담배와 술은 물론이고 커피와 차 등 중독이 될 수 있는 기호품도 금지할 정도로 엄격한 교리를 가지고 있다. 신도들은 스스로를 기독교도로 주장하지만, 보수적인 기독교도들은 이단으로 여기고 있다. 설립자인 조지프 스미스 주니어Joseph Smith, Jr.에 관한 기록에 따르면, 그는 1820년 어느 교회에 속해야 할지 직접 하느님에게 응답을 구하고자 숲에 들어가 기도한 끝에 빛기둥 가운데 나타난 성부와 성자를 직접 만나 가르침을 받았다고 한다. 성경과 몰몬경을 경전으로 삼고 있어서 한때 '몰몬교'로 불리기도 했다. 신도들은 예수에 대해 하느님의 아들로 지상에 실제로 살았고, 고대 선지자들이 예언했던 약속된 메시아라고 믿고 있다. 전 세계적으로 신도 수는 1666만 3663명(2020년 12월 말 기준)으로, 미국과 캐나다에 약 700만 명의 신도가 있다. 〈메시아〉에는 예수그리스도후기성도교회 신도인 존 영 미국 대통령이 등장한다. 미국에서 가장 유명한 예수그리스도후기성도교회 신도 정치인은 밋 롬니Mitt Romney다. 매사추세츠주 주지사를 역임했으며, 2012년 공화당 대통령 후보로 출마했다가 버락 오바마에 패배했다.

알마시히는 존 영 대통령을 만나 동유럽을 비롯해 세계 곳곳에 있는 미국 군대들을 모두 철수해 하느님의 뜻인 평화를 이루라고 요구한다. 매우 독실한 신앙심을 가진 대통령은 알마시히가 진짜 메시아일지도 모른다는 생각에 마음이 심하게 흔들린다. 미군을 전부 철수하면 어떤 비용을 치를지 알아보기까지 한다. 만약 이런 일이 진짜로 일어난다면 어떻게 될까? 우크라이나를 둘러싼 미국과 러시아 간의 갈등은 벌어지지 않았고, 블라디미르 푸틴 러시아 대통령이 우크라이나를 침략해 전쟁을 벌이는 일도 일어나지 않았을 것이다. 하지만 미국이 동유럽에서 자국군 또는 나토군을 전면적으로 철수하는 일이 벌어지기는 어렵다. 드라마 속에도 알마시히의 요구 내용에 경악한 대통령 측근들이 그를 제거하기 위한 계획을 세운다.

시리아 내전은 왜 일어났나?

2010년 튀니지를 시작으로 중동과 북아프리카 지역에서 민주화를 요구하는 일명 '아랍의 봄' 시위가 벌어졌다. 이듬해 이집트에서 호스니 무바라크 Hosni El Sayed Mubarak 독재정권이 무너지고, 같은 해 리비아에서는 무아마르 카다피 Muammar Gaddafi가 고향 시르테 인근에서 비참한 최후를 맞았다.

민주화 혁명의 불길은 시리아로 옮겨붙었다. 바샤르 알아사드 Bashar Hafez al-Assad 대통령은 2011년 4월 반정부 시위가 일어나자 발포 명령을 내리는 등 무력 탄압으로 맞대응했다. 알아사드 대통령은 1970년 무혈 군사 쿠데타로 집권한 아버지 하페즈가 사망한 후 2000년부터 11년째 시리아를 통치해 온 인물로, 시리아 내에서는 40년 넘게 이어지고 있는 알아사드 정권의 독재에 대한 불만이 팽배해 있었다. 정부의 강력한 저지에도 불구하고 2011년 7월 반정부 세력들은 자유시리아군(FSA)을 결성했다. 시리아 반정부 시위사태가 내전으로 공식화된 것이다. 내전이 길어지면서 시리아에서는 수많은 무장집단들이 할거하고, 극단 이슬람 테러조직인 이슬람국가(IS)가 준동하는 등 극도의 혼란이 벌어졌다. 당초 '이라크 레반트(시리아) 이슬람국가(ISIL)'였던 이름을 바꾼 IS는 2014년 시리아와 이라크 북부에 '이슬람 칼리프 국가'를 선언했다고 공식 선언하면서, 시리아 락까를 수도로 삼고 세력을 확대했다. 이런 상황에서 미국과 유럽, 튀르키예, 일부 중동지역 국가 등으로 구성된 연합군이 반정부군을 지원하고, 레바논과 이란, 러시아 등이 정부군을 후원하고 나섰다.

시리아 내전이 이처럼 국제적으로 비화한 데에는 시리아의 독특한 지정학적 요인과 관련이 깊다. 시리아는 레바논, 이스라엘, 요르단, 이라크, 튀르키예에 둘러싸인 국가다. 이스라엘과는 1967년 '6일 전쟁'으로 불리는 3차 중동전과 1973년 '욤키푸르 전쟁'으로 불리는 4차 중동전 등 여러 차례 치열한 전쟁을 벌여온 사이다. 특히 국경지대의 골란고원을 놓고 두 나라가 여러 번 유혈충돌을 겪었고, 원래 시리아 영토였던 고원의 일부는 여전히 이스라엘의 점령 아래 놓여 있다. 시리아보다 훨씬 복잡한 인종, 종파 구성을 가진 레바논의 무장정파 헤즈볼라는 알아사드 정권과 오랫동안 긴밀한 관계를 맺어오고 있는데, 이스라엘과 레바논은 앙숙 관계다. 이스라엘은 1970년대에 레바논 내전에 개입한 데 이어, 2006년에도 레바논과 전쟁을 벌였다. 이처럼 복잡한 상황에서 정부군과 반정부군 및 연합군은 IS 제거라는 공동의 목표를 위해 사실상 협력하는 모습을 보이기도 했다.

트럼프는 왜 반난민 정책을 취했나?

유엔은 지난 2021년 9월, 10년간 이어진 시리아 내전으로 인한 사망자 숫자를 35만 209명으로 발표했다. 하지만 실제로는 훨씬 더 많을 것으로 추정되고 있다. 민간단체인 시리아인권관측(SOHR)은 2011년 3월부터 2022년 3월까지 사망자가 최소 49만 9438명, 최대 61만 명에 이르는 것으로 집계했다.

유엔난민기구(UNHCR)에 따르면, 2011년부터 2021년까지 660만 명의 시리아 국민들이 난민 신세가 돼 해외를 떠돌고 있으며, 670만 명은 살던 집을 잃고 시리아 내의 다른 곳으로 이주하는 '국내 난민'이 됐다. 시리아뿐만 아니라 중동과 북아프리카의 정정 불안으로 인해 폭발적으로 늘어난 난민 중 일부는 보다 안전한 피신처를 찾아 배를 타고 무작정 지중해를 건너 유럽 입국을 시도했다. 이 과정에서 많은 사람들이 바다 위에서 목숨을 잃어 전 세계적으로 큰 우려를 불러일으켰다. 육로로 동유럽을 거쳐 서 유럽으로 가려는 행렬도 이어졌다.

경제위기로 외국인 혐오범죄가 늘어나고, 다문화주의에 대한 반감이 늘어난 상황에서 이슬람 난민들의 대규모 유입은 유럽 각국에 엄청난 충격을 던졌다. 이런 와중에 2015년 9월 2일, 한 장의 사진이 전 세계를 경악시켰다. 세 살 난 쿠르드족 시리아 난민 어린이의 시신이 튀르키예 해안가에 떠밀려온 모습이었다. 어린이의 이름은 아일란 쿠르디Aylan Kurdi. 가족들과 함께 유럽으로 가기 위해 작은 배를 타고 지중해를 건너려다가 배가 뒤집히는 바람에 어머니, 형과 함께 목숨을 잃은 것이다. 죽은 형의 나이도 5세에 불과했다. 국제이주기구(IOM)에 따르면, 2015년 한 해에만 95만여 명의 난민이 유럽에 도착했고, 3695명이 지중해를 건너다가 목숨을 잃었다. 그중 어린이는 200여 명에 달했다. 쿠르디 사건은 난민 문제의 심각성을 새삼 일깨우는 계기가 돼 유럽은 물론 미국 등이 난민 수용에 나서기도 했지만 근본적인 해결과는 거리가 멀었다.

트럼프 대통령은 취임 일주일 후인 2017년 1월 27일 이슬람권 7개국(이라크·이란·소말리아·수단·시리아·리비아·예멘) 국민의 미국 입국을 90일간 금지하는 행정명령을 발표한 것을 시작으로 반이민정책 시행에 나섰다. 해외에서 테러리스트들이 미국으로 들어오는 것을 막기 위해서는 이들 국가 국민의 입국을 금지해야 한다는 것이 트럼프 대통령의 주장이었다. 각급 법원이 위헌이라며 제동을 걸었으나 그는 2차, 3차 행정명령 등으로 수정을 거듭하며 물러서지 않았다. 2018년 6월 대법원은 이란과 예멘, 리비아, 소말리아, 시리아 등 5개국 국민의 입국을 금지한 반이민 행정명령 시행은 합헌이라면서 트럼프 대통령의 손을 들어줬다.

〈메시아〉가 공개된 2020년 1월에도 해당 조치가 시행되고 있었기 때문에 시리아 출신인 알마시히는 불법으로 입국한 미국에서 당장 추방당해야 한다. 그러나 알마시히에게 난민 지위를 부여하라는 여론이 빗발치고, 미국 대통령의 보수적인 이민정책은 시험대에 오르게 된다. 알마시히는 법정에서 "국경은 기득권층이 정한 하나의 개념이다. 오늘 당신(판사)이 기득권층의 자리에 앉은 것은 운명이다. 신의 조화가 아니라면 운명이 과연 무엇이겠는가"라고 일갈한다. 진실을 꿰뚫어 보는 듯한 알마시히의 말에 판사는 대통령의 명령을 어기고 그의 망명을 허가한다.

바이든 대통령은 취임하자마자 트럼프 대통령의 정책을 뒤집어 이슬람권 5개국 국민의 입국을 허용하는 행정명령에 서명했다. 트럼프 대통령의 반이슬람 이민정책은 종교적 자유와 관용을 중시하는 미국의 건국 정신에 위배된다는 것이다. 또 2022년 회계 연도(2021년 10월 1일~2022년 9월 30일)의 난민 수용 상한을 전 해보다 두 배로 늘린 12만 5000명으로 상향 조정했다.

〈메시아〉와 《문명의 충돌》

요르단 정부는 〈메시아〉 공개 이틀 전 기자회견을 열어 넷플릭스가 이 작품을 요르단 등 이슬람권에 방송해서는 안 된다고 촉구했다.[27] 요르단 왕립영화위원회의 모하나드 알바크르 사무총장은 "〈메시아〉는 순수한 허구이며, 등장하는 캐릭터들도 허구다. 그러나 우리는 이 드라마의 내용이 (이슬람)종교의 존엄성을 침해하는 것으로 해석될 부분들이 많으며, 이 나라(요르단)의 법에 위반되는 내용들을 담고 있는 것으로 여기고 있다. 우리는 창작의 자유를 존중하지만, (요르단)왕국의 기본법들을 침해할 수 있는 메시지들을 용납하거나 무시해 넘어갈 수 없다"라고 밝혔다. 이밖에 백악관 청원사이트 체인지 닷 오르그(Change.org)에서는 〈메시아〉를 "사악하고 반이슬람적인 프로파간다"로 비난하면서 방영 금지를 요구하는 청원운동이 벌어졌다. 앞서 〈메시아〉의 홍보용 트레일러가 처음 공개됐을 당시에도 일부 이슬람 신도 가입자들은 넷플릭스가 적그리스도를 비호한다면서, 드라마 보이콧과 넷플릭스 탈퇴운동을 펼치기도 했다. 하지만 제작진은 예정대로 방영을 강행했다.

한편 〈메시아〉에는 새뮤얼 헌팅턴Samuel Hunttington의 저서《문명의 충돌The Crash of Civilizations》[28]이 여러 차례 중요하게 언급된다. 수사관 에바는 늦은 밤 카페에서《문명의 충돌》을 읽고 있는 아르바이트 대학생에게 "저자가 옳았다는 것만 알면 된다. 헌팅턴은 냉전이 끝난 후 분쟁과 갈등은 문화와 종교에 있을 것이라고 예측했다. 현재 세계정치는 정확히 그 축으로 돌아가고 있다"라고 말한다. 헌팅턴은 1993년 외교전문지「포린어페어」에 기고한 논문을 토대로 1996년 출간한 이 저서에서 세계를 서구 기독교문명, 동방정교문명, 이슬람문명, 힌두문명, 일본문명, 유교문명으로 나눈 다음

탈냉전시대에 전쟁은 이런 문명들의 단층선에서 일어난다고 주장했다. 이런 문명들 속에서 가장 중요한 문명으로 헌팅턴은 서구 기독교문명을 들었다. 그러면서 미래의 가장 큰 위험 충돌은 서구의 오만함, 이슬람의 편협함, 중화의 자존심이 복합적으로 작용하여 발생할 것이라고 전망했다. 이런 주장은 2001년 9.11 테러가 일어나면서 대중적으로 큰 관심을 받았다.

하지만 비판도 많다. 지나치게 대립주의적이고 미국중심주의적인 시각이란 것이다. 특히 독일 학자 하랄트 뮐러Harald Müller는 《문명의 공존Das Zusammenleben der Kulturen》[29]에서 헌팅턴이 문명이란 매우 큰 개념을 지나치게 '종교'로 축소시켜 보고 있다고 지적했다. 또 문명이란 끊임없이 변화함에도 불구하고 고정된 것으로 생각해 문명 간의 전쟁을 상정했다고 비판했다. 특히 국지전의 대부분이 문명 간의 단층선에서 일어난다는 헌팅턴의 주장과 달리 전쟁의 대부분은 같은 문명권 내에서 발생했고, 이슬람권이 다른 문명권과 유난히 전쟁을 많이 해왔던 것처럼 보이는 이유는 국경을 맞대고 있는 땅의 범위가 워낙 넓기 때문이라고 강조했다.

〈메시아〉 1편에서 에바와 대화를 나눴던 대학생은 알마시히의 등장에 엄청난 충격을 받는다. 이슬람교에 관한 수업을 듣던 도중 박차고 일어나 버리는가 하면, 그렇게 열심히 읽던 《문명의 충돌》을 불태우기까지 한다. 드라마에는 "코란에서 메시아의 등장은 문명 충돌의 종식"이란 말도 나온다. 이 학생이 《문명의 충돌》을 화형시켜 버린 것은 헌팅턴의 주장이 모두 틀린 데 대한 분풀이일까? 아니면 문명 충돌이 끝나고 문화 공존의 시대가 열릴 것이란 기대감에서 벌인 행동일까? 후속 시리즈 제작이 취소됐으니 어느 쪽인지 해답을 얻을 수는 없지만, 혼돈과 불안이 계속되고 있는 이 시대에 〈메시아〉가 던지고 있는 진지한 질문들이 오랫동안 가슴을 묵직하게 내리누른다.

BONUS!

〈화이트 헬멧:시리아 민방위대White Helmets〉는 폭탄과 총알이 쏟아지는 시리아에서 목숨을 걸고 시민들을 구조하는 민방위대 '화이트 헬멧' 대원들의 활동을 다룬 다큐멘터리다. 내전으로 인한 시리아의 처참한 현실은 물론 비극 속에서도 시들지 않는 인간애와 봉사정신의 위대함을 생생하게 전한다. 흰색의 헬멧을 쓰고 구호 현장을 누비는 대원들의 모습 때문에 '화이트 헬멧'이란 애칭으로 더 많이 알려져 있는 이 조직은 2016년 대안 노벨평화상이라 불리는 '바른생활상The Right Livelihood Awards'을 수상했으며, 같은 해 노벨평화상 후보에 올랐다. 영화는 2017년 미국 아카데미영화상 단편 다큐멘터리 부문을 수상했다.

3

보혁충돌과 화해

영화 〈시민 케인〉의
탄생과 배경

할리우드와 진보주의

영화 〈맹크 Mank〉
출연 | 게리 올드먼, 아만다 사이프리드, 릴리 콜린스
감독 | 데이비드 핀처
관람등급 | 15세 관람가

WHY?

인류 역사에 길이 남을 걸작이지만 실제로 읽었거나 본 사람은 의외로 적은 경우가 있다. 너무 유명하다 보니 마치 잘 알고 있는 듯 착각한 탓이다. 영화에도 그런 걸작이 있다. 바로 〈시민 케인 Citizen Cane〉이다. 〈맹크〉는 영화사상 최고의 작품으로 늘 거론되는 〈시민 케인〉이 탄생하는 과정 속에 1930~1940년대 할리우드의 막강한 '스튜디오 시스템'과 언론 권력, 대공황과 나치즘의 부상, 미국의 보수주의와 진보주의의 충돌 등 묵직한 이슈들을 구석구석 촘촘히 박아 넣은 작품이다. 실존 인물들이 대거 등장하기 때문에 20세기 초중반 미국의 대중문화와 정치·사회상을 들여다보기에도 안성맞춤이다. 특히 1934년 캘리포니아주지사 선

거전에서 벌어졌던 보혁갈등은 오늘날로 시점을 옮겨 놓아도 될 정도다. 〈맹크〉의 주인공은 〈시민 케인〉의 오슨 웰스^{Orson Welles} 감독이 아니라 이 영화의 시나리오를 실제로 썼던 허먼 맹키위츠^{Herman J. Mankiewicz}다. 영화 속에서 그는 술독에 빠져 살던 중 천재로 촉망받는 젊은 감독 웰스로부터 시나리오 집필을 의뢰받는다. 마감 기한은 60일. 맹크는 당대 최고 언론 권력 랜돌프 허스트^{Randolf Hearst} 등 영화계 안팎에서 만났던 인물들에 대한 기억을 녹여내 집필에 몰두한다. 300쪽이 넘는 방대한 분량의 시나리오 제목은 〈아메리칸〉. 과연 이 시나리오는 〈시민 케인〉이란 영화로 만들어질 수 있을까?

할리우드에서 날카로운 유머감각과 독설로 정평이 난 시나리오 작가 허먼 맹키위츠(맹크)가 어느 날 술에 만취한 채 언론재벌 랜돌프 허스트의 만찬장에 들이닥친다. 세상을 마음대로 주무르는 당대 최고의 권력자 허스트에게 심사가 뒤틀린 맹크는 만찬을 엉망으로 만들어버린다. 그 자리에 있던 참석자 모두 눈살을 찌푸리며 자리를 떠난 뒤, 허스트는 여유만만한 표정을 지으면서 맹크에게 "자네, 오르간 연주자의 원숭이 우화를 아나?"라고 운을 띄운다.

　"오르간 연주자에게는 몸집이 작은 원숭이가 한 마리 있었다네. 야생에서 살다가 잡혀 온 이 원숭이는 오르간 연주에 맞춰 춤추는 일을 했지. 사람들은 원숭이를 보며 즐거워하고 돈을 냈어. 원숭이는 이런 모습에 크게 놀랐지. 매일 아침마다 좋은 옷과 예쁜 신발로 단장하고 금줄에 묶여 온 도시를 돌아다니며 춤을 추던 원숭이는 속으로 이렇게 생각했다네. '와, 나는 정말 굉장한 권력을 가졌어. 내가 춤을 안 추면 불쌍한 오르간 연주자는 굶어 죽을 거야. 내가 춤을 추기로 마음먹을 때마다 그는 연주를 해야 해. 연주하고 싶지 않아도 말이야.'"

허스트는 여기서 말을 끊고 "잘 가게"라고 인사하며 맹크를 문 밖으로 밀어 내보낸다. 허스트가 하고 싶은 말은 분명했다. '맹크 당신이 아무리 똑똑하고 잘난 척해도, 사실은 주제를 모르는 원숭이일 뿐'이란 것이다.

영화 〈맹크〉에서 인상적인 장면 중 하나가 바로 '오르간 연주자의 원숭이' 우화다. 이 우화는 뒤에 다시 한번 등장한다. 오두막 안에 사실상 갇혀서 〈시민 케인〉 시나리오 초고를 탈고한 맹크에게 존 하우스먼John Houseman이 찾아온다. 하우스먼은 이 영화를 감독할 오슨 웰스에게 고용된 인물로, 방대한 분량의 초고를 읽고 솎아내는 일을 맡고 있다. 하우스먼은 훗날 연극배우·영화제작자·각본가·감독 등으로 활약하는 실존 인물로, 우리나라에는 미국 텔레비전 드라마 〈하버드대학의 공부벌레들The Paper Chase〉의 근엄한 법학교수 역으로 잘 알려져 있다.

하우스먼은 맹크에게 "하필이면, 왜 허스트냐"라고 묻는다. 언론재벌이자 미국 사회와 정치를 쥐락펴락하는 허스트를 왜 〈시민 케인〉의 주인공으로 삼았느냐는 이야기다. 맹크는 특유의 시니컬한 표정을 지으며 이렇게 대답한다. "자네 오르간 연주자의 원숭이 이야기를 아나?" 맹크는 아마도 이 말이 하고 싶었을 것이다. "허스트 같은 권력자를 건드리면 어떤 화를 입을지 알지만, 나는 권력자가 시키는 대로 춤을 추는 원숭이가 아니며, 내가 생각하는 것을 세상에 알리기 위해 글을 쓴다네."

오르간 연주자의 원숭이 우화는 영화 속에서 슬쩍 지나가는 에 피소드지만 〈맹크〉에서 놓치지 말아야 할 키워드다. 맹크는 왜 세상의 손가락질을 받으며 〈시민 케인〉을 쓰려고 했는가, 창작자는 어떤 정신을 가져야 하는가, 인간에게 자유의지란 과연 무엇인가 등의 질문을 던지고 있기 때문이다.

〈맹크〉는 맹크가 어떻게 해서 〈시민 케인〉 시나리오를 쓰게 됐으며, 당시 그가 무슨 생각을 했고, 어떤 사건 사고들이 그에게 영향을 미쳤는지를 그린 작품이다. 시나리오를 쓴 잭 핀처^{Jack Fincher}는 데이비드 핀처 감독의 친아버지다. 1990년대에 이 작품을 썼지만, 2003년 세상을 떠나 영화화되는 것을 보지 못했다. 작가이자 언론인으로 활동했던 전력의 소유자답게 선배 시나리오 작가인 맹키위츠에 기울인 그의 남다른 애정과 20세기 초반 격동의 시대에 대한 날카로운 시선이 작품 곳곳에서 빛난다.

맹크와 웰스,
그리고 '스튜디오 시스템'

허먼 맹키위츠는 1920~1940년대 미국 영화계에서 활약했던 시나리오 작가다. 할리우드에서 활동하기 전에는 언론인·극작가·연극평론가로도 이름을 날렸다. 맹키위츠는 '영화 형제'로도 유명하다. 남동생 조지프 맹키위츠^{Joseph L. Mankiewicz}는 〈이브의 모든 것〉〈아가씨와 건달들〉〈맨발의 백작부인〉〈지난여름 갑자기〉〈클레오파트라〉 등의 히트작들을 연출한 감독이다.

맹키위츠는 1897년 뉴욕의 독일 유대계 가정에서 태어났다. 어렸을 때부터 독서광이었던 그는 컬럼비아대학교를 졸업한 후 「뉴욕트리뷴」「뉴욕월드」 등을 거쳐 「뉴욕타임스」의 연극담당 편집자로 일했고 「뉴요커」의 연극평론가로도 활동했다. 영화계에 입문하기 전 독일 베를린 특파원으로 일했던 맹키위츠는 부상하던 아돌프 히틀러의 나치즘에 주목하고, 1935년 〈유럽의 미친개〉라는 시나리오를 완성해 영화제작을 시도했지만, 독일 시장을 중시하는 영화사 경영진들로부터 외면당했다.

평론가 시절 날카로운 분석과 시니컬하며 유머감각이 번득이는 글솜씨로 '뉴욕에서 가장 웃기는 사나이'란 별명으로 불렸던 그는 당시 미국 문단에서 가장 유명한 작가 모임이었던 '알곤퀸 라운드 테이블^{Algonquin Round Table}'의 멤버이기도 했다. 그는 영화 시나리오를 써보지 않겠냐는 한 제작자의 제안을 받고 할리우드로 활동무대를 옮긴다. 영화평론가 폴린 카엘에 따르면, 맹키위츠는 1920~1930년대 만들어진 최고의 작품들 중 최소 40여 편의 시나리오를 단독 혹은 공동으로 집필했다. 그중에는 〈오즈의 마법사〉〈8시의 석찬〉 등 유명 작품도 다수였다. 때로는 다른 사람이 쓴 작품을 고치는 일에도 참여했다고 한다.

웰스 역시 미국 영화 역사, 아니 세계 영화 역사를 이야기할 때 빼놓을 수 없는 인물이다. 그의 감독 데뷔작 〈시민 케인〉은 지난

1997년 미국 영화 연구소가 선정한 '100대 영화'에서 1위에 올랐고, 2007년에 또다시 1위로 선정됐을 만큼 최고의 걸작으로 평가받고 있다. 배우와 시나리오 작가로도 탁월한 역량을 발휘했다.

웰스는 1915년 5월 6일 미국 위스콘신주 커노샤에서 태어났다. 연극배우로 무대 경력을 시작한 웰스는 머큐리 극단을 설립, 브로드웨이를 대표하는 젊은 연출가이자 연기자로 성공했다. 1938년에 라디오로 방송된 〈우주 전쟁〉에서 웰스의 생동감 넘치는 대사를 들은 청취자들이 정말로 뉴저지에 화성인들이 침입한 줄 알고 깜짝 놀랐던 일은 유명한 일화다. 이 일은 할리우드 영화사들의 관심을 끌었다. 웰스가 연극과 라디오에서 보여줬던 실력이 스크린에서도 성공하리라고 판단한 것이다. 머큐리 극단의 셰익스피어 극을 기획하고 있었던 웰스는 재정 확보를 위해 영화사 RKO의 제안을 선뜻 받아들여 할리우드에 입성했고, 1941년에 첫 영화 〈시민 케인〉을 내놓았다. 웰스가 연출은 물론 주인공으로 연기까지 한 이 작품은 파격적인 주제와 독특한 형식미로 큰 화제를 불러일으켰지만 흥행에는 성공하지 못했다. 다음 작품 〈위대한 앰버슨가The Magnificent Amber-sons〉 때에는 RKO와 정면충돌했다. 〈시민 케인〉의 흥행 실패에 실망한 영화사 측이 작품 내용은 물론 편집까지 간섭하고 나섰기 때문이었다. 이런 갈등은 흥행 실패로 이어졌다. 이후 웰스는 컬럼비아 영화사로 옮겨 〈상하이에서 온 여인The Lady from Shanghai〉을 만들었지만 역시 상업적으로 성공하지 못했다. 이후 유럽을 중심으로 활동하면서 간간이 미국으로 돌아와 연기와 연출을 병행해 오던 그는 70세 나이에 사망했다.

할리우드 '스튜디오 시스템'의
탄생과 몰락

상업영화의 역사를
이야기할 때 빼놓을 수 없는 세 사람이 있다. 프랑스의 발명가인
오귀스트^{Auguste}와 루이 뤼미에르^{Louis Lumiere} 형제, 그리고 미국의 발
명가 토머스 에디슨^{Thomas Edison}이다. 뤼미에르 형제는 1895년 12월
28일 파리의 한 카페에서 〈리옹의 뤼미에르 공장을 나서는 노동자
들〉을 비롯해 10편의 단편영화를 유료관객 앞에서 처음으로 선보
였다. 각각 약 50초 분량의 영화들을 본 관객들은 화면 속에서 사
람들이 살아 있는 듯 움직이는 모습을 보고 깜짝 놀랐다. 뤼미에르
형제가 이전에도 소수의 사람들 앞에서 영화를 상영한 적이 있었
지만, 돈을 받고 들어온 일반대중들을 상대로 영화를 보여준 것은
이때가 처음이었다. 이듬 해에 두 사람은 프랑스 각지는 물론 영국
등 유럽 곳곳과 이집트 등에서 영화 순회 상영회를 열었다. 같은
해에 공개한 〈기차의 도착〉은 역으로 들어오는 기차의 모습을 생
생하게 담아낸 작품으로 큰 화제를 모았다. 뤼미에르 형제가 만든
카메라 겸 영사기 '시네마토그래프'에서 '시네마'란 용어가 나왔을
정도로 두 사람은 영화 발전에 막대한 영향을 미쳤다. 스크린 투사
방식의 영사기법을 처음 발명한 사람도 뤼미에르 형제다.

뤼미에르가 영화란 매체를 처음 발명한 것은 아니다. 19세기 중
반에 연속으로 찍은 사진필름을 원통형의 영사기로 돌려 마치 움
직이는 듯한 효과를 만들어내는 등의 시도가 이뤄졌다. 에디슨은
뤼미에르에 앞서 1888년에 촬영기 키네토그래프를 만들었고, 이듬

해에는 키네토스코프라는 영사기도 만들어 1891년 특허를 취득했다. 에디슨은 자신의 발명품을 상업화하기 위해 '블랙 마리아'란 이름의 제작소를 만들어 콘텐츠를 생산했고, 뉴욕에 유료 상영관을 만들기까지 했다. 그러나 키네토스코프는 뤼미에르의 시네마토그래프처럼 많은 사람이 동시에 볼 수 있도록 스크린에 영상을 비추는 것이 아니라 재생되는 영상을 구멍을 통해 혼자 들여다보는 방식이었다. 그래서 키네토스코프에는 '핍 쇼Peep Show'라는 별명이 붙었다. 에디슨은 1896년에야 여러 명이 함께 볼 수 있는 비타스코프를 발명했다. 바로 이 점 때문에 대중을 상대로 하는 상업영화를 처음 시작한 사람은 뤼미에르 형제란 주장이 나오게 됐다.

스튜디오 시스템은 1920년대 초부터 1950년대까지 일명 '황금시대'에 미국 할리우드의 대형 영화사들이 배우와 작가 등 장기 독점계약한 인력들을 토대로 제작은 물론 배급까지 장악했던 방식을 말한다. 메이저 스튜디오의 영향력은 그야말로 막강했다. 특급 스타조차 스튜디오의 눈 밖에 나면 배우로서의 생명을 잃을 정도였다. 그러니 시나리오 작가는 말할 것도 없었다. 걸출한 작품들을 쓴 맹키위츠의 이름이 영화 크레디트에 오르지 못한 경우가 많았던 것은 당시 할리우드의 스튜디오 시스템에서는 작가 개인의 명성보다 스튜디오의 이름이 더 중요했고 '집단 창작'으로 시나리오를 쓰는 관행이 자리 잡았기 때문이었을 것으로 보인다.

미국 영화계에서 스튜디오 시스템을 맨 처음 구축한 사람은 아돌프 주커였다. 헝가리 출신의 이민자였던 그는 영화 제작사를 운영하다가 배급사 파라마운트는 물론 극장들까지 인수해 제작과 배급, 상영을 수직화했다. 그의 성공에 뒤이어 여덟 개의 메이저 스튜디오가 탄생했고, 이 스튜디오들은 할리우드의 최전성기를 이끌었다. 그중 폭스(훗날 20세기폭스), 로우스 시네플렉스 엔터테인먼트/MGM, 파라마운트, 워너브러더스, RKO가 5대 메이저로 꼽혔다. 나머지 셋은 유니버설, 컬럼비아, 유나이티드 아티스트다.

이들의 막강했던 파워는 1948년 연방대법원이 '셔먼 반독점법'을 근거로 스튜디오 시스템을 불법적인 독점으로 규정한 판결을 내림으로써 내리막길을 걷게 된다. 1890년에 제정된 이 법은 자유로운 거래를 제한하는 독점을 불법으로 규정하는 내용을 담고 있는데, 대법원은 영화제작은 물론 배급과 상영까지 하는 스튜디오 시스템을 독점행위로 판단한 것이다. 이후 파라마운트, RKO 등이 제작과 배급을 분리하는 조치를 취했으며, 1954년 마지막으로 로우스와 MGM의 고리가 끊어지면서 스튜디오 시스템의 시대는 공식적으로 막을 내렸다.

〈시민 케인〉 시나리오, 왜 논란인가?

〈시민 케인〉은 한 시대를 풍미했던 언론재벌 찰스 포스터 케인의 삶과 죽음을 통해 아메리칸드림의 허상, 미국 자본주의의 어두운 그림자, 허영과 욕망 등을 풍자한 작품이다. 연극과 라디오 드라마로 큰 인기를 얻고 있던 천재 웰스가 25세에 연출 및 주연한 이 작품은 실존 인물 허스트를 소재로 했다는 이유로 제작 과정은 물론 1941년 개봉 후에도 큰 화제를 불러일으켰다. 개봉 이듬해인 1942년 아카데미영화상 에서 각본상(웰스와 맹키위츠 공동수상)을 수상했다. 뛰어난 작품성 에도 불구하고 아카데미 각본상 한 개만 받았던 데에는 허스트의 집요한 방해 공작이 영향을 미쳤다. 흥행 실패 역시 허스트의 압력 때문이었던 것으로 알려져 있다.

〈시민 케인〉 프로젝트는 RKO 영화사가 1939년 웰스와 계약을 맺고, 그에게 두 편의 영화를 제작할 수 있는 막대한 예산과 연출 및 편집 전권을 부여하면서 본격화된다. 웰스는 시나리오 작가로 맹키위츠를 섭외했다. 두 사람은 뉴욕에서 라디오 드라마를 함께 만들면서 친해진 사이였다. 훗날 평론가 카엘은 맹키위츠가 〈시민 케인〉의 '공동 각본가'가 아니라 사실상 '유일한' 창작자였다고 주 장했다.[30] 이 작품의 아이디어와 문제의식 모두 맹키위츠에게서 나왔다는 것이다. 맹키위츠는 1930년대에 허스트의 저택 산시미 온의 만찬 등에 자주 초대돼 들락거렸고, 허스트의 정부인 영화배 우 매리언 데이비스Marion Davies와도 가까웠다. 〈시민 케인〉이 허스 트를 소재로 한다는 점에서, 허스트를 가깝게 지켜봤던 맹키위츠 가 이 영화의 출발점이자 핵심이라는 것이 카엘의 주장이다.

〈맹크〉는 이를 전폭적으로 받아들이고 있다. 영화 속에서 맹키 위츠가 오두막에 칩거해 시나리오를 쓰는 동안 웰스는 가끔 얼굴 을 들이밀고 "술 마시지 말라"고 화를 내다가 돌아가곤 하는 것으 로 그려진다. 실제로 맹키위츠는 영화 개봉을 앞두고 웰스가 〈시 민 케인〉의 모든 것을 창조한 것처럼 홍보되는 데 분노했다. 그는 시나리오작가조합인 스크린 라이터스 길드에 정식으로 항의를 제기해 "〈시민 케인〉은 내가 썼다"라고 주장했고, 웰스 및 RKO와의 협상을 거쳐 결국 크레디트에 공동 각본가로 자신의 이름을 올리는 데 성공했다.

카엘의 주장에 대한 반론도 만만치 않다. 또 다른 영화평론가이자 감독인 피터 보그다노비치는 1972년 「에스콰이어」에 기고한 글 '케인 반란The Kane Mutiny'에서 카엘을 강하게 비판했다. 영화역사가 로버트 캐링턴Robert H.Carrington 역시 1985년 펴낸 《시민 케인 만들기》에서 시나리오 집필의 전 과정에 웰스가 긴밀하게 참여했다는 여러 증거를 제시했다. 오늘날 많은 연구자는 〈시민 케인〉 시나리오를 맹키위츠나 웰스 어느 한 사람만의 것으로 보기는 어렵다는 입장을 나타내고 있다. 그럼에도 맹키위츠가 〈시민 케인〉에 대한 자신의 권리를 주장하고 나섰던 것이 막강한 스튜디오 시스템과 감독의 힘에 가려 정당한 제 몫을 차지하지 못했던 수많은 시나리오 작가에게 빛이 됐던 것만은 분명한 사실이다.

1934년 캘리포니아 주지사 선거를 주목하라

〈맹크〉에는 맹키위츠가 〈시민 케인〉 시나리오를 집필하는 데 영향을 미친 사건 중 하나로 1934년 캘리포니아 주지사 선거가 등장한다. 당시 미국은 대공황으로 경제는 물론 사회·정치적으로 극심한 혼란을 겪고 있었다. 영화업계에서도 비용을 줄이기 위해 대량해고를 단행하고, 한때 잘나갔던 시나리오 작가가 걸인으로 몰락하는 일이 부지기수였다. 영화에서 MGM의 루이스 B. 메이어^{Louis B. Mayer} 회장은 직원들을 모아놓고 임금삭감 결정을 통보하면서, 다 같이 고통을 분담해 위기를 극복하자고 호소한다. 몇 달만 고생해 위기를 넘기면 못 받았던 임금까지 함께 지급하겠다고도 약속한다. 그러자 한 직원이 묻는다. "회장 당신 등 경영진도 동참하냐"라고. 메이어 회장은 "그렇다"고 대답한다. 하지만 그 약속은 하나도 지켜지지 않았다. 경영진은 고통을 나눠 짊어지지 않았을뿐더러, 삭감했던 임금을 소급해 지급하지도 않았다.

이런 분위기 속에서 1934년 캘리포니아 주지사 선거가 치러진다. 민주당 후보는 사회주의 성향의 작가 업튼 싱클레어^{Upton B. Sinclair}, 공화당 후보는 현직 주지사인 프랭크 메리엄^{Frank Merriam}이었다. 싱클레어는 시카고 육가공 공장의 비위생적인 환경과 열악한 노동환경을 폭로한 《정글^{The Jungle}》, 석유 백만장자의 삶을 통해 미국 자본주의를 비판한 《석유^{Oil!}》 등의 작품으로 큰 반향을 일으켰을 뿐 아니라 '캘리포니아 빈곤 종식 운동'이라는 풀뿌리 진보 정치운동을 열성적으로 펼친 인물이다. 캘리포니아 자본가들은 '빈곤 종식'을 슬로건으로 내걸고 적극적인 실업 구제정책들로 저소득층을 파고드는 '싱클레어 돌풍'을 극도로 경계했다.

MGM 등 영화사들은 직원에게 메리엄을 위한 선거자금 기부를 강요했고, 싱클레어를 공격하는 정치광고를 만들어 배포했다. 특히 메이어 회장은 캘리포니아주 공화당위원회 위원장을 맡고 있었다. 영화에 등장하는 정치광고에는 "싱클레어가 당선되면 캘리포니아주에서 사유재산이 사라진다" "싱클레어가 당선되면 전국의 실업자가 실업수당을 받기 위해 캘리포니아로 몰려온다"라는 근거 없는 말이 담겨 있다. 이름이 잘 알려지지 않은 배우들을 평범한 시민으로 정치광고에 등장시켜 싱클레어를 비판하는 발언들을 쏟아내게 만드는 일도 실제 벌어졌다.

메이어는 허스트와 손잡고 반싱클레어 선전전을 신문으로 확대했다. 허스트의 신문들은 연일 싱클레어를 비판하는 기사와 칼럼을 게재했다. 허스트 계열이 아닌 「로스앤젤레스타임스」 등도 전국의 실업자가 열차를 타고 캘리포니아주에 속속 모이는 듯한 사진을 지면에 게재했다. 메이어 등 대형 영화사 사주들은 싱클레어가 당선되면 영화사를 플로리다로 옮긴다고 위협해 영화계 종사자들은 물론 시민들의 실업 공포를 더욱 부채질했다.

1934년 캘리포니아 주지사 선거전은 결국 메리엄의 승리로 끝난다. 메리엄이 48.87퍼센트, 싱클레어가 37.75퍼센트를 득표했다. 약 9퍼센트 포인트 격차였지만, 기득권층의 대대적인 방해 공작을 감안한다면 엄청난 지지를 얻은 셈이다. 싱클레어의 주지사 도전은 비록 좌절됐지만 그가 제시했던 정책들은 프랭클린 D. 루즈벨트Franklin D. Roosevelt 대통령의 뉴딜정책에 큰 영향을 미친 것으로 평가된다.

싱클레어 바람은 할리우드 작가와 배우들에게도 영향을 미쳤다. 시나리오작가조합과 배우조합이 처음으로 결성돼 메이저 스튜디오의 부당한 요구와 노동환경에 저항할 수 있게 된 것이다.

이에 따라 진보성향 작가들의 영화계 유입이 더욱 가속화됐다. 오늘날 할리우드의 진보적 정치성향은 1934년 주지사 선거를 계기로 틀을 갖추게 된 셈이다.

할리우드는 왜
매카시즘의 타깃이 됐나?

할리우드의 진보적 성향은 2차 세계대전 종전 이후 반공주의의 거센 역풍을 맞는다. 1946년 선거에서 승리해 의회를 장악한 공화당은 이듬해 반미활동조사위원회(HUAC)House Committee on Un-American Activities를 열어 공산주의자 또는 공산주의 성향의 인사에 대한 대대적인 조사를 시작한다. HUAC는 미국의 민주주의 원칙에 어긋나는 비미국적·파괴적 활동을 조사하고 탄핵하기 위해 1938년 하원에 처음 설치된 특별위원회였다. 공화당은 종전 후 국민의 공산주의 공포 심리를 틈타 HUAC를 진보세력 공격에 적극 이용한다. 위원회는 특히 할리우드의 진보파들을 공격 대상으로 삼았다. 영화의 대중적 영향력이 그만큼 위협적이었기 때문이다.

소환된 43명 가운데 19명이 증거 제출을 거부했고, 그중 11명이 위원회에 소환되었다. 11명의 '비우호적인 증인' 중에 독일 출신의 극작가 베르톨트 브레히트Bertolt Brecht가 나중에 위원회에서 답변하면서, 언론출판의 자유를 규정한 수정 헌법 제1조를 근거로 끝까지 위원회에 협조를 거부한 사람은 10명이 됐다. 이들이 바로

'할리우드 텐10(할리우드 블랙리스트)'이다. 달튼 트럼보[Dalton Trumbo], 허버트 비버먼[Herbert Biberman], 레스터 콜[Lester Cole] 등 대다수가 각본가였다. 맹키위츠의 후배들이었던 셈이다. 맹키위츠는 비록 위원회에 소환되거나 블랙리스트에 오르지는 않았지만, 1953년 사망하기 전까지 할리우드는 물론 미국 사회를 강타한 '레드 패닉'을 개탄했을 것이다. 의회 모독죄로 1년간 감옥에서 생활한 이후 모든 활동을 금지당했던 '할리우드 텐' 이외에도 수많은 사람이 블랙리스트에 올랐고 당국의 감시와 따가운 여론에 고통받아야 했다. 일부는 스스로 목숨을 끊기도 했다.

이 와중에 1950년 조지프 매카시 상원의원은 "미국 내에서 암약하는 공산주의자 명단을 가지고 있으며, 국무부 안에도 공산주의자들이 있다"라고 주장해 엄청난 충격을 던졌다. 매카시가 이끄는 상원 청문회에 첫 1년간 소환된 증인은 214명. 비공개 청문회에는 395명이 끌려 나왔다.

매카시즘에 적극 동조한 영화인으로는 훗날 대통령이 되는 로널드 레이건[Ronald W. Reagan], 엘리아 카잔[Elia Kazan], 월트 디즈니[Walt Disney]를 꼽을 수 있다. 이 중 가장 논쟁적인 인물은 카잔이다. 그는 브로드웨이에서 〈세일즈맨의 죽음〉 〈욕망이란 이름의 열차〉 등의 작품을 연출해 최고 영예인 토니상을 수상했으며, 영화계에 진출해서는 뉴욕 부두노동조합을 소재로 한 〈워터프론트〉와 〈초원의 빛〉 〈에덴의 동쪽〉 등의 걸작을 연출한 사람이다. 카잔은 1952년 매카시 청문회에 불려 나와 처음엔 증언을 거부했지만, 자신과 함께 공산당원으로 활동했던 동료 여덟 명의 이름을 불었다.

1999년 아카데미 시상식에서 카잔이 평생공로상을 수상하자 미국 영화계는 다시 한번 논쟁에 휩싸인다. 아흔 살 노인이 된 카잔이 무대에 올라 오스카 트로피를 품에 안았을 때 객석에서는 박수와 함께 야유가 터져 나왔다. 일부 배우는 아카데미가 '배신자'에게 면죄부를 준 데 대한 항의로 박수치기를 거부했다.[31] 카잔은 그로부터 4년 뒤인 2003년 아흔넷 나이로 영욕의 삶을 마감했다.

BONUS!

〈오슨 웰스의 마지막 로즈버드They'll Love Me When I am Dead〉는 오슨 웰스가 무려 15년에 걸쳐 영화 〈바람의 저편The Other Side of the Wind〉을 만들기 위해 노력했던 과정을 배우, 제작진의 인터뷰를 통해 보여주는 다큐멘터리다. 괴팍한 천재였던 웰스의 창작에 대한 열정과 고집, 할리우드와의 갈등, 후대 영화감독들에게 미친 영향 등을 살펴볼 수 있다. 한국어 제목에 나오는 '로즈버드'는 〈시민 케인〉에서 주인공 케인이 죽기 직전에 외친 말이다. 웰스가 미완성으로 남겨 놓은 〈바람의 저편〉은 2018년 영화감독 피터 보그다노비치 등 후배 영화인들의 노력으로 완성돼 넷플릭스를 통해 공개됐다.

그날, 시카고에서는 무슨 일이 있었는가?

반전운동과 보혁갈등

영화 〈트라이얼 오브 더 시카고 7 The Trial of the Chicago 7〉
출연 | 사샤 배런 코언, 에디 레드메인, 조셉 고든 래빗
연출 | 애런 소킨
관람등급 | 청소년관람불가

WHY?

〈트라이얼 오브 더 시카고 7〉은 1968년 시카고에서 대규모 반전시위를 이끌었던 청년 운동가들이 이듬해 미국 사법 역사상 최악 중 하나로 꼽히는 재판을 겪는 과정을 그린 법정 드라마이자 정치 드라마다.

미국이 베트남전의 수렁에 깊이 빠져 있던 1968년 8월, 전쟁에 반대하는 청년들이 민주당 전당대회가 열리는 시카고에 집결한다. 전당대회에서는 현직 부통령인 휴버트 험프리가 대통령 후보로 최종 선출될 예정이다. 청년층 및 당내 진보파들의 열렬한 지지를 받았던 로버트 케네디 전 법무장관은 두 달 전에 로스앤젤레스에서 팔레스타인 출신의 24세 남성 시르한 비샤라 시르한 Sirhan Bishara Sirhan 이 쏜 총에 맞아 사망했다.

케네디가 목숨을 잃기 두 달 전에는 인권운동가인 마틴 루서 킹 목사가 총탄에 세상을 떠났었다. 청년들은 린든 B. 존슨 행정부의 베트남전 정책에 참여해 온 험프리 부통령을 향해 "(공화당의 대선후보) 리처드 닉슨과 별 차이가 없다"라고 외치면서 격렬한 시위를 벌인다. 그로부터 약세 달 뒤 치러진 대선에서 닉슨이 대통령에 선출되고, 시카고 전당대회 때 시위를 주도했던 여덟 명의 운동가들은 이듬해 재판정에 서게 된다.

'할리우드 최고의 이야기꾼'으로 평가받는 애런 소킨 감독의 작품답게 〈트라이얼 오브 더 시카고 7〉에는 재치 넘치는 대사들이 쏟아진다. 개인적으로 가장 인상적인 대사는, 아이러니하게도 존 미첼John N. Mitchell 법무장관의 대사다. 그는 검사 두 명을 자신의 사무실로 불러 시카고 시위 주동자 8인을 기소하라는 지시를 내린다. 난색을 나타내는 검사에게 미첼 장관은 이렇게 말한다.

"그들은 지난 10여 년 동안 일은 하지 않으면서, 국가를 위해 피 한 방울도 흘려본 적이 없는 놈들이다. 이제 (정부에) 어른들이 돌아왔으니, 막돼먹은 호모들을 국가안보에 대한 위협으로 처벌하자."

반전과 개혁을 주장하는 청년세대를 바라보는 미국 보수층의 시니컬한 시각을 단적으로 드러내는 대사가 아닐 수 없다.

영화 후반부에 등장하는 톰 헤이든Tom Hayden과 애비 호프먼Abbie Hoffman 간의 불꽃 튀는 대화도 일품이다. 헤이든은 '민주사회를 위한 학생들(SDS)'의 리더로 인권운동과 반전운동을 이끌어 '저항의 아이콘'이 된 유명인사다. 호프먼은 히피당인 '청년국제당(일명 이 피스Yippies)'의 창립멤버 겸 아나키스트이자, 반전운동의 한 방법으로 군인과 경찰들에게 꽃을 나눠주는 '플라워 파워flower power' 운동을 창시한 인물이다.

재판이 불리하게 흘러가고 있는 상황에서 헤이든과 호프먼은 정면으로 부딪친다. 헤이든은 뜬구름 잡는 '문화혁명'을 주장하면서 재판 내내 엉뚱한 행동과 발언으로 분위기를 흐리는 호프먼이 못마땅해 죽을 지경이다. 호프먼 역시 재판에서 이기기 위해 기성 제도에 공손한 태도를 보이고, 혁명보다는 현실정치를 더 중시하는 헤이든에게 반감을 갖는다. 헤이든은 그런 호프먼을 향해 "플라워 파워 따위로 무엇을 할 수 있는가. 가장 중요한 것은 선거다. 선거에서 지면 아무것도 할 수 없다"라고 외친다. 이에 호프먼은 "문화를 바꾸지 않으면 아무것도 진정으로 바뀌지 않는다. 네가 말하는 승리와 내가 생각하는 승리는 다르다"라고 맞받아친다. 헤이든은 제도의 틀 안에서 변화를, 호프먼은 제도 자체의 불합리를 주장하면서 그 틀을 깨버리는 저항을 주장한 것이다.

1968년 미국은 광기와 폭력의 시대였다. 〈트라이얼 오브 더 시카고 7〉은 활화산처럼 뜨거웠던 시대에 실제로 일어났던 일들을 생생하게 살펴볼 수 있는 데다가, 저항과 투쟁의 과정에서 필연적으로 제기될 수밖에 없는 방법론을 고민하게 만든다는 점에서 남다른 의미가 있는 영화다. 특히 극도로 혼란스러웠던 당시 미국의 정치지형과 사회상, 진보와 보수의 갈등, 그리고 미국 사법제도의 단면을 생생하게 그리고 있다는 점에서 흥미롭다.

1968년 시카고에서
무슨 일이?

1967년, 존슨 대통령
은 대국민 TV 연설에서 베트남전 파병 규모를 기존 7만 5000명
에서 12만 5000명으로 늘리겠다고 발표했다. 이른바 통킹만 사건
을 구실로 미국이 1964년 베트남 내전에 무력 개입한 지 약 3년
이 되는 시점이었다. 이 사건은 1964년 8월 2일 통킹만 해상에서
북베트남 해군 어뢰정 세 척이 미 해군 구축함인 USS 매독스함을
선제 공격하여 양국 함대가 교전한 것을 가리킨다. 그러나 훗날,
이는 미국 측이 베트남전 개입을 위해 조작한 것으로 드러났다.
존슨 대통령의 발표에 따라 월 1만 7000명 수준이었던 징집 규
모는 3만 5000명으로 늘어났다가 곧 5만 1000명으로 증가했다.
18세부터 24세까지 미국 남성의 총 징집 규모는 약 38만 명. 미국
은 베트남전 동안 약 54만 명을 파병했는데, 이중 약 5만 8000명
이 사망하고 약 30만 명이 부상을 입었다. 이에 징집영장을 불태
우고 해외로 도피하는 청년들이 급증했다.

이듬해, 대통령 선거를 앞두고 미국은 반전과 개혁을 주장하는
진보파와 수구 보수파 간의 갈등이 더욱 악화하면서 큰 혼란에 빠
지게 된다. 야당인 공화당은 전당대회에서 닉슨 후보를 대통령 후
보로 선정했고, 집권 민주당에서는 린든 대통령의 불출마 선언 이
후 험프리 부통령의 후보 당선이 유력시됐다. 베트남 철군을 주장
하는 유진 매카시 Eugene Joseph "Gene" McCarthy 상원의원이 당내 경선에서
잇달아 승리하면서 선전했지만, 험프리 부통령은 당 지도부와 중

166

진의원들로부터 탄탄한 지지를 받고 있었기 때문이었다. 지금은 미국 대선에서 각 정당이 당내 경선 결과로 대통령 후보를 결정하지만, 1960년대까지만 해도 경선 결과는 하나의 참고 요소였을 뿐 결정적인 것은 아니었다.

1968년 8월 26일부터 29일, 풀뿌리 민심을 외면하는 민주당 지도부와 베트남전 정책에 항의하기 위해 1만 명이 넘는 시위대가 전당대회가 열리는 시카고에 집결했다. 이에 맞서 시카고 경찰 1만 2000명, 연방군과 주방위군 각각 6000명, FBI 요원 1000여 명이 배치됐다.

전당대회 이틀째인 28일, 일촉즉발의 긴장감 속에서 시위대가 전당대회장으로 향하기 위해 집결지인 그랜드파크를 출발하려던 순간 경찰의 진압이 시작됐다. 최루탄이 쏟아지는 가운데 경찰은 곤봉과 라이플총 개머리판으로 시위대를 사정없이 두들겨 패며 체포 작전을 벌였다. 흩어졌던 시위대가 전당대회장 대신 민주당 전국위원회 본부가 있던 콘래드 힐튼 호텔로 방향을 틀었다. 호텔 주변은 이미 일리노이 주방위군이 둘러싸고 있었다. 주방위군은 최루탄을 쏘아대면서 시위대를 유혈 진압했다. 그 결과 시위대 668명이 체포됐고, 425명이 부상을 입어 치료를 받았으며, 400여 명이 최루가스에 노출돼 응급조치를 받았다. 경찰 쪽에서도 192명의 부상자가 발생했다.

이 모든 광경을 TV 화면을 통해 지켜본 미국 국민들은 경악했다. 당시 여론은 시위대에 부정적이었다. 히피들이 미국 정치의 최대 축제인 전당대회를 망쳤을 뿐만 아니라 미국의 전통적인 가치와 제도 등을 무너뜨렸다는 것이다. 시카고 경찰이 위험천만한 반사회적 청년들에 대해 온당하게 대응했다는 반응도 있었다. 존슨 대통령과 험프리 부통령은 물론이고 매카시 상원의원 측도 시위대를 비판했다. '피의 전당대회'가 끝난 후 리처드 데일리^{Richard J Daley} 시카고 시장은 존슨 대통령과의 통화에서 시위대가 성조기를 불태우고 남베트남 민족해방전선 깃발을 게양했으며, 경찰들에게 배설물을 던지는 행동까지 하는 바람에 무력진압을 할 수밖에 없었다고 주장했다. 즉 경찰의 진압은 정당했다는 것이다.

하지만 같은 해 11월 발표된 2만 쪽 분량의 조사보고서('워커 보고서')[32]의 결론은 달랐다. 조사단은 3437명의 목격자, 180시간 분량의 뉴스 화면, 1만 2000장이 넘는 보도사진 등을 심층적으로 분석한 결과 시위가 유혈파국을 맞게 된 데에는 경찰의 과잉진압 책임이 컸다고 밝혔다. 시위대가 경찰을 조롱하고 도발한 면이 있는 것은 사실이지만, 경찰의 진압이 통제되지 않았으며 무차별적으로 이뤄졌다는 것이다. 평화롭게 시위에 참여한 사람들도 경찰의 공격 대상이 됐으며, 심지어 단순한 구경꾼들과 근처를 지나가던 시민들조차도 경찰이 휘두르는 곤봉에 맞고 피를 흘리며 쓰러졌다. 보고서는 "경찰들은 시위 참가자들의 해산 또는 체포를 위해 필요한 공권력의 정도를 넘어서는 폭력을 저질렀다. 목격자들의 증언을 면밀히 검토한 결과 '경찰의 폭동^{a police riot}'으로 부를 수밖에 없는 일이 벌어졌음이 분명하다"라고 결론지었다.

'시카고 7'은 누구?

1969년 3월 20일 일리노이주 대배심은 시카고 시위 주동자 8인에 대한 기소 결정을 내렸다. 여덟 명이 다양한 연방법을 위반했다는 연방검찰의 주장을 받아들인 것이다. 대배심은 이와 별도로 경찰관 여덟 명에 대해서도 시민권 침해 혐의로 기소했다.

기소된 시위 주동자 여덟 명은 톰 헤이든과 애비 호프먼 이외에 레니 데이비스Rennard Cordon Davis, 데이비드 딜린저David Dellinger, 존 프로인스John Froines, 제리 루빈Jerry Rubin, 리 와이너Lee Weiner, 그리고 '블랙팬서Black Panther Party(흑표당)' 리더 바비 실Robert George Seale이었다. 이후 실에 대한 혐의는 별개의 재판에서 다뤄지게 돼, 나머지 일곱 명이 '시카고 세븐'으로 불리게 된다.

시위 주동자들에게 씌워진 혐의 중 핵심은 이른바 반폭동법 위반이었다. 문제의 법은 '랩 브라운 법Rap Brown Law' 또는 '1968년 민권법 타이틀 XTitle X in the Civil Rights Act of 1968'로 불린다. 이 법은 폭동을 일으킬 의도를 가지고 주 경계선을 넘거나 우편, 전화 등을 이용해 타 주에서의 폭동을 조직하는 행위, 또는 그런 일을 모의하는 사람을 돕는 행위를 연방법 위반으로 처벌하는 내용을 담고 있다.

이 법이 제정된 것은 흑인 민권운동가 랩 브라운Rap Brown(본명은 휴버트 제럴드 브라운Hubert Gerold Brown, 훗날 자밀 압둘라 알 아민Jamil Abdullah Al-Amin으로 개명) 때문이었다. '학생비폭력협력위원회(SNCC)'의 의장이자 '블랙팬서' 핵심 멤버로 활동하던 그는 1967년 전국을 돌아다니며 정부와 백인 기득권에 대한 저항, 특히 흑인들에 의한 게릴라전을 촉구하다 체포돼 재판을 받았다. 특히 총을 휴대한 채 각 주를 돌아다닌 게 문제가 됐다. 그는 "폭력은 체리파이만큼이나 미국적이다(Violence is as American as cherry pie)"라는 유명한 말도 했다. '랩 브라운 법'은 사실 흑인 민권을 탄압하기 위한 법이었다. 그 법을 시카고 시위 주동자들에게 적용해 최대 10년 형을 받게 하려는 것이 닉슨 행정부의 속내였다.

약 5개월간 진행된 재판은 그야말로 아수라장이었다. 하루도 조용히 지나가는 날이 없을 정도였다. 피고들은 재판의 부당성을 끊임없이 주장했고, 일부는 줄리어스 호프먼Julius Hoffman 판사를 향해 욕설을 퍼부었는가 하면, 증인으로 출석한 포크가수 주디 콜린스Judy Collins는 증언 도중 느닷없이 큰 소리로 노래를 불러 판사의 화를 북돋웠다. 존슨 행정부의 법무장관이었던 램지 클라크Ramsey Clark가 증언대에 섰지만 판사가 배심원단에 공개하는 것을 허가하지 않아 그의 증언이 불발되는 일도 있었다. 1970년 2월, 호프먼 판사는 실을 제외한 7인의 피고들에게 2년 반에서 4년의 징역형을 선고했다. 그러나 판결은 항소심에서 뒤집어졌으며, 이후 연방 검찰은 재기소를 포기했다.

영화 〈트라이얼 오브 더 시카고 7〉에서 보듯, 시카고 시위에 참가한 사람들의 성향은 제각각 달랐다. 재판정에 섰던 이들 역시 마찬가지였다. 그중 가장 유명한 사람은 역시 헤이든이다. 그는 미시간대 재학생이던 시절부터 전국적으로 알려진 인물이었다. 1962년 「워싱턴포스트」는 헤이든에 대해 "젊음의 불안에 대한 가장 명료한 대변인 중 한 명"으로 평가하기도 했다. 그는 전쟁이 한창이던 1965년 북베트남을 직접 방문해 반전 메시지를 전 세계에 보냈고, 1967년 다시 하노이를 방문해 미군 포로 석방을 요구해 파문을 일으켰다.

헤이든이 '시카고 세븐' 재판에서 베트남전 전몰 용사들의 명단을 낭독한 것은 실제로 일어났던 일이지만, 영화는 이를 다소 과장되게 묘사하고 있다. 또 재판 마지막 날이 아니라, 재판이 한창 진행 중이던 10월 15일 '베트남 모라토리엄(중지)의 날'에 벌어진 일이었다. 이날 피고인들과 변호인단은 베트남전 전몰 용사들을 기리는 의미로 자신들이 앉은 테이블 위에 성조기와 남베트남 국기를 올려놓았다. 이를 본 판사는 "정부만이 재판정을 꾸밀 수 있다"며 국기들을 치우라고 명령했고, 이때 헤이든을 비롯한 피고들은 저항의 의미로 전몰 용사들의 이름을 크게 외쳤다. 하지만 판사의 명령에 따라 해프닝은 오래 계속되지 못했다.

헤이든은 영화배우 제인 폰다Jane Fonda와 결혼해 엄청난 주목을 받기도 했다. 반전운동으로 한마음이 된 두 사람은 1973년 결혼했다가 17년 만인 1990년에 이혼했다. 헤이든은 1982년 캘리포니아주 하원의원에 당선됐으며 10년 뒤 같은 주 상원의원을 지내는 등 18년 동안 현실정치에 몸담았다. 1969년에 기소됐던 여덟 명 중 직업 정치인이 된 사람은 헤이든이 유일하다. 진보 진영 일각에선 '변절자'로 손가락질됐지만, 헤이든은 반전과 인권, 환경 등 진보 아젠다를 주류 정치의 이슈로 만들었다는 점에서는 평가받고 있다. 2016년 향년 76세로 세상을 떠났다.

헤이든 다음으로 유명한 인물은 호프먼이다. 그는 영화에서처럼 '꿈꾸는 혁명가'였다. 함께 기소된 제리 루빈과 청년국제당을 만들어 정치활동을 했지만, 엉뚱한 행동으로 기성체제를 비꼰 '퍼포머performer'이기도 했다. 1967년 뉴욕증권거래소 관람석에서 가짜 지폐뭉치를 뿌려 난장판을 만드는가 하면, 1968년 시카고 시위 때 돼지 한 마리를 끌고 나와 민주당 대선후보를 비웃었고, 1971년에는 돈 없이 사는 법을 가르쳐주겠다며《이 책을 훔쳐라 Steal This Book》를 출간해 화제가 됐다. 1980년대에도 전쟁 없는 세상과 문화혁명, 인권을 주장하며 꾸준히 활동했던 호프먼은 1989년 수면제 과다복용으로 숨졌다. 그의 나이 52세였다.

FBI는 왜 블랙팬서를 두려워했나?

바비 실도 두 사람만큼이나 20세기 미국 인권운동 역사에서 중요한 위치를 차지하고 있다. 흑인인권운동가 맬컴 X Malcolm X로부터 깊은 영향을 받은 그는 친구인 휴이 뉴턴Huey Percy Newton과 함께 1966년 급진적 성향의 무장조직인 블랙팬서당(흑표당)을 만들어 의장으로 활동했다. 흑인들에 대한 경찰의 폭력이 극심했던 상황에 대한 저항이었다. 흑인의 강인함을 검은 표범에 빗대어 검은 바지와 재킷, 베레모와 총을 착용한 블랙팬서 당원들의 모습은 당시 미국 백인들로 하여금 위협감을 느끼게 만들기 충분했다. 그러나 당원들은 마약 금지, 음주 금지, 불필요한 폭력 및 총기 사용 금지, 절도 금지, 투명한 재정 등 매우 엄격한 당규를 반드시 지켜야 했다. 블랙팬서당은 흑인 학생들을 위한 무료 아침 식사 제공, 무료 의료센터 운영, 청년과 노인들을 위한 지원 등 이른바 '생존 프로그램'을 다양하게 운영해 좋은 평가를 받았다. 뉴턴은 당시 "우리의 모든 생존 프로그램은 무료다. 우리는 동전 한 푼도 청구하지 않았으며 앞으로도 그러할 것"이라고 말했다.

1968년 9월, 에드거 후버John Edgar Hoover FBI 국장은 블랙팬서당을 "국가의 내부 안전에 강대한 위협"으로 보고 와해시키는 공작을 벌였다. '대파괴자정보활동(COINTELEPRO)Counter Intelligence Program'이 바로 그것이다. 해당 조직에 밀고자를 심어 내부 균열을 조장하고, 가짜 정보를 유포하며, 가짜 과격단체를 만들어 대중의 관심을 돌리는 등의 공작을 펼친 것. 비합법적인 체포와 사살, 암살도 자행됐다. 대표적인 사례가 블랙팬서당의 일리노이주 의장 프레드릭 햄프턴Fredrick Allen Hampton을 사살한 사건이다. 1969년 FBI는 밀고자를 통해 얻은 정보로 햄프턴의 시카고 거처를 급습, 불법무기를 수색한다는 구실로 이에 저항하는 햄프턴과 동석자에게 총을 난사해 살해했다. 이 사건은 법정까지 가게 되는데, 법원은 '정당한 대테러 행위'란 판결을 내렸다. 하지만 13년 뒤인 1982년 법원은 FBI의 과잉행동에 따른 '살인'으로 판결하고, 정부는 유족에게 185만 달러를 배상하라고 명령했다.

블랙팬서당은 FBI의 끈질긴 공작과 내부적 분열 등으로 인해 1980년대에 힘을 잃고 쇠퇴하게 된다. 공동 설립자인 뉴턴은

1970년대 중반에 쿠바로 도주했다가 1980년 귀국해 대학에서 사회철학으로 박사학위를 받았지만, 1989년 오클랜드에서 마약갱단과 연관된 24세의 흑인 청년이 쏜 총알에 사망했다.

실은 1968년 시카고 시위에 참여했다가 일곱 명과 함께 기소됐다. 이들과 아무런 교류가 없었음에도 불구하고 한 묶음으로 취급당한 그는 재판 내내 부당성을 주장하고 저항하는 행동을 계속했다. 어느 날 재판 중에 참다못한 실은 자리에서 벌떡 일어나 호프먼 판사를 향해 "썩어빠진 인종주의 돼지, 인종주의 거짓말쟁이"라고 외쳤다. 호프먼 판사의 지시로 법정 밖으로 끌려 나갔던 그는 입에 재갈이 물리고 두 손은 등 뒤로 돌려 수갑을 찬 모습으로 법정에 다시 끌려 나왔다. 당시 상황에 대해 헤이든은 "재갈과 쇠사슬을 찬 모습도 충격적이었지만, 그보다 더 믿을 수 없었던 것은, 그런 식으로 법정을 정상화하려고 시도했다는 점"이라고 회상했다.

영화에서는 실이 법정에 끌려 나온 직후 호프먼 판사가 그에 대한 '별도 재판'을 결정하는 장면이 나오지만, 사실은 조금 다르다. 실은 재갈과 수갑을 찬 상태로 사흘 동안이나 법정에 끌려 나왔다. 일곱 명과 별개로 열린 재판에서 실은 폭동, 법정모독 등 16개 혐의로 48개월 수감형을 선고받았다. 혐의 중에는 블랙팬서당 밀고자 살해 혐의도 있었지만, 재판에서 배심원들 간에 의견이 끝까지 엇갈리면서 판결이 내려지지 않아 '불일치 배심a hung jury' 처리됐다. 2023년 현재 생존해 있는 실은 저술가로 활동하고 있다.

'랩 브라운 법' 논란과
'블랙 라이브스 매터'

소킨 감독이 〈트라

이얼 오브 더 시카고 7〉을 구상한 것은 2007년이었다. 그가 맨 처

음 아이디어를 낸 프로젝트는 아니었다. 스티븐 스필버그 감독이

소킨을 만나 "1968년 시카고 민주당 전당대회 시위사태와 이후

재판에 관한 영화를 만들고 싶다"라고 말한 게 이 영화의 시작이

었다. 당초 소킨은 시나리오만 쓰고, 연출은 스필버그가 할 계획

이었다. 하지만 스필버그가 빠지면서 프로젝트는 난항에 처했고,

2018년 소킨이 감독으로 최종 결정되면서 영화제작이 현실화되

었다.

이 영화를 보고 있노라면, 반세기도 넘은 과거에 일어난 사건임

에도 불구하고 현재 일어나고 있는 일인 듯한 느낌을 갖게 된다.

부동산업자 도널드 트럼프가 대통령에 당선되면서 미국에서 격화

된 보혁갈등과 '블랙 라이브스 매터' 시위 등이 겹쳐 보이는 듯하

기 때문이다.

소킨은 「버라이어티」와의 인터뷰[33]에서 "(영화제작을 논의하던

중) 트럼프가 대통령에 당선됐다. 그는 선거유세에서 (경찰이) 시

위자들을 때려눕히던 옛 시절이 그립다는 식의 태도를 보였다. 그

러면서, 영화가 (현재와) 연관성을 다시 갖게 됐다. 그때만 해도

(경찰의 폭력에 사망한) 조지 플로이드, 아머드 아버리, 브리오나 테

일러의 죽음이 (영화와) 얼마나 연관성을 갖고 있는지 상상도 하

지 못했다"라고 말했다. 소킨은 또 영화의 후반 작업을 하던 중 플

175

로이드와 테일러 사망에 항의하는 시위가 전국적으로 확산되자, 1968년에 일어났던 햄튼 피살사건 현장을 찍은 흑백사진 등을 영화에 첨가했다고 말했다. 미국에서 인종차별과 경찰의 폭력은 아직도 자행되고 있음을 보여주고 싶었던 것이다.

2020년 5월 플로이드의 죽음에 대한 비난 시위가 격화되자 윌리엄 바^{William Pelham "Bill" Barr} 당시 법무장관은 "폭력적인 폭동을 일으키거나 참가하기 위해 주 경계선을 넘거나 (우편물과 이메일 등의) 도구들을 이용하는 행위는 연방법을 위반하는 범죄"라면서 "(관련) 법을 적용할 것"이라고 말했다. 그가 말한 '법'이란 랩 브라운 법을 가리키는 것으로 해석됐다.[34] 이 법이 '표현의 자유'를 규정한 미국의 수정 헌법 1조에 위반된다는 인식이 미국 법조계에 이미 널리 퍼져 있음에도 불구하고, 법무부의 최고 수장인 장관은 여전히 '랩 브라운 법'을 내세워 시위 참가자들을 위협한 것이다. 〈트라이얼 오브 더 시카고 7〉은 현재진행형이다.

BONUS!

다큐멘터리 〈로버트, 우리가 사랑한 케네디|Bobby Kennedy for President〉는 1960년대 말 미국의 혼란스러운 정치와 사회상을 다룬 작품이다. 〈트라이얼 오브 더 시카고 7〉의 출발점인 1968년 민주당 대선 경선 당시 상황을 자세히 다루지는 않지만, 베트남전과 인종 문제, 보혁갈등 등으로 극심하게 분열된 당시 미국에서 어떤 일이 벌어졌는지를 4부에 걸쳐 펼쳐 보인다. 변화와 개혁을 주장하며 '새로운 미국'을 꿈꿨던 로버트 케네디의 죽음은 3부에 등장한다.

지적이고 아름다운
공존

가톨릭 내분과 두 교황

영화 〈두 교황 The Two Popes〉
출연 | 앤서니 홉킨스, 조너선 프라이스
감독 | 페르난두 메이렐리스
관람등급 | 15세 관람가

WHY?

2012년, 아르헨티나의 호르헤 마리오 베르골리오 Jorge Mario Bergoglio 추기
경은 교황 베네딕토 16세에게 사직서를 제출하기 위해 이탈리아 로마
로 향한다. 추기경과 교황은 교황청 소유 여름 별장인 카스텔 간돌포 궁
전에서 만나 신과 교회의 역할 등 다양한 주제에 대해 토론한다. 바티칸
의 시스티나 경당에서 추기경을 다시 접견한 교황은 그의 사직을 수리
하지 않는 진짜 이유를 털어 놓는다.

영화 〈두 교황〉은 가톨릭 신자가 아니어도 문득문득 울컥하게 만드는
영화다. 베네딕토 16세와 교황 프란치스코는 가톨릭 교단의 보수와
개혁을 대표하는 인물이지만, 두 사람 중 그 어느 쪽도 틀리거나 맞다

고 할 수 없다. 둘은 그저 서로 다른 성향과 성격을 가졌을 뿐 성직자로서 치열하게 고민하고 또 고민한다는 점에서는 똑같기 때문이다. 그래서 영화를 보고 있노라면 두 사람의 치열한 고뇌에 공감할 수밖에 없게된다. 모두들 불가능하다고 우려했던 '두 교황의 공존'이 가능해진 이유다.

"나는 더 이상 영업사원이 되고 싶지 않다. 양심적으로 홍보할 수없는 물건을 팔아야 하는 그런 영업사원이 되기 싫다."

이 말은 영화 〈두 교황〉에서 교황 프란치스코가 호르헤 마리오베르골리오 추기경이었던 시절에 교황 베네딕토 16세에게 한 말이다. 현실을 외면하고 교리만 내세우는 교회에 실망한 베르골리오 추기경은 교황 앞에 사직서를 내밀며 위와 같이 말한다. 추기경 직함을 내려놓고 평신부로 돌아가 신자들과 함께 생활하고 부대끼면서 그들의 아픔을 어루만지고 영혼을 채워주는 '진짜 성직자'가 되고 싶다는 것이다. 이에 베네딕토 16세는 혼란스러운 세상 속에서 주님의 말씀과 교회를 단단히 지키는 일이 무엇보다 중요하며, 가톨릭교회가 분열로 위기를 맞고 있는 상황에서 베르골리오 추기경의 사임은 분열을 더 악화시킬 뿐이란 이유로 그의 요청을 거절한다. 그로부터 이틀 뒤, 베르골리오 추기경을 다시 만난베네딕토 16세는 엄청난 결심을 털어 놓는다.

놀라울 정도로 지적이며 우아한 담론을 펼쳐 보이는 〈두 교황〉의 시나리오는 뉴질랜드 국적의 소설가, 극작가, 시나리오 작가인 앤서니 매카튼Anthony McCarten이 썼다. 매카튼은 스티븐 호킹을 주인 공으로 한 〈사랑에 대한 모든 것〉, 2차 세계대전을 연합국의 승리로 이끈 윈스턴 처칠 영국 총리를 그린 〈다키스트 아워〉, 그룹 퀸의 싱어 프레디 머큐리의 삶을 다룬 〈보헤미안 랩소디〉의 시나리오를 썼다. 매카튼은 2013년 프란치스코가 새로운 교황으로 선출돼 바티칸 광장이 열광의 도가니로 변해 있을 당시 우연히 현장에 있었던 경험이 시나리오를 집필하는 계기가 됐다고 말한 적이 있다. 그는 「스크린 데일리」와의 인터뷰에서 "다양한 주제에 대한 두 교황의 견해를 깊이 있게 조사했다"면서 "두 교황을 똑같이 사랑해야 했다"고 털어 놓기도 했다. 매카튼은 〈두 교황〉을 희곡으로 써서, 2017년 6월 영국에서 첫선을 보였다. 영화가 무대 위의 2인극을 보는 듯한 느낌이 드는 이유다.

〈두 교황〉은 사실과 상상을 정교하게 혼합한 작품이다. 베네딕토 16세가 퇴위를 결심한 후 별장과 바티칸에서 베르골리오 추기경을 따로 만난 적은 없다. 이는 순전히 작가의 상상이다. 하지만 영화에 등장하는 중요한 사건이나 두 사람의 발언 대부분은 사실에 충실하다. 두 사람이 직접 만났다면 영화 속에서처럼 진짜로 불꽃 튀는 토론을 벌였을 것만 같은 느낌이 든다. 이는 팩트를 존중하는 작가의 자세와 유려한 글솜씨 덕분이라고 할 수 있다. 여기에 페르난두 메이렐리스 감독의 세련된 연출력, 그리고 두 노장 배우 홉킨스와 프라이스의 열연이 더해져 아름다운 시너지를 만들어냈다.

'빈자들의 아버지'
교황 프란치스코는 누구?

2013년 3월 13일, 아르헨티나의 호르헤 마리오 베르골리오 추기경이 베네딕토 16세의 뒤를 이을 266대 교황으로 선출됐다. 비유럽권에서 교황이 선출된 것은 시리아 출신이었던 그레고리오 3세(731년) 이후 1282년 만에 처음이었다. 예수회 소속 사제가 교황이 되기는 1534년 수도회 창설 이후 최초다. 새 교황은 즉위명을 프란치스코로 선택, 가톨릭의 변화와 청빈을 실천했던 13세기 이탈리아 아시시의 성 프란치스코의 정신을 이어받겠다는 메시지를 전했다.

교황 프란치스코는 평생 '빈자들의 아버지'를 자처하며 사회의 가장 낮은 곳으로 몸을 낮추는 겸손한 인품으로 고국은 물론 전 라틴아메리카에서 신도들의 사랑을 받아온 성직자다. 특히 경제사회적 불평등과 부정부패에 대한 날카로운 비판자로 정평이 나 있었다.

그는 1936년 12월 17일 부에노스아이레스에 거주하는 이탈리아계 이민자 부모의 5남매 중 한 명으로 태어났다. 1969년 사제가 된 그는 1970년대 후반까지 지방을 돌며 사목 활동을 했으며, 1980년에는 산미겔 예수회 수도원의 원장으로 발탁됐고, 1992년 부에노스아이레스 보좌 주교, 1998년 대주교를 거쳐 2001년 요한 바오로 2세Ioannes Paulus PP II에 의해 추기경에 임명됐다. 추기경이 된 이후 부에노스아이레스의 화려한 추기경관에 들어가 산 적이 한 번도 없으며, 시내 중심가의 작은 집에서 직접 음식을 해 먹고 옷도 수선해서 입었다. 출퇴근 때에는 버스 등 대중교통을 즐겨 이용하며, 빈민촌을 자주 찾아 신도들과의 만남을 가졌다.

〈두 교황〉에도 등장하듯, 쿠데타와 군부독재가 이어졌던 1970~1980년대 아르헨티나의 어두운 역사는 프란치스코에게도 그늘과 오점을 남겼다. 프란치스코가 아르헨티나 예수회 총장이던 시절, 같은 예수회 사제인 프란치스코 할릭스Francisco Jalics와 오를란도 요리오Orlando Yorio 신부가 빈민가에서 일하다가 군사정권에 납치되는 사건이 발생했다. 공산주의 사상을 유포하고 반정부 활동을 선동한다는 것이 두 사람의 혐의였다. 할릭스와 요리오 신부는 강제수용소로 끌려가 고문을 받다가 약 6개월 뒤 풀려났다. 아르헨티나 일각에서는 프란치스코가 당시 두 신부를 보호하기 위한 노력에 소극적이었으며, 심지어 군부와 결탁했다고 강하게 비판했다. 프란치스코가 교황에 선출된 이후 이 논란이 다시 불거지자 할릭스 신부는 "베르골리오 신부에 의해 우리가 감옥에 구금되었다는 주장은 거짓"이라면서, 자신들이 구속된 것은 게릴라 활동에 가담했던 어느 여성 교리교사의 밀고 때문이었다고 해명하기도 했다.

프란치스코는 교황이 되자마자 "가난한 사람들을 위한 교회" "흙을 묻혀 더러워진 교회"를 선언하고, 자기 자신도 이를 적극적으로 실천하는 모습으로 감동과 격찬을 불러일으켰다. 바티칸의 화려한 궁전 대신 수도사들이 머무는 소박한 숙소에서 생활하고, 노숙자들을 불러 함께 식사를 하는가 하면, 신자들의 집에 직접 전화를 걸어 안부를 전하는 파격적인 행보도 보였다. "내가 누구를 심판할 수 있겠는가"라며 동성애자들과 이혼자들을 포용하는 발언으로 엄청난 파장을 불러일으켰는가 하면, 성범죄를 저지른 사제들에 대해 단호한 자세를 취했고, 비리의 온상으로 꼽혔던 바티칸은행에 대한 개혁을 단행했으며, 환경파괴를 곧 생명문제로 이슈화했다. 규제 없는 자본주의를 '새로운 독재'로 비판하면서 "살인하지 말라는 십계명이 인간 생명의 가치를 지키기 위한 분명한 기준을 제시한 것처럼 오늘날 (불평등한) 경제가 살인을 저지르지 못하도록 해야 한다"라고 강조하기도 했다. 또 "이슬람 전통을 가진 나라로부터 존중받기 원하는 것처럼 우리나라에 온 이슬람 이민자들은 존중하고 사랑으로 포용하라"라고 요구했다.

2014년 한국을 방문해 사랑과 용서, 평화와 화해의 가르침으로 깊은 울림을 불러일으킨 프란치스코는 "한국 국민들은 침략과 전쟁, 분단의 끔찍한 고통을 겪었지만 위엄을 잃지 않은 민족"이라고 높이 평가했다. 세월호 희생자 가족과 여러 차례 만남을 가진 데 대해선 "인간적 고통 앞에 섰을 때에는 가슴이 시키는 대로 해야 한다"며 "사제로서 고통받는 그들에게 다가가는 것이 우선이었다"라고 말했다. 정치적 의도로 해석될 것을 우려하는 질문에 대해 교황은 "인간적인 고통 앞에서는 중립적일 수가 없다"[35]라고 단호히 답했다.

교황의 진보적인 행보를 둘러싸고 가톨릭 교단 내부에서는 보혁갈등이 벌어졌다. 지난 2016년 네 명의 보수파 추기경들이 공개서한을 발표해, 이혼하고 재혼한 천주교 신자에게 영성체를 허용한 교황의 행보를 강하게 비난했다. 2018년에는 이탈리아의 카를로 마리아 비가노Carlo Maria Viganò 대주교가 공개서한을 통해 교황의 사임을 요구해 큰 파문을 일으켰다. 그는 교황이 시어도어 매캐릭 Theodore Edgar McCarrick 전 미국 추기경의 성범죄를 알고도 은폐했다면서, 이 문제를 근본적으로 해결하기 위해서는 교황이 물러나야 한다고 주장했다.

교황 베네딕토 16세는
왜 물러났나?

2013년 2월 11일, 바티칸발 뉴스에 전 세계가 발칵 뒤집혔다. 교황 베네딕토 16세가 "고령으로 인해 임무를 수행하기 어렵다"라며 퇴위를 전격 발표한 것이다. 그는 이틀 뒤 바티칸에서 열린 '재의 수요일' 미사에서 "이번 선택은 오로지 나의 자유의지로 이뤄졌으며 교회를 위한 것"이라고 재차 강조했다.

가톨릭교회 법전 332조 2항에 따르면 "교황이 임무를 사퇴하려면 유효 조건으로서 그 사퇴가 자유로이 이뤄지고, 올바로 표시되어야 하며, 누구에게도 수리될 필요는 없다"고 되어 있다. 즉, 교황의 자진 퇴위가 원칙적으로는 가능한 것이다. 하지만, '신의 대리자'로서 맡은 임무를 끝까지 수행한다는 의미에서 관습적으로는 종신직으로 여겨져 왔다.

2000여 년에 걸친 로마 가톨릭 역사상 드물기는 하지만 교황이 강제로 퇴위당하거나 스스로 퇴위한 전례가 있다. 심지어 교회의 혼란이 극심했던 기간에는 두 명 또는 세 명의 교황이 동시에

재임했던 때도 있었다. 기록상 처음 사임한 교황은 235년 폰티아
누스^{Pontianus PP}로 알려져 있다. 1294년 첼레스티노 5세^{Caelestinus PP V}
는 84세 고령으로 인한 건강 악화와 직무의 과중함으로 인해 취
임 5개월 만에 자진 퇴위해 수도원으로 돌아갔다. 1415년 그레고
리오 12세^{Gregorius PP XII}는 교회의 분열을 막기 위한 추기경들의 압
력으로 퇴위됐다.

베네딕토 16세는 2005년 즉위 당시에도 78세의 고령인 데다가
건강 상태가 좋지 못해 재임 기간이 길지 않은 과도기적 교황이
될 것이란 분석이 많았던 것이 사실이다. 10년 가까이 심장박동조
절기를 사용해 왔을 정도였다. 그럼에도 불구하고 가톨릭 역사상
598년 만에 벌어진 교황의 자진 퇴임은 충격 그 자체였다.

베네딕토 16세의 본명은 요제프 라칭거^{Joseph Aloisius Ratzinger}로, 추
기경 시절 교황청의 신앙교리 책임자로 활동하면서 강력한 보수
적 교리 해석으로 '신의 로트와일러(독일산 맹견)'란 별명으로 불렸
다. 동성애, 이혼, 낙태, 피임, 복제기술 등을 전통적 윤리에 반하는
것으로 보고 있으며 해방신학, 종교 다원주의, 여성 사제 서품에
강력한 반대 입장을 갖고 있다. 전임자인 교황 요한 바오로 2세의
가장 가까운 조언자 중 한 명이기도 했다. 1927년생인 그는 10대
시절 고국 독일의 나치 청년조직 '히틀러 유겐트'에 가입한 전력
이 있으며, 뮌헨 대주교를 거쳐 1977년에 추기경이 됐다.

베네딕토 16세는 약 8년의 재임 기간 내내 지나치게 보수적인
행보와 현실 인식으로 인해 논란과 비판을 불러일으켰다. 그런 그
에게 결정적으로 타격을 입힌 것은 이른바 '바티리크스^{Vatileaks}(바

티칸과 위키리크스의 합성어)' 사건이었다. 사건이 처음 벌어진 것은 2012년 1월이었다. 방송언론인인 지안루이지 누치Gianluigi Nuzzi가 교황청 내부 인사로부터 받았다며 교황의 개인 문서, 편지 등을 공개한 것이다. 문서와 편지에는 교황청 내부에서 벌어지고 있는 각종 비리를 베네딕토 16세에게 보고한 것도 포함돼 있었다. 대표적인 것이 카를로 마리아 비가노 대주교가 교황의 오른팔인 타르치시오 베르토네Tarcisio Pietro Evasio Bertone 추기경(당시 바티칸 국무원장) 측근들의 이름을 구체적으로 거론하면서, 이들이 교황청 이름으로 맺은 각종 계약에서 이득을 챙기고 있다고 지적한 편지였다. 이탈리아인 추기경이 베네딕토 16세가 선종하면 안젤로 스콜라Angelo Scola 추기경이 새 교황이 될 것이라고 언급했다는 정보를 보고한 편지도 포함되어 있었다. 누치는 저서 《성하Sua Santità》(교황을 높이 칭하는 용어)를 통해 교황청 내부에서 치열한 권력투쟁이 벌어져 베네딕토 16세의 리더십이 크게 약화되고 있다고 폭로하기도 했다.

같은 해 6월, 이번에는 에토레 고티 테데시Ettore Gotti Tedeschi 바티칸 은행장이 이사회에서 전격 해임되는 사건이 벌어졌다. 2009년 스페인 산탄데르은행에서 바티칸은행으로 스카우트됐던 테데시는 한때 교황과 함께 책을 집필했을 정도로 신앙심이 매우 깊은 인물이었다. 또한 바티칸은행의 고질적인 폐쇄성을 깨뜨리고 투명성을 확보하기 위해 애써왔다. 이사회는 테데시를 해임한 이유에 대해 "기본 직무 수행에 실패했기 때문"으로만 설명했다.

하지만 일각에서는 테데시가 바티칸은행의 개혁을 추진해 온 것에 대해 보수적인 이사회가 제동을 건 것으로 판단했다. 교황의 권위가 다시 한번 심각하게 흔들리게 된 셈이다. 이탈리아 현지 언론들은 테데시 은행장의 해임에 85세 교황이 "내 친구 에토레" 라고 탄식하며 울었다고 보도하기까지 했다. 교황이 정말로 울었 는지는 물론 확인되지 않았다.

문제는 또 터졌다. 테데시 은행장이 해임된 지 하루 뒤에 교황 청 경찰이 교황의 개인 집사인 파올로 가브리엘레^{Paolo Gabriele}를 문 서 유출 혐의로 전격 체포한 것. 가브리엘레는 교황이 잠에서 깨 어나 잠자리에 들 때까지 일거수일투족을 수발하는 일을 담당해 왔다. 경찰 조사 결과 그의 집에서는 교황 서재에서 가지고 나온 것이 분명한 문서, 편지 다수가 발견됐다. 그는 문서의 내용들을 언론에 유출한 혐의를 받았다. 교황 문서의 언론 유출도 처음이지 만, 교황의 개인 집사가 경찰에 체포된 것도 유례없는 일이었다.

유출된 문서에 담긴 내용 중 완전히 새롭고 충격적인 내용은 거의 없었다. 문제는 교황 개인 문서를 누군가 의도적으로 빼돌린 행위 자체다. 교황의 권위에 대한 중대한 도전이기 때문이다. 이와 같은 일련의 사건들은 베네딕토 16세가 교황에 즉위하면서 약속 했던 바티칸 조직의 개혁에 실패했을 뿐만 아니라 기본적인 장악 력조차 상실한 상태임을 만천하에 드러내는 것이었다.

사실, 2000여 년에 걸친 바티칸의 역사에서 음모와 스캔들 은 늘 있었다. 그럼에도 불구하고 끊임없이 터져 나오는 사제 성 추문, 바티칸은행의 돈세탁 의혹, 권력 암투 스캔들 등은 가톨릭 에 대한 신뢰를 뿌리째 흔들었다. 바로 이러한 상황이 베네딕토 16세의 자진 퇴위 결심에 영향을 미쳤던 것으로 보인다. 베네딕토

16세는 퇴위 후 '명예 교황Emeritus Pope'이란 칭호를 받았으며, 바티칸의 한 수도원에서 생활하다 2022년 12월 선종했다. 간간이 보수적인 발언으로 관심을 끌기도 했지만, 교황 프란치스코의 권위에 힘을 실어주며 좋은 관계를 유지했던 것으로 알려진다.

가톨릭 최대 스캔들 '사제 성추문'

가톨릭의 기반을 뿌리째 뒤흔든 최대 스캔들은 뭐니 뭐니해도 사제들이 저지른 아동 성추행 또는 성폭력 추문이다. 이는 베네딕토 16세가 즉위하기 훨씬 전으로 거슬러 올라간다. 본격화된 것은 2002년 1월 미국 일간지 「보스턴글로브」가 30여 년 동안 130여 명의 소년을 성추행한 보스턴 대교구 존 J. 게오건John Joseph Geoghan 신부의 만행을 폭로[36]하면서부터다. 이후 교회 및 신자들에 의해 터부시되어 온 사제들에 의한 아동성폭력 피해사례가 미국 전역에서 잇따라 공개됐다. 당시 교황이었던 요한 바오로 2세는 문제의 심각성을 인지하기는 했지만, 범죄를 저지른 사제들의 처벌에는 소극적인 자세를 취했다. 그가 사제 성범죄 실태를 알고도 은폐에 급급했다는 비판을 받았던 이유다.

미국에 이어 아일랜드에서는 2009년 정부가 사제성폭력 조사 보고서를 내고 "더블린의 가톨릭교회가 수십 년간 사제의 어린이 성폭력을 은폐해 왔다"라고 폭로했다. 1975년부터 2004년까지 320건의 피해사례를 조사한 이 보고서에는 46명의 신부가 성범죄에 관련된 것으로 나타났다. 아르헨티나에서는 전직 주교가 1992년 신학교 학생에게 성폭력을 가한 혐의로 징역 8년 형을 선고받기도 했다. 네덜란드 가톨릭교회는 "1950~1970년대 성직자에게 성적 학대를 당했다는 진정이 350건이나 접수됐다"라며 조사를 명령했다. 독일에서도 정부가 특별조사위원회를 구성했다. 호주에서는 조지 펠George Pell 추기경이 10대 소년 성가대원들을 성폭행한 혐의로 징역형을 선고받았다. 펠 추기경은 교황 프란치스코의 측근으로 알려진 인물이다. 하지만 호주 대법원은 2020년 원심을 뒤집어 펠 추기경에게 무죄를 선고해 충격을 줬다. 펠 추기경의 무죄를 입증할 수도 있는 증거들이 적절히 고려되지 않았다는 이유에서였다.

2021년 6월, 교황청은 사제의 신자 성추행 등을 범죄로 규정하는 새 교회법[37]을 발표했다. 38년 만에 개정된 교회법에 따라 해당 범죄를 저지른 사제는 성직 박탈과 동시에 교회법상 처벌을 받게 됐다. 기존 교회법은 교회 내 성범죄를 다루는 절차가 너무 복잡한 데다가 고위 성직자의 재량권을 과도하게 허용하고 있다는 비판을 받았었다.

개정된 교회법은 직접적인 성적 학대뿐만 아니라 신체 노출 강요, 음란한 사진의 습득·보유·유포도 범죄로 규정했다. 성직자가 신도들과 친밀한 관계를 형성한 뒤 성적 착취를 하는 이른바 '그루밍grooming'도 범죄임을 분명히 했다. 또 범죄가 발생하면 관할 교구의 고위 성직자가 사건을 다뤘던 관행을 없애고, 무조건 교황청에 즉각 보고할 것을 요구했다.

교황은 어떻게
선출되나?

영화 〈두 교황〉에는
두 번의 콘클라베^{Conclave}가 등장한다. 새 교황을 선출하는 추기경
단 회의인 콘클라베는 '열쇠로 잠근다'는 뜻으로, 외부와 차단된
교황 선거 장소를 뜻한다. 콘클라베는 교황이 서거한 뒤 15일(필
요에 따라 사흘 더 연장 가능) 안에 열게 되어 있다. 교황 선거를 위
해 외부와 차단되는 장소는 바티칸 내 시스티나 경당이다.

오늘날과 같은 형태의 콘클라베 제도가 도입된 것은 1274년 제
2차 리옹 공의회 때다. 초대 교회 시절엔 로마에 거주한 성직자와
평신도들이 교황을 뽑았다.

교황 선거 방법은 비밀투표이며 첫날에는 오후에만, 둘째 날에
는 오전, 오후 두 차례 실시된다. 요한 바오로 2세 때 규정을 바꿔
서 12일이 지나도 합의가 안 될 경우 재적 3분의 2가 아니라 과반
을 넘기면 새 교황으로 인정하도록 했다가, 베네딕토 16세 때 다
시 3분의 2 찬성으로 규정이 바뀌었다. 합의를 존중한다는 의미에
서다. 투표에는 80세 이하 추기경들만 참석한다.

투표용지를 태운 연기로 선거 결과를 알리는데, 지붕 위 굴뚝에
서 검은 연기가 나면 미결, 흰 연기가 나면 새 교황이 탄생했다는
뜻이다. 이때 종도 함께 울린다. 1978년 요한 바오로 2세가 선출

됐을 때 피운 연기가 회색이어서 혼란을 빚었던 실수를 반복하지 않기 위해서다.

역사상 가장 긴 콘클라베는 1268년의 콘클라베였다. 무려 3년 동안이나 투표가 계속됐지만, 추기경단은 번번이 교황 선출에 실패했다. 참다못한 로마 시민들이 추기경단이 머물고 있던 건물의 문을 걸어 잠그고 직접적인 압력을 행사했다. 이것이 바로 콘클라베의 기원으로 알려져 있다. 그 결과 184대 교황으로 선출된 그레고리오 10세는 콘클라베가 3일 내 새 교황을 선출하지 못하면 점심과 저녁 식사량을 반으로 줄이고, 5일이 지나면 빵과 물, 와인만 제공하는 식으로 규정을 바꾸기도 했다.

BONUS!

〈어느 한 세대의 이야기: 프란치스코 교황과 함께Stories Of A Generation: With Pope Francis〉는 프란치스코 교황이 오늘날 우리의 삶에서 가장 중요하다고 생각하는 네 가지 주제, 즉 사랑love, 꿈dream, 투쟁struggle, 노력work에 대한 자신의 생각을 이야기하는 다큐멘터리다. 교황은 "내가 보기에 오늘날 중요한 것은 인류의 미래를 위한 청년과 노인의 대화"라고 말한다. 교황은 물론 영화감독 마틴 스코세이지, 인류학자 제인 구달 등 일흔이 넘은 여성과 남성들이 네 가지 주제와 관련해 자신의 삶에서 어떤 선택을 했는가에 대해 진솔하게 털어 놓는다.

4

빈부격차와 분노

새로운
'불평등'의 출현

인도 빈곤과 부정부패

영화 〈화이트 타이거White Tiger〉
출연 | 아르다시 구라브, 라지쿠마르 야다브
감독 | 라민 바라니
관람등급 | 청소년관람불가

WHY?

영화의 주인공 아속은 인도의 실리콘밸리로 불리는 벵갈루루에서 대규모 택시업체를 운영하는 기업가다. 그의 성공담은 해피엔딩과는 거리가 멀다. 아속의 진짜 이름은 발람. 최빈곤층 출신인 그는 가난 때문에 교육을 제대로 받지 못했지만 똑똑한 머리와 빠른 눈치를 가지고 있다. 성공하기 위해 발버둥치던 그는 살인을 저지르고, 경찰에 쫓기는 신세가 된다. 그랬던 그가 어떻게 이름을 바꾸고, 심지어 갑부가 될 수 있었을까? 〈화이트 타이거〉에는 발리우드 영화에 흔히 등장하는 시끌벅적한 노래와 춤이 없다. 대신 21세기 인도를 억누르고 있는 끔찍한 빈부격차와 금권주의, 천박한 자본주의, 부정부패, 남녀차별, 범죄 등 끔찍한 현실을 펼쳐 보인다. 그런데도 영화의 전체적인 톤은 매우 경쾌하다. 무거우면서도 가볍고, 시니컬하면서도 유머러스하다. 그래서 일부 평론가들은 이 영화를 '인도판 〈기생충〉'으로 평가하기도 한다.

〈화이트 타이거〉에는 관통하는 두 개의 키워드가 있다. '닭장의 원리'와 영화의 제목인 '화이트 타이거'. '닭장의 원리'란 좁디좁은 장 안에 갇혀 평생을 보내는 닭처럼 평생 사회적 억압과 가난에 억눌려 살아온 사람은 자유와 기회가 주어져도 자신이 처한 처지로부터 탈출해 훨훨 날아갈 생각을 하지 못하는 것을 말한다. '화이트 타이거'는 흰색 호랑이처럼 한 세대에 딱 한 번 나타나는 희귀한 존재, 사회를 변화시킬 수 있는 가장 뛰어난 자질이 있는 사람이라는 뜻이다.

　인도의 가난한 시골 마을에서 태어난 주인공 발람은 힘들게 일하고도 빈곤에서 벗어나지 못하고 죽음을 맞는 아버지를 보면서 "인도에서는 자유를 얻기가 얼마나 힘든가를 이해하게 됐다"라고 말한다. 국민의 99퍼센트가 닭장에 갇혀 착취당하며 살아가지만 탈출하기가 어렵다 보니, 아예 탈출할 생각조차 하지 않는 사람이 대부분이란 것이다. 그는 "백만 달러가 걸린 퀴즈게임에서 우승해 닭장으로부터 탈출할 수 있다고는 믿지 않는다"라고 말한다. 빈민가 출신의 소년이 퀴즈쇼에서 우승해 거액을 상금으로 받는 영화 〈슬럼독 밀리어네어Slumdog Millionaire〉는 지어낸 이야기일 뿐이다.

　〈화이트 타이거〉의 주인공은 '닭장의 원리'를 깨부수는 데 성공한 '화이트 타이거'이다. 그는 자신의 성공비결을 이렇게 말한다. "인도에서 빈곤층이 위로 올라가는 방법은 두 가지뿐이다. 범죄 혹은 정치다." 과연 두 가지 중 어떤 방법을 썼을까?

카스트 제도가 지금도 존재?

카스트는 인도 특유의 계급제도다. 고대부터 현대까지 수천 년간 이어져 내려오면서 힌두교를 기반으로 매우 복잡하게 분화됐다. 흔히, 지식과 제사를 담당하는 브라만(사제), 전쟁과 통치를 담당하는 크샤트리아(귀족), 상업과 농업에 종사하는 바이샤(평민), 수공업을 하는 수드라(공인), 어느 계층에도 포함되지 못하는 불가촉천민인 달리트로 구분하지만, 같은 카스트 안에도 수백 가지 이상의 하위 카스트가 있다.

카스트를 이해하기 위해서는 두 가지 개념을 알고 있어야 한다. 바로 '바르나Varna'와 '자티Jati'다. '바르나'란 '색깔', 즉 '피부 색깔'이란 뜻이다. 평균적으로 키가 더 크고 하얀 피부에 이목구비가 이란인(페르시아인)에 가까운 아리아인은 브라만, 크샤트리아 등의 고위 카스트인 데 반해, 하위 카스트에는 검거나 갈색 피부를 가진 사람이 대부분인 데서 비롯된 용어라고 할 수 있다. 물론 지금은 피부색이 계급과 반드시 들어맞는 것은 아니다. '자티'는 각 가문이 전통적으로 가지는, 혹은 가질 수 있는 직업을 의미한다. 사실 인도에서 카스트라 하면 자티를 말하는 경우가 대부분이라고 한다. 그래서 성으로 어떤 자티 출신인지 알 수 있을 정도다. 〈화이트 타이거〉에서 발람의 성은 '할와이Halwai'다. 할와이는 빵이나 과자 등을 만드는 자티를 말한다. 성이 곧 직업과 카스트를 말해 주는 것이다.

인도의 카스트 제도는 1947년 헌법에 따라 법적으로 폐지됐다. 인도 헌법은 정의, 자유, 평등, 박애의 원칙을 전문에 명시하고, 불가촉천민제를 폐지하는 것은 물론 카스트에 의거한 모든 종류의 차별을 불법으로 규정하고 있다. 그로부터 70년이 넘게 흘렀지만 카스트는 인도 사회에 여전히 남아 있다. 정부가 사회 하위층을 지원하기 위해 다양한 프로그램을 운용하면서, 지원 대상을 '지정 부족(ST)Scheduled Tribe(무슬림 등 소수 종교 및 민족)', '지정 카스트(SC)Scheduled Caste(불가촉천민과 수드라 하위 일부)', '기타 소외 카스트(OBC)Other Backward Caste'로 구분하고 있다는 것 자체가 카스트의 존재를 사실상 인정하고 있는 셈이다. 약 14억 명에 이르는 인도 인구 중 브라만, 크샤트리아, 바이샤, 수드라 상위 일부가 포함된 상위 카스트FC, Forward Caste는 전체의 30.8퍼센트, 지정 부족은 8.7퍼센트, 지정 카스트 19.5퍼센트, 기타 소외 카스트가 41.1퍼센트로 추정된다(2005년 기준). 위의 네 개 카스트와 불가촉천민 등 각 카스트별 인구 수는 정확히 알기 어렵다. 인도는 10년에 한 번씩 인구조사를 하지만 카스트별 인구조사를 정식으로 한 적은 없기 때문이다.

물론 과거에 비해 카스트의 폐쇄성이 많이 완화된 게 사실이다. 브라만 계급이지만 요리사로 일하거나 장사를 하는 사람도 있고,

불가촉천민 출신이지만 법조인이나 정치가로 성공한 사람도 있다. 10대 대통령 코체릴 라만 나라야난^{Kocheril Raman Narayanan}과 14대 대통령 람 나트 코빈드^{Ram Nath Kovind}는 불가촉천민의 신분을 극복한 입지전적 인물들이다. 우타르 프라데시주의 주지사를 네 번이나 역임하고 대통령 후보로 출마까지 한 여성 정치인 마야와티 쿠마리^{Mayawati Kumari} 역시 불가촉천민 출신이다. 나렌드라 모디^{Narendra Modi} 현 총리는 바이샤와 수드라 사이 하층민 카스트인 간치 출신이다. 가난한 식료품 잡화상 집안의 6남매 중 셋째로 태어나 기차역, 버스 터미널에서 아버지를 도와 차를 팔며 생계를 이어간 것으로 알려졌다.

그러나 서로 다른 카스트의 남녀가 사랑에 빠졌다가 가족에게 살해당하거나, 불가촉천민의 시신이 신분이 낮다는 이유로 화장터에서 쫓겨나는 등 카스트의 비극은 지금도 인도에서 계속되고 있다.

새로운 카스트 '부자와 가난뱅이'

〈화이트 타이거〉에서 발람의 말에 따르면, '닭장의 원리'가 지배하는 지금 인도에는 두 개의 카스트만이 존재한다. "예전에는 천 개의 카스트가 있고, 천 개의 운명이 있었지만" 지금은 두 개뿐이란다. '거대하게 배가 나온 부자'와 '굶주린 가난뱅이'다. 그게 바로 '세계 최대 민주주의 국가' 인도의 진짜 모습이라는 것이다.

지난 2020년 1월 국제구호기구 옥스팜 인터내셔널은 스위스 다보스에서 열린 제50차 세계경제포럼에서 「인도: 숫자로 본 극단적 불평등India: extreme inequality in numbers」[38]이란 제목의 보고서를 발표했다. 보고서는 인도를 세계에서 가장 빠르게 경제가 성장하고 있는 국가 중 하나이자, 경제적으로 가장 불평등한 국가 중 하나로 평가했다. 부자는 더욱더 부자가 되고, 가난한 사람은 기본적인 교육은커녕 하루하루 연명하기조차 힘든 고통 속에 살아가고 있다는 것이다. 그중에서도 가장 열악한 처지에 있는 사람은 어린이와 여성이다. 보고서는 "인도의 경우 더욱 우려되는 점은 카스트와 종교, 지역, 젠더 등에 따라 이미 분열되어 있는 사회에 경제적 불평등의 문제가 더해지고 있다는 사실"이라고 지적했다.

보고서에 따르면, 인도에서는 경제적 상위 1퍼센트가 한 해 동안 생산된 부의 73퍼센트를 차지하고 있다(이하 2017년 기준). 경제적 하위 50퍼센트에 해당하는 6700만 명에게는 한 해 동안 생산된 부의 고작 1퍼센트만이 돌아간다. 지난 2000년 현재 인도의 억만장자(달러 기준)는 9명에 불과했다. 2017년에는 119명이었다. 억만장자들의 총재산은 지난 10년 동안 약 열 배가 증가해, 인도 정부의 한 해 예산을 넘어서는 규모가 됐다. 2018~2019년도 인도 정부의 예산은 24조 4220억 루피(2022년 2월 기준 약 390조 원)였다. 2018년부터 2022년 사이에는 매일 70명씩 새로운 백만장자가 탄생했거나 탄생되고 있는 것으로 추정된다. 반면, 인도의 시골에서 살아가는 사람이 기업 최고경영자의 연봉을 모으려면

941년이나 뼈 빠지게 일해야 한다고 보고서는 지적했다.

〈화이트 타이거〉에서 인상적인 장면 중 하나가 발람이 태어나 처음으로 치약과 칫솔로 이를 닦는 장면이다. 그는 자신이 모시는 젊은 주인 아숙의 부인으로부터 입 냄새가 지독하다고 구박을 받는다. 수치심을 느낀 발람은 누런 치아를 박박 닦으면서 그 누구도 자신에게 칫솔질을 해야 한다는 것을 가르쳐준 적이 없다는 사실에, 그리고 자신은 왜 그런 식으로 자랄 수밖에 없었는지에 대해 분노를 느낀다. 그동안 시골에서 벗어나 도시로 나와 주인님의 자동차를 모는 운전사가 된 자신이 대견하기 짝이 없었고, 친절한 주인님을 위해 일할 수 있다는 사실이 기쁘기만 했지만, 이제는 스스로 달라져야 한다는 사실을 절감하게 된 것이다. 영화에서 묘사된 장면처럼, 인도에서는 많은 사람이 가난 때문에 기초적인 위생조차 유지하지 못하며 살아간다.

힌두교와 이슬람교 간의 갈등도 인도의 고질적인 문제다. 힌두 민족주의 성향의 모디 정부가 출범한 후 종교 간 갈등이 심해졌다는 분석도 있다. 모디 정부는 집권 후 시민권 법 개정 등을 통해 무슬림 탄압을 강화했다는 비판을 받고 있다. 2020년 1월 발효된 시민권 법은 파키스탄·아프가니스탄·방글라데시에서 종교적 박해를 피해 인도로 와 불법체류 중인 힌두교도, 불교도, 기독교도 등 6개 종교 신자에게 시민권 획득의 기회를 주는 내용을 담고 있다. 이에 2014년 12월 31일 이전에 인도로 온 해당 불법 이민자들은 인도 시민권을 얻을 수 있게 됐다. 문제는 무슬림을 쏙 빼놓았다는 점이다.

인도 인구 13억 8000만 명(2020년 기준) 중 약 80퍼센트는 힌두교도다. 이슬람교 신도도 약 14퍼센트를 차지하고 있다. 힌두교는 수백, 수천의 신을 가진 다신교이고, 이슬람교는 기독교처럼 일신교다. 인도에서 두 종교 간 갈등의 역사는 500여 년 전으로 거슬러 올라간다. 이슬람교도인 무굴제국 제1대 황제 바부르가 1526년 인도를 정복하자 인도 곳곳에서 이슬람교도들이 힌두교를 우상숭배로 비난하면서 힌두교 사원들을 대대적으로 파괴했다. 그때 파괴된 사원 중 하나가 인도 북부 우타르 프라데시주 아요디아시에 있는 힌두교 라마 신을 모신 사원이었다. 이슬람교도들은 아요디아 사원을 부수고, 그 자리에 이슬람 모스크를 세워 황제 이름을 따 '바부르 모스크'로 명명했다. 한국식 한자음으로 아유타(阿踰陀)라고 불리는 아요디아는 인도인들이 가장 사랑하는 힌두교 신 중 하나인 라마 신이 탄생한 성지로 알려져 있다. 힌두교 신자들의 입장에서는 라마 신 사원을 부수고 이슬람 모스크를 지은 무슬림들은 철천지원수가 아닐 수 없다. 1992년 힌두교도들이 라마사원을 다시 짓겠다며 바브리 모스크에 몰려가 삽과 곡괭이 등으로 부숴버리자 이에 반발하는 이슬람교도들이 보복에 나서면서 양측에서 무려 2000명 이상이 목숨을 잃는 비극이 일어났다. 이 사건은 인도 종교 역사상 최악의 유혈사태로 기록돼 있다. 인도 서부 구자라트주 아마다바드에서도 1969년과 1985년, 2002년 힌두 극우주의자들이 일으킨 반무슬림 폭동으로 수천 명이 희생됐다. 2002년에는 무슬림 신도가 힌두교 순례자들이 탄 기차에 불을 지르는 범행을 저질러 수십 명의 목숨을 빼앗자, 힌두 교도들이 대대적으로 보복을 가하면서 2000여 명이 사망하고 20만 명이 난민 신세가 됐다.

인도에는 힌두교와 시크교의 갈등도 있다. 시크교는 힌두교와 이슬람교가 섞인 종교로, 15세기 펀자브 지방에서 시작됐다. 머리 위에 둥그렇게 칭칭 두른 터번이 시크교도의 대표적인 상징이다. 힌두교와 달리 일신교이며, 인도의 신분제도인 카스트를 인정하지 않는다. 인도 인구 중 시크교도는 약 2퍼센트로 추정된다. 지난 1984년 6월 인디라 간디 Indira Gandhi 당시 총리는 인도로부터 분리독립을 주장하면서 펀자브주 암리차르에 있는 시크교 최대 성지 황금사원를 점거해 투쟁하고 있는 시크교 지도자를 잡기 위해 사원에 군대를 투입했다. 이 과정에서 약 2700명이 사망했다. 그로부터 4개월 후인 1984년 10월, 시크교 경호원 두 명이 간디 총리를 향해 총을 쏴 암살했다. 그러자 인도 전국에서 시크교도를 겨냥한 폭동과 살인 사건이 이어졌고 수도 델리에서만 시크교인 2700명 이상이 살해당한 것으로 전해진다. 시크교 측은 전국적으로 3만여 명이 숨졌다고 주장한다.

세계가 경악한
성폭력 사건들

여성을 겨냥한 성폭력 역시 인도의 심각한 사회문제 중 하나다. 2012년 12월 16일, 한 여대생이 남성 지인과 영화를 보고 집으로 귀가하려고 버스를 탔다가 버스 승객들과 운전수에게 집단 성폭행을 당했다. 피해자는 장기에 심한 손상을 입고 치료 도중 사망했다. 지인도 심각한 부상을 당했다. 경찰은 수사 끝에 여섯 명의 범인을 검거했다. 이 중 한 명은 미성년자였다. 사건의 주동자이자 운전수인 람 싱은 구치소 독방에 수감돼 있다가 목을 매 숨진 채 발견됐고, 나머지 가해자들은 혐의를 부인하는가 하면 경찰의 강압수사 등을 주장했다. 재판부는 네 명의 성인 가해자들에게 사형을 선고했고, 2020년 3월 20일 결국 사형이 집행됐다. 사건이 일어난 지 무려 8년 가까이 지난 시점이었다.

이 사건을 계기로 중앙정부와 여러 주 정부에서 여성 치안을 보장하기 위한 대책과 현안들을 내놓았다. 성범죄를 중대 범죄로 취급해 처벌을 강화하고, 성범죄 전용 핫라인이 개설되는 등 변화의 움직임들도 있었다. 그러나 이후에도 성폭행 가해자들이 피해자의 신고를 막기 위해 불태워 죽이거나, 법원으로 향하던 피해 여성에게 인화물을 끼얹은 후 불을 질러 살해하는 사건들도 발생했다. 피해자의 아버지가 합의해 주지 않는다는 이유로 가해자가 쏜 총에 맞아 사망하고, 피해자와 결혼하겠다는 조건으로 풀려난 가해자가 결국 피해자를 살해한 사건도 있었다. 그런가 하면 판사가 성폭력 사건 재판 중 피해자를 향해 "여성답게 행동하지 않았다"라는 막말을 해 인도 여성계를 발칵 뒤집어 놓은 적도 있다.

국가범죄기록국NCRB 통계에 따르면 인도에서 한 해 발생한 성폭력 사건은 총 3만 2033건(2019년 기준)이었다. 하루 88건 꼴이다. 인도에서는 15분마다 한 건씩 성폭력 사건이 발생하고 있다는 보도도 있다.[39] 인도의 보수적인 문화를 고려할 때 신고되지 않는 성폭력 범죄는 훨씬 많을 것으로 추정된다. 이런 상황에 대해 현지 언론들은 성폭력 사건의 경우 가해자가 유죄판결을 받는 비율이 낮기 때문으로 분석한다. 실제로 2018년과 2019년의 경우 강간 사건 관련 유죄판결 비율은 각각 27.2퍼센트와 27.8퍼센트에 그친 것으로 집계됐다.

집안 또는 공동체의 명예를 더럽혔다는 이유로 저지르는 이른바 '명예살인'도 여전히 근절되지 못하고 있다. 지난 2011년 인도 법원은 불가촉천민 출신 소년과 사랑의 도피를 한 여성을 붙잡아 산 채로 불태워 죽인 사건과 관련된 30여 명에게 사형 또는 무기 징역을 선고하는 판결을 내렸다. 이들은 여성뿐만 아니라 상대 남성, 그리고 두 사람의 도피를 도와준 사람까지 불태워 죽이거나 목을 매달아 죽이는 범죄를 저질렀다. 법원의 이 같은 엄중한 판결에 명예살인의 관습이 사라질 것이란 기대감이 높아졌다.

하지만 이후로도 유사한 사건이 이어지고 있다. 2021년 집안의 반대를 무시하고 결혼해 임신까지 한 누나를 미성년자인 남동생이 살해하는 사건이 발생했고, 자신이 반대하는 남성과 사랑에 빠졌다는 이유로 열일곱 살 딸의 목을 잘라 살해한 아버지가 경찰에 자수하는 사건도 있었다.

'위대한 사회주의자'
대통령은 누구?

영화에는 '위대한 사
회주의자' 여성 정치인이 자주 등장한다. 이 여성은 미천한 카스
트 출신이지만 정치인으로 자수성가한 것으로 보인다. 특히 가난
한 하층민들을 위한 행보로 '위대한 사회주의자'란 애칭으로 불린
다. 영화의 원작 소설을 쓴 아라빈드는 어떤 특정 정치인을 모델
로 했다기보다는 인도 정치의 고질적인 부정부패를 상징하는 인
물로 이 캐릭터를 창조했다고 한다. 하지만 원작에서는 남성이었
던 이 정치인이 영화에서는 여성으로 바뀌었고, 발람의 출신 지
역이 비하르주로 설정돼 있다는 점 때문에 마마타 바네르지^{Mamata}
^{Banerjee}를 떠올리는 사람이 많다. 바네르지는 비하르주 옆에 있는
서벵골주의 현직 주총리다. 다만, 소설과 영화 속 여성 정치인과
달리 브라만 카스트 출신에 반공산주의를 표방하고 있다. '전인도
트리나물회의'란 정당의 당수인 바네르지는 2011년 주의회 선거
에서 승리함으로써 35년에 걸친 공산당 주 정부 체제를 꺾고 정권
교체에 성공한 여걸이다. 현직 주지사들 중 유일한 여성인 그는
오는 2024년에 치러질 인도 총선에서 인도국민당을 이끌고 있는
모디 총리의 강력한 대항마로 여겨지고 있다. 그러나 본인 및 각
료, 당 간부들이 여러 차례 뇌물 및 돈세탁 스캔들에 휘말린 적이
있다.

영화 속에서 여성 정치인은 국민들 앞에서는 누구보다 국민을
아끼고 훌륭한 인품을 가진 것처럼 행동하지만 부자들 앞에서는

한 푼이라도 더 뜯어내기 위해 탐욕의 발톱을 드러낸다. 자신이 정권을 잡으면 탈세 등 뒤를 봐줄 터이니 순순히 돈을 내놓으라는 것이다. 발람이 모시는 아쇽은 아버지와 형의 사업을 위해 '위대한 사회주의자'에게 돈이 한가득 들어 있는 가방을 전달하는 '뇌물 셔틀' 신세가 된다. 미국에서 유학생활을 한 아쇽은 인도의 부조리들을 혐오하지만 결국엔 그 속에 젖어들면서 자신도 모르는 사이에 타락하는 나약한 지식인이다. 그리고 부패한 정치인을 대통령으로 만드는 데 성공한다.

인도는 내각책임제이기 때문에 정권 수반으로서의 권력은 총리가 갖는다. 대통령은 상징적인 국가원수로서 실무 조직 없이 총리와 내각을 통해 제한된 권력만 행사한다. 하지만 인도 역사에서 대통령은 줄곧 국민 통합의 핵심으로 중요한 역할을 해왔다. 임기는 5년으로, 상·하원 의원과 지역의회 의원들이 뽑는 간접선거로 선출된다. 독립 후 현재까지 14명의 대통령 중 여성은 12대 대통령 프라티바 데비싱 파틸Pratibha Devisingh Patil뿐이다. 총리는 초대 자와할랄 네루Jawaharlal Nehru부터 현직 모디 총리까지 총 14명이다. 여성 총리는 인도국민회의의 당수인 인디라 간디가 유일하며, 두 차례 총리직을 역임했다.

영화의 도입부와 마지막 부분에는 원자바오 중국 총리가 인도 뉴델리를 방문하는 장면이 나온다. 실제로 그는 2010년에 400여 명의 경제사절단을 이끌고 뉴델리를 방문해 만모한 싱Manmohan Singh 총리와 회담을 가졌다. 당시 원 총리는 "일부에선 중국과 인도의 관계를 용상지쟁(용과 코끼리가 다툰다는 뜻)으로 표현하지만 세계는 두 나라가 협력하면서 성장할 수 있을 만큼 충분히 크다. 중국과 인도는 세계 경제 성장의 중요한 엔진"이라고 말했다. 영화 속에서 발람 역시 "백인의 시대는 가고, 이제는 인도와 중국의 시대"라고 말한다. 하지만 두 나라의 관계는 코로나19 사태와 2020년 영토분쟁에 따른 군사적 충돌 등으로 인해 악화되는 추세다. 인도는 중국을 겨냥한 미국 주도의 쿼드Quad(미국·일본·호주·인도의 안보 협의체) 회원국이며, 인도·태평양 경제프레임워크(IPEF)에도 참여하고 있다.

BONUS!

〈희망의 딸들Daugthers of Destiny〉은 인도 사회에서 가장 천대받는 불가촉천민으로 태어난 소녀들이 배움을 통해 자신의 삶을 용감하게 개척해 나가는 과정을 기록한 4부작 다큐멘터리다. 타밀 나두주에 있는 기숙학교에 입학한 소녀 다섯 명의 꿈과 희망, 좌절과 용기, 가난한 가족을 부양해야 한다는 부담감과 고민 등을 무려 7년에 걸쳐 담았다.

파리 19구에서
탄생한 괴도 '뤼팽'

불평등과 이주민 문제

드라마 〈뤼팽Lupin〉
출연 | 오마르 시, 뤼디빈 사니에, 크로틸드 엠
감독 | 조지 케이
관람등급 | 15세 관람가

WHY?

어느 도시나 잘사는 동네와 못사는 동네가 있기 마련이지만, 프랑스 파리처럼 계급에 따라 사는 지역이 극명하게 갈리는 곳이 있을까? 파리 남서부 제16구가 부유한 부르주아지들의 도시라면, 북동부 제19구는 이주민 노동자들의 도시다. 제19구의 이주민 2세, 3세들은 낮은 소득과 높은 실업률에 시달리고 폭행, 마약, 살인 등의 중범죄에 엮이기도 한다.

프랑스 사회에 녹아들지 못한 이주민 자녀들이 수니파 무슬림 극단주의 교리에 빠져들면서 2015년 '샤를리 에브도 테러' 같은 끔찍한 참사가 발생하기도 했다. 계급과 종교, 이주민 문제가 한데 얽힌 프랑스는 이주민들이 늘어나는 한국 사회에 무엇을 말해 줄 수 있을까?

드라마 〈뤼팽〉은 아프리카 세네갈 출신 아산 디오프가 프랑스 최고 재벌인 위베르 펠레그리니에 맞서 '괴도'로 활약하는 이야기를 다뤘다. 모리스 르블랑의 소설 《아르센 뤼팽》을 이주민 배경의 현대극으로 재해석한 작품이다.

2015년 1월 7일, 알제리 이민자 2세인 사이드 쿠아치Said Kouachi와 셰리프 쿠아치Cherif Kouachi 형제는 프랑스의 시사주간지 「샤를리 에브도」 본사에 침입해 "알라후 아크바르(신은 가장 위대하다)"를 외치며 총기를 난사했다. 만화가와 칼럼니스트, 경찰 등 12명이 사망하고 10명이 다쳤다. 「샤를리 에브도」는 가톨릭, 유대교, 이슬람 등 종교를 풍자하는 만평 등을 종종 싣는데, 2006년에는 이슬람의 선지자 무함마드를 그린 만평을 실었다가 무슬림들의 강한 반발을 샀다. 쿠아치 형제는 총기 난사 후 "예언자 무함마드의 복수를 했다"라고 말했다.

쿠아치 형제는 이틀 뒤 샤를 드골 공항 인근의 다마르탱앙고엘에서 여성 한 명을 인질로 잡고 군경과 대치하다 사살됐다. 같은 날 말리 이민자 2세인 아메드 쿨리발리Amedy Coulibaly도 파리 북부의 유대인 식료품 가게에서 인질극을 벌이다 사살됐다. 공범이자 아내인 알제리 이민자 2세 하야트 부메디엔Hayat Boumeddiene은 이슬람 근본주의 테러조직인 IS에 가담하기 위해 시리아로 도피한 것으로 알려졌다.

프랑스에서 나고 자란 프랑스 국적자의 동시다발 테러는 프랑스 사회를 충격에 빠뜨렸다. 이들은 모두 파리 제19구를 기반으로 한 자생적 테러조직 '뷔트 쇼몽 네트워크'의 조직원이었는데, 경찰은 이들이 19구에 있는 뷔트 쇼몽 공원Parc des Buttes-Chaumont에서 체력 훈련을 하는 등 조직력을 키웠다고 설명했다. 뷔트 쇼몽 네트워크는 수니파 극단주의 무장조직인 알카에다에 가입하려는 프랑스인들을 당시 전쟁이 한창이었던 이라크나 시리아로 보내는 역할을 맡았다. 2000년대 중반 경찰이 대대적인 소탕 작전을 벌였지만 사라지지 않았다.

왜 하필 제19구였을까. 파리 제19구는 파리 북동부의 행정구역으로, 임대료가 싸고 노동계급이 많이 거주한다. 특히 아프리카계 무슬림 이민자들의 비율이 높다. 실업자가 많고 소득이 적다. 제19구는 소외된 이들을 받아주는 안식처이지만, 파리의 대표적인 우범지대로도 꼽힌다.

제19구 너머에는 방리외Banlieu가 있다. 대도시 외곽 지역을 뜻하는 방리외는 아프리카계 이주민들이 많이 거주한다. 19구와 같은 문제를 겪는 지역으로, 부메디엔이나 쿨리발디도 파리 교외 지역의 방리외 출신이었다. 쿠아치 형제가 '샤를리 에브도 테러'를 저지른 뒤 도주해 인질극을 벌인 곳도 방리외였다. 사실 이전부터 방리외 주민들을 중심으로 인종차별, 높은 실업률, 낮은 교육 수준 등의 문제를 지적하는 목소리들이 끊임없이 있었다. 샤를리 에브도 테러가 발생하기 10년 전에는 이민 2~3세들이 주도한 대규모 소요사태가 발생하기도 했다. 하지만 프랑스 사회는 이들을 '포용'하기보다는 '진압'에 힘을 쏟았다.

테러범이 된
방리외의 청년들

2005년 10월 27일, 파리 교외 클리시수부아Clichy-sous-Bois에서 아프리카계 이민자들이 들고일어났다. 10대 소년 둘이 도둑으로 몰려 경찰에 쫓기다 감전사한 일이 발생했기 때문이었다. 분노한 이민자들이 자동차와 상점에 불을 지르면서 폭동을 일으켰다. 소요는 인근 소도시로 번졌고 디종, 루엔, 마르세유, 낭트, 니스 등 대도시로 이어졌다.

프랑스 정부가 11월 8일 국가비상사태까지 선포했지만 소요사태는 일주일 넘게 지속됐다. 이후 정부는 방리외의 주택 환경을 개선하고, 직업훈련을 확대하는 등 대책을 내놨지만 큰 효과는 없었다. 프랑스 정부 발표에 따르면, 당시 폭동은 마그레브와 사하라 이남의 아프리카계 이민자 2~3세가 주도했고 대부분 14세부터 20대에 이르는 청소년들이었다. 샤를리 에브도 테러를 일으킨 이들과 비슷한 또래(1980~1990년생)라는 건 우연의 일치일까.

드라마 〈뤼팽〉에서 주인공 아산 디오프로 분한 배우 오마르 시Omar Sy도 파리 외곽의 방리외 출신이다. 세네갈 출신 아버지와 모리타니 출신 어머니 사이에서 태어나 트래퍼스란 지역에서 성장했다. 아버지는 공장 노동자였고, 어머니는 청소부였다. 시는 영화 〈언터처블: 1퍼센트의 우정Untouchables〉으로 큰 주목을 받을 당시 한 언론 인터뷰에서 "이민자의 아들로서 10대에 정체성과 씨름했다"면서 "프랑스인이자 아프리카인으로서 대부분의 사람보다 좀 더 많은 짐을 지고 있던 셈이었지만, 두 문화를 모두 받아들일 수 있었다"[40]라고 말했다. 그는 "고향에서 많은 언어를 듣고 다양한 음식들을 맛보았다"며 "5층으로 올라가면 그리스가, 아래층으로 가면 마그레브가 나왔다. 어린 시절 트래퍼스에서의 생활이 내게 열린 마음을 갖게 해줬다"라고도 했다.

〈뤼팽〉의 두 번째 에피소드는 트래퍼스에서 북쪽으로 몇 킬로미터 떨어진 부와 다르시Bois d'Arcy에 있는 감옥에서 촬영됐다. 출연진들은 그곳에 수감된 이들과 정기적으로 만나 교류했는데 시는 수감자 중 몇몇을 이미 알고 있었다. 모두 어릴 적 그의 이웃이었다. 트래퍼스에서도 60명 이상의 이주민 2세들이 IS에 가담하겠다며 프랑스를 떠났다. 연출을 맡은 루이 르테리에Louis Leterrier 감독은 "허구에 아주 가까운 현실, 현실에 아주 가까운 허구에 만감이 교차했다"[41]고 말했다.

제19구와 방리외 이주민 2세들에게 무슨 일이 벌어진 것일까. 어디서부터 단추가 잘못 채워졌을까. 파리 대개조 사업이 있었던 19세기 중반으로 거슬러 올라가 보자.

파리를 바꾼 '오스만 프로젝트'

지금의 파리는 넓은 방사형 도로가 뻗어 있는 도시지만, 19세기 중반만 하더라도 어둡고 좁은 길들이 미로처럼 엉켜 있는 전형적인 중세도시의 모습이었다. 생활하수가 흘러나왔기 때문에 골목길은 항상 젖어 있었다.

당시 파리의 작가 막심 뒤캉Maxime Du Camp은 "주민들은 부패하고 비
좁고 복잡하게 뒤엉킨 골목길에 어쩔 수 없이 갇혀 그곳에서 질식
해 가고 있었다"[42]라고 표현했다.

파리가 근대 도시의 꼴을 갖춘 건 당시 프랑스 제2제국의 황제
나폴레옹 3세가 조르주 오스만Georges-Eugène Haussman 남작을 파리와
인근 지역을 담당하는 센 지사le préfet de la Seine로 임명한 뒤부터였다.
당시만 해도 개선문이 있는 에투알 광장은 밭이었고, 파리 중심부
시테섬에는 빈민굴이 있었다. 서부는 부르주아, 동부는 노동자가
많았고 센강 북쪽(우안)은 진보, 센강 남쪽(좌안)은 보수적인 성격
을 띠고 있었지만 계급 구별 없이 섞여 살았다. 같은 건물 아래층
엔 부르주아가, 계단을 올라야 하는 꼭대기 층에는 노동자가 사는
식이었다.

오스만은 1850년부터 1870년까지 20년 임기 동안 파리 대개조
사업을 벌였다. 165킬로미터에 달하는 직선도로를 만들고 도로
가 지나는 지역의 주택은 모두 철거했다. 1852년부터 1869년까지
1만 9718동이 철거됐다. 파리 중심부에 살던 2만 5000여 명의 노
동자와 수공업자가 주거 대책도 없이 쫓겨났다. 새로 4만 3000여
동이 만들어졌지만 주로 고급 주택과 상점 등으로 활용됐다. 부동
산 투기에 임대료가 치솟으면서 그나마 남아 있던 노동자들도 살
던 곳을 떠날 수밖에 없었다. 파리 시내는 부르주아만의 구역이
됐다.

쫓겨난 이들은 어디로 갔을까. 파리는 1860년 외곽의 작은 마
을들을 흡수하면서 경계가 넓어졌는데, 파리 1구부터 20구까지

지금의 행정구역이 이때 만들어졌다. 중심부에서 밀려난 노동자들의 상당수가 파리 북부와 동부 변두리의 18구, 19구 등으로 유입됐다. 몽마르트르(18구), 라비에트(19구), 벨비유(19구)에는 노동자들의 집결지가 만들어졌다. 시 외곽에 판잣집을 만들어 사는 이들도 크게 늘었다.

오스만 시기 파리에는 공원도 조성됐다. 불로뉴 숲(16구)과 뱅센 숲(12구), 몽소 공원(8구), 뤽상부르 공원(6구) 등이 새로 만들어지거나 개조됐다. 19구 지역에 있던 채석장 겸 쓰레기장은 뷔트쇼몽 공원으로 바뀌었다. 상하수도 공사도 진행됐다. 특히 하수도 길이는 기존 143킬로미터에서 773킬로미터로 늘었고, 수도관을 쉽게 수리할 수 있도록 널찍하게 만들어 훗날 전선, 통신케이블, 가스배관까지 수용할 수 있었다. 이후 파리의 하수도는 부르주아와 왕족의 관광 코스가 됐다. 빅토르 위고의 소설 《레미제라블》을 읽고 지하에 체제를 전복시키려는 비천한 사람들이 모여 있을까 봐 걱정하는 이들을 안심시키기 위한 것[43]이었다.

오스만의 도시 정비는 또 다른 혁명을 막겠다는 의도가 다분했다. 이전의 좁은 골목길은 바리케이드를 치면 봉쇄가 가능했다. 하지만 폭이 넓은 직선도로는 시위대가 도로를 막고 바리케이드를 치는 것을 어렵게 만든다. 또 시위를 진압하는 군대에게는 신속한 이동을 가능케 하고, 포병이 유리한 위치에서 포를 발사할 수 있도록 한다. 1848년 2월 혁명으로 대통령으로 선출됐다가 스스로 쿠데타를 일으켜 황제가 된 나폴레옹 3세에게 제정을 위협하는 또 다른 혁명은 용납될 수 없었다.

그렇게 노동자들은 파리의 주요 지역에서 축출됐다. 프로이센과의 보불전쟁(1870~1871)에서 프랑스군의 패배로 제2제정이 무너졌다. 프로이센과의 굴욕적인 협상에 반기를 든 파리 시민들이 사회주의 자치정부 '파리코뮌'을 세우고 정부군과 맞섰지만 불과 72일뿐이었다. 저항세력의 거점은 주로 노동자들이 사는 동부와 북부에 집중됐다. 1871년 5월 21일 정부군의 공격이 시작됐고 서민 구역에 설치된 900여 개의 바리케이드는 순식간에 무너졌다.

'영광의 30년'과 르펜의 등장

2차 세계대전 직후, 프랑스는 비약적인 경제 성장으로 '영광의 30년 Les Trente Glorieuses'을 보냈다. '영광의 30년'은 프랑스의 인구통계학자인 장 푸라스티에 Jean Fourastié가 1979년 저서 《1946년부터 1975년까지의 영광의 30년, 또는 보이지 않는 혁명 Les Trente Glorieuses ou la révolution invisible de 1946 à 1975》에서 처음 사용한 표현이다.

1950~1973년 프랑스의 경제성장률은 연평균 5퍼센트 이상을 기록했다. 1913~1950년 연평균 1.15퍼센트, 1973~2000년 연평균 2.10퍼센트와 비교하면 놀라운 수치다. 대도시 인근에 공장들이 생겨났고, 농촌 인구는 대도시로 몰렸다. 이 기간 프랑스의 실업률은 1퍼센트대 수준으로 완전고용에 가까웠다. 마그레브 지역과 사하라 이남의 아프리카 노동자들이 프랑스로 이주해 건설, 광

산, 철강, 고무, 플라스틱 등 노동 강도는 강하지만 노동 조건은 열악한 산업에서 부족한 노동력을 채웠다. 파리, 마르세유, 니스 같은 대도시에 이주민이 늘었고, 이들은 파리 19구나 방리외 같은 저렴한 주거지역에 자리를 잡았다.

주택 부족 문제가 심각해지자 프랑스 정부는 대도시 방리외에 노동자들을 대상으로 한 임대주택단지를 만들었다. 욕실, 화장실, 방 2개, 거실, 부엌으로 이뤄진 근대화된 주거 공간이었다. 이곳에 입주한 노동자들의 만족도는 높은 편이었다. 부유층만 누리던 자동차, 텔레비전, 냉장고 등의 보급률도 늘었다. 까르푸Carrefour 같은 대형 유통업체가 영광의 30년 기간에 탄생했다.

제4차 중동전쟁이 시작되면서 이집트와 사우디아라비아 등이 석유를 감산했고 1차 석유파동(1973년)이 발생했다. 영광의 30년은 그렇게 끝났고 유럽은 정체기를 맞았다. 로마클럽이 인구 급증, 급속한 공업화, 식량 부족, 환경오염, 자원 고갈 등의 문제를 들며 무한하지 않은 세계에서 무한한 성장은 불가능하다는 내용의 보고서 「성장의 한계Limits to Growth」(1972)를 낸 시기이기도 하다.

일자리가 줄자 프랑스 내에서는 아프리카계 이주민을 배제하는 움직임이 시작됐다. 영광의 30년 시기 프랑스의 5퍼센트대 성장에 기여한 이주민들은 이제 프랑스 국민의 일자리를 빼앗는 공공의 적이 됐다. 이주민들의 실업률이 프랑스 평균보다 더 높았지만 비난의 화살은 이주민을 향했다. 아프리카계 이주민을 상대로 한 혐오범죄와 테러가 이어졌다. 1973년 12월에는 '샤를 마르텔Charles Martel'이라는 단체가 프랑스 마르세유에 있던 알제리 영사관에 폭탄을 터뜨렸다. 4명이 사망하고 20여 명이 부상당했다. 8세기경 이베리아반도의 아랍인(사라센인)을 격퇴한 프랑크 왕국의 재상 이름이 한순간에 무슬림 이주민을 적대시하는 극우조직을 일컫는 명칭으로 뒤바뀌어 버렸다.

이런 분위기 속에서 극우 정당인 국민전선당Front National이 1972년 만들어졌다. 창당인 장마리 르펜Jean-Marie Le Pen은 "프랑스인 우선"을 외치며 반이민 여론이 형성된 대도시를 중심으로 세력을 키워 나갔다. 1980년대부터 대도시에서 국민전선당은 10퍼센트대 지지율을 얻었고, 1984년 유럽의회 선거 당시 이주민이 많은 니스와 마르세유 같은 지역에서는 국민전선당이 20퍼센트 넘는 지지율을 받았다.

반이민 분위기 속에서 가톨릭, 개신교 등 종교단체와 이주민들은 인종차별에 반대하는 평화 행진을 벌였다. 1983년 10월 15일 마르세유에서 17명이 행진을 시작했고 리옹, 그로노블, 스트라스부르 등을 거치면서 합류하는 이들이 점점 늘었다. 1983년 12월 3일 목적지인 파리에 도착했을 때 인원은 10만 명으로 불어났고, 당시 프랑수아 미테랑François Mitterrand 대통령이 직접 이들을 맞았다. 이들은 이주민을 프랑스 국민과 동등하게 대우해 달라고 요구했지만, 사회당 정부는 이들의 요구 사항을 제대로 수용하지 않았다. 10만 명이 참여한 행진에도 변한 것은 거의 없었다.

무기력함과 좌절의 틈새에서 분노가 자라났다. 샤를리 에브도 테러는 시작에 불과했다. 2015년 11월 13일에는 프랑스 파리 시내 곳곳에서 총기 난사, 폭탄 테러가 동시다발로 발생해 130명이 사망했다. 이듬해에는 프랑스 니스에서 프랑스혁명 기념일 축제를 즐기던 시민들을 향해 트럭이 돌진해 86명이 목숨을 잃었다. 테러범들은 대부분 아프리카계 무슬림 이민자 청년들로, IS의 지시를 받고 테러를 저지른 것으로 밝혀졌다.

한편, 극단주의 무슬림들의 테러가 이어지면서 프랑스 정치권에서는 극우 세력이 주요 세력으로 부상하기 시작했다. 국민전선당은 국민연합당Rassemblement National으로 이름을 바꿨고 장마리 르펜의 딸인 마린 르펜Marion Anne Perrine 'Marine' Le Pen이 당수직을 이어받아 반이민, 반유럽연합 기조를 이어갔다. 아버지보다는 온건한 말을 앞세웠지만 그 역시 프랑스 내 반이민 정서를 자양분으로 성장했다. 2022년 대선 결선에서는 마크롱 현 대통령에게 패했지만, 41.5퍼센트에 달하는 지지율을 얻는 데 성공했다. '원조 극우'인 아버지 장마리 르펜이 2002년 대선 결선에서 받은 득표율의 두 배가 넘는 수치다.

BONUS!

⟨변방의 형제들_{Banlieusards}⟩은 방리외에 거주하는 아프리카계 이주민 2세들의 이야기를 다룬 프랑스 영화다. 방리외에 거주하는 세 형제 중 첫째는 마약상이 됐고, 둘째는 유명 로스쿨에 다니며 변호사의 꿈을 키운다. 막내는 마음이 여린 10대지만 방리외에서의 생활은 그를 범죄의 길로 이끈다. 방리외의 이주민 청년들은 마약에 빠지기도 하고, 종종 총격을 목격하고 경찰에게 불심검문을 당하기도 한다. 시내와 달리 기차가 잘 다니지 않아 지각하는 일도 예사다. 영화는 파리 남동부 방리외 발드마른주 지역을 배경으로 하는데 방리외의 전형적인 임대주택단지들을 영화 곳곳에서 만날 수 있다.

아프리카의 굶주림은 '누가' 만든 것인가?

아프리카 식량위기와 자유무역

영화 〈바람을 길들인 풍차소년The Boy Who Harnessed The Wind〉
출연 | 맥스웰 심바, 추이텔 에지오포, 아이사 마이가
감독 | 추이텔 에지오포
관람등급 | 12세 관람가

WHY?

사하라 사막 이남의 아프리카 국가들에서 식량위기가 끊이지 않는다.
부족한 인프라에 정치 불안과 내전, 전염병, 온난화로 인한 극단적 기
후 현상까지 더해지면서 장기간 최악의 기아 사태를 겪는다. 이 영화는
2001~2002년 극심한 가뭄으로 굶주림에 시달렸던 동아프리카 국가
말라위에서 있었던 실제 이야기를 다뤘다. 말라위의 엔지니어 윌리엄
캄쾀바William Kamkwamba와 미국의 저널리스트 브라이언 밀러Bryan Mealer가
함께 쓴 동명의 책을 영화로 만들었다.

당시 말라위와 잠비아, 짐바브웨, 모잠비크, 레소토, 스와질랜드 등 적도
아래 사바나 지역의 아프리카 국가에서는 인구의 25퍼센트인 1440만

명이 기아에 시달렸다. 기아는 단순히 가뭄이나 장마 등 기후 문제 때문에 발생하지 않는다. 당시에도 무능한 정부와 글로벌 기업, 국제통화기금(IMF), 세계은행World Bank이 이들 나라를 극한의 위기 상황으로 몰고 갔다. 국제사회의 원조, 식량 생산성 향상을 위한 과학 기술 등이 기아 문제의 해법으로 제시되지만 그리 간단치 않은 문제다.

당신이 흡연자라면 지금 주머니 속 담배 안에는 아프리카산 벌리종 담뱃잎Burley Tobacco이 들어 있을 가능성이 높다. 향을 머금는 성질이 있어 연초를 블랜딩할 때 주로 사용하는 담뱃잎이다. 향이 강한 말보로 따위의 제품에 들어간다. 브리티시아메리칸타바코(BAT), 필립모리스인터내셔널(PMI), 일본담배산업(JTI) 같은 글로벌 담배 회사들은 얼라이언스 원Alliance One이나 유니버설Universal Leaf Tobacco 같은 담뱃잎 공급업체를 통해 벌리종이나 버지니아종 등의 담뱃잎을 조달한다. 벌리종은 버지니아종과 달리 생산과 가공 단계에서 복잡한 설비가 필요하지 않아 아프리카의 농장에서 인기를 끈다. 사하라 이남 아프리카 국가들은 이 같은 방식으로 전 세계 담뱃잎 무역량의 20퍼센트(생산량은 11.4퍼센트)를 담당한다.

주로 말라위, 짐바브웨 등 영국 식민지배 시절부터 플랜테이션 농장이 발달한 국가에서 독립 이후에도 대형 농장을 중심으로 담배 재배를 이어갔다. 전 세계 담배 소비가 줄고 담배 농사에 대한 규제가 강화되면서 다른 대륙의 담배 농사는 줄어들거나 겨우 현상 유지 수준이지만, 아프리카 대륙에서는 담배 농사에 뛰어드는 농부들이 늘고 있다. 2012년부터 2018년까지 전 세계 담배 재배 면적은 15.66퍼센트 줄었지만, 아프리카에서는 오히려 3.4퍼센트 늘었다. 전 세계 담배 생산량도 13.9퍼센트 줄었지만, 아프리카 담배 생산량은 10.6퍼센트 늘었다.

담뱃잎이 거의 유일하게 외화를 벌어들일 수 있는 산업인 탓에 국가가 정책적으로 장려하기도 한다. 말라위에서는 1990년대 말부터 소농들의 담배 농사를 허용했다. 소농들은 일부 옥수수밭만 남기고 나머지 땅에 담배 씨앗을 뿌렸다. 10월부터 이듬해 8월까지 꼬박 10개월간 담뱃잎을 키워낸다. 자기 소유의 땅이 없어 임차해 농사를 짓거나, 대형 농장에서 소작농으로 살아가는 이들도 있다.

담배 농사에
황폐해진 자연

담배 농사는 노동력이 많이 들기 때문에 농번기에 농부들은 자녀를 학교가 아닌 담배밭으로 보낸다. 아이들은 학교에 가지 못하고 종일 담뱃잎만 만지는데, 특히 비에 젖은 담뱃잎을 만지면 니코틴이 피부를 통해 흡수돼 메스꺼움, 구토, 위경련, 현기증을 느끼는 녹색 담배병Green Tobacco Sickness에 시달리기도 한다. 소작농 가족들을 대리해서 영국에서 BAT를 상대로 소송을 진행 중인 레이데이Leighday 법률사무소는 "말라위 담배 농장의 소작농과 자녀들은 진흙과 짚 등으로 자신의 집을 짓고 매일 소량의 옥수수로 생활하며 일주일 내내 오전 6시부터 자정까지 일해야 한다. 농사 시즌 내내 가족을 먹여 살리기 위해 돈을 빌려야 한다. 시장성 있는 수확량을 위해서는 자녀가 세 살 때부터 일하게 하는 것 외에는 선택의 여지가 없다"[44]고 말한다. 일년 내내 담배 농사에 가족을 동원해 벌어들이는 수익은 20만 말라위콰차(약 25만 원) 수준이다.

국제무역 분업에서 말라위, 짐바브웨 등은 국제 담배 공급망의 주요 국가가 됐지만, 그 대가는 크다. 담배 등 상품작물을 생산하는 나라들은 자국 경제의 상당 부분을 상품작물에 의존하는데, 글로벌 무역에 의존하는 만큼 세계 경제의 변동성에도 취약한 편이다. 글로벌 경기 침체로 선진국 소비자들이 지갑을 닫으면 온 나라가 휘청거릴 정도로 상당한 타격을 입는다.

또 늘어나는 담배 농가는 이 지역의 사바나를 사라지게 하고 황폐하게 만드는 주범으로 지목된다. 담뱃잎은 수확 후 건조하는데, 말라위에서는 사바나 지역의 나무를 잘라 만든 건조대에서 담뱃잎을 말린다. 하지만 비가 많이 내리고 흰개미가 많다 보니 건조대가 자주 썩어 벌목이 계속된다. 대형 농장들은 나무를 얻기 위해 마을 주민들을 회유하고 마을의 나무를 베어내기도 한다. 영화 〈바람을 길들인 풍차소년〉에서 마을의 지도자는 이렇게 말한다.

"담뱃잎을 건조시킨다고 나무를 잘라서 태우는 통에 아름다웠던 땅을 아이들에게 물려줄 수가 없게 됐다. (중략) 담배 농장은 우리로부터 나무를 뺏어가려고 가능한 모든 방법을 동원해서 우리 같이 가난한 사람들을 압박하고 있다. 우리가 가진 유일한 힘은

'안 돼'라고 말하는 것이다."

말라위에서는 담배 건조, 땔감(목탄) 확보, 농장 확장 등으로 1년에 3만 3000에이커의 삼림이 파괴되고 있다.[45] 특히 수력발전소가 모여 있는 샤이어강Shire River 유역의 삼림 벌채와 경작지 확장이 문제가 되고 있는데, 벌채로 인해 지역의 삼림이 사라지면서 상당량의 퇴적물이 강으로 흘러 들어가 발전량에 영향을 미치기 시작했기 때문이다. 샤이어강 일대는 고강도의 집중호우가 특징인데, 숲이 사라지면서 더 많은 양의 퇴적물이 강으로 흘러들기 시작했다. 샤이어강에 있는 세 개의 수력발전소 은쿨라Nkula, 테드자니Tedzani, 카피치라Kapichira는 말라위 에너지 생산량의 88퍼센트를 담당한다. 하지만 퇴적물이 급증하면서 댐의 저장용량이 급격히 감소했고 발전량에 영향을 미쳤다. 국제수력발전협회IHA에 따르면, 2000년 만들어진 카피치라 댐은 13년 뒤 퇴적물 증가로 초기 저장용량의 절반 이상(59퍼센트)을 잃었고, 은쿨라 댐에서는 퇴적물로 인해 발전량의 10~12퍼센트가 줄어든 것으로 보고됐다.[46] 막대한 비용이 강 준설 작업에 쓰이고, 이는 전기요금에 반영된다. 전기요금이 비싸다 보니 사람들은 나무를 베어 땔감으로 썼고, 상당량의 흙이 다시 강에 쌓이는 악순환이 계속됐다.

2001년 극심한 가뭄이 찾아왔다. 말라위에서는 12월에 옥수수를 파종해 5월에 거두어들인다. 12월부터 3월까지 비가 계속 이어져야 하는데 2001년 1월부터 5월까지 가뭄으로 옥수수가 타들어갔다. 말라위는 세계에서 열 번째로 큰 나라이고, 다섯 번째로 많은 담수를 담고 있는 말라위호수를 끼고 있다. 이 호수에서 발원한 샤이어강 등 수자원이 풍부하지만, 관개를 하지 않고 하늘에서 내리는 비에 의존해 농사를 짓는다. 펌프로 물을 끌어오려고 해도 전기가 없어 펌프를 작동시킬 수 없었고, 말라위에 닥친 식량 부족 사태는 가뭄 이듬해인 2002년까지 이어졌다.

IMF의 오판이
초래한 재앙

가뭄이 본격화하기 직전 IMF와 세계은행은 말라위 정부에 비축한 곡물을 시장에 내다 팔 것을 요구했다. 식량을 비축한 창고의 관리비용으로 상당한 예산이 쓰이고 있으니 비축한 곡물의 일부를 팔아 관리비용을 줄이고 그 돈으로 빚을 갚도록 했다. 가뭄으로 옥수수 작황이 좋지 않을 것이라는 우려는 있었지만 다른 작물들의 작황이 나쁘지 않다고 보고되면서 옥수수 부족분도 상쇄할 수 있다고 판단했다. 하지만 잘못된 데이터에 기인한 오판이었다.

말라위 정부는 당시 옥수수 16만 7000톤을 비축하고 있었는데 IMF 등의 요구대로 이를 시장에 팔기 시작했다. 일부 관리들은 비상시 쓰일 곡물까지 팔아 뒷돈을 챙겼다. 비축량 대부분이 사라졌다. 가뭄이 본격화하면 옥수수 가격이 뛸 것이라고 판단한 일부 상인들은 비축 옥수수를 사들인 뒤 시장에 풀지 않았다. 옥수수 가격이 급등하기 시작했다. 영화의 원작자인 윌리엄 캄쾀바는 책에서 당시 상황을 이렇게 설명했다.

"여자들 여럿이 길바닥에 비닐 방수포를 깔아 놓고 '가가'를 팔고 있었다. 가가는 옥수수 알맹이를 싸고 있는 껍질인데 대개 방앗간에서 벗겨 내버리거나 동물 사료로 쓰는 것이다. (중략) 이제 옥수수 한 통에 300콰차나 하니 커다란 자루에 든 가가도 100콰차나 했다. 한 달 전보다 열 배나 오른 값이었다. 사람들이 통을 흔들며 서로 먼저 사려고 밀치고 있었다."[47]

말라위 등 저개발 국가에서 집행하는 예산의 상당 부분이 IMF와 세계은행, 북반구 선진국에서 오는 원조이다 보니, 이들이 정부 정책에 미치는 영향은 막대했다. 이들은 농경 업무를 민영화해야 하고, 종자와 비료 비용에 대한 정부 보조금도 삭감해야 한다고 제안했다. 영국 식민지 시대를 종식하고 30년 동안 말라위를 통치했던 헤이스팅스 반다[Hastings Banda] 대통령이 1994년 5월 물러나고, 바킬리 물루지[Bakili Muluzi]가 새 대통령이 되면서 말라위 정부는 IMF 등의 요구를 상당 부분 수용했다. 비료 가격이 뛰었고 농업 생산성은 떨어졌다. 농민들은 더 가난해졌고 매번 식량 부족에 시달렸다. 최악의 상황을 막기 위해 비축해 둔 곡물까지 모두 팔면서 최악의 기아 사태마저 벌어졌다. 경제학자 제프리 삭스[Jeffrey Sachs]는 훗날 이에 대해 "지원을 하고자 나선 이들이 정부의 역할을 뺏어 버리자 재앙이 닥쳤다"[48]라고 지적했다.

하지만 IMF와 세계은행 등은 말라위 정부에 비축 곡물을 팔도록 요구한 자신들의 행위에 대해서는 변명으로 일관했다. 호르스트 쾰러[Horst Kohler] IMF 총재는 2002년 7월 4일 영국의회 위원회에 출석해 "IMF는 말라위 정부에게 조언을 주는 과정의 일부였을 뿐이고 IMF도 아마 충분히 주의를 기울이지 않았을 수도 있다"며 "조언을 실행하는 건 IMF의 책임이 아니다"라고 말했다. 세계은 행의 말라위 책임자도 2002년 말라위 수도 릴롱궤^{Lilongwe}에서 열 린 한 회의에서 "비축된 곡물 대부분이 썩어 있었고 그래서 팔아 야만 했다"[49]고 주장했다.

물론 당시 기아 사태에 대한 책임을 IMF나 세계은행에만 지우 는 건 불공평한 일이다. 무능하고 부패한 말라위 정부의 과오가 결코 가볍지 않다. 30년 독재 정치가 끝나고 '민주 정부'를 표방하 며 들어선 물루지 대통령이 국제기구와 국제정치에 휘둘리며 국 민들의 삶을 위협하는 것에 대해 영화 속 주인공의 아버지는 이런 말을 한다.

"민주주의는 수입한 카사바 같아. 금방 썩지."

가난 앞에 잃어버린
선택권

당시 사태로 말라위 에선 전체 인구의 29퍼센트인 350만 명이 기아에 시달렸다. 이외 에도 아프리카의 곡창지대인 짐바브웨(전체 인구의 50퍼센트, 670만 명), 잠비아(전체 인구의 26퍼센트, 290만 명), 모잠비크(전체 인구의 35퍼센트, 65만 명), 레소토(전체 인구의 31퍼센트, 65만 명), 스와질랜 드(전체 인구의 26퍼센트, 25만 명)에서 총 1440만 명이 식량을 구하 지 못해 굶주렸다.

전 세계가 이들 국가에 대한 긴급 식량 원조에 나섰는데 발 빠르게 움직인 곳은 미국이었다. 미국은 세계식량계획(WFP)을 통해 옥수수를 지원하기로 했는데 말라위, 짐바브웨, 잠비아 등 식량위기가 가장 심한 국가들이 "미국의 원조를 받지 않겠다"며 거부 의사를 밝혔다. 미국이 원조하는 옥수수에 유전자변형(GMO) 옥수수가 포함됐기 때문이었다.

기근에 시달리는 상황에서 GMO 옥수수를 받아야 할까, 말아야 할까. 미국은 원조 거부 국가들을 향해 "국민들을 기아로 내몰고 있다"며 "원조를 거부하는 건 범죄"라고 비난했다. 유엔 산하 식량농업기구(FAO), 세계보건기구(WHO), 세계식량계획도 2002년 8월 성명을 내고 "GMO에서는 부정적인 건강 문제가 발생하지 않았다"며 GMO 원조 식량을 받아들일 것을 권고했다. 심지어 미국무부 관리는 "거지들에겐 선택권이 없다(Beggars can't be choosers)"[50]라고 말했다.

하지만 GMO 원조 문제는 그렇게 단순하지 않다. 미국의 GMO 옥수수가 현물로 도착해 풀리게 되면, 그중 일부는 종자로 이용돼 그 지역에 GMO 재배가 확산할 가능성이 크다. 더군다나 이들 지역은 아프리카의 곡창지대로 꼽히는 곳으로 전체 산업에서 농업이 차지하는 비중이 굉장히 크다. 이들에겐 '향후 국가 경제가 농업 선진국에 의해 종속되느냐' 여부가 걸린 중차대한 문제다.

말라위는 GMO 옥수수를 알곡이 아닌, 가루로 만들어 보내달라고 요청했지만, 미국은 가루로 빻는 일에 추가예산이 들어간다며 이를 거절했다. 당시 식량 위기는 물론, 에이즈, 말라리아 등의 문제로 미국의 원조가 절실했던 말라위는 결국 미국의 GMO 옥수수 원조를 받아들이기로 했다. 말라위는 당시 미국의 '아프리카 성장기회법(AGOA)' 대상 국가였다. 이 법은 모범이 되는 사하라 이남의 아프리카 국가들에게 미국에 상품을 수출할 때 무관세 혜택을 주는 법이다. 어떤 국가가 모범국가인지는 전적으로 미국 정부가 선정한다. AGOA의 혜택을 받기 위해서는 해당 국가가 정치, 인권, 노동권, 사법제도 등 다양한 분야에서 일정 기준을 갖춰야 한다. 모범국가 말라위가 GMO 옥수수 원조를 계속 거부할 경우 AGOA에서 탈락할 가능성이 있었다.

현금이 아닌 현물 원조를 선호하는 미국의 원조 방식이 항상 지적받는 부분이지만, 옥수수 알갱이든 가루든 대규모 잉여농산물이 수입되면 농산물 가격이 급락하고, 해당 국가의 농업 기반을 무너뜨릴 우려가 있다. 1950~1960년대 미국의 잉여농산물을 원조받은 한국에서도 벌어진 일이다.

당시 일부 국가들의 GMO 옥수수 원조 거부 사태는 표면적으로는 동아프리카 국가들과 미국과의 갈등으로 보이지만, 사실은 GMO 시장을 확대하려는 미국과 이를 제한하려는 유럽의 대결이기도 했다. 유럽연합(EU)은 이전까지 미국산 옥수수를 수입하는 가장 큰 시장이었다. 1990년대 중반 이후 미국에서 GMO 작물 재배가 늘자 EU는 GMO 수입 금지 조치를 취했고, 미국은 해당 조치로 "유럽으로의 옥수수 수출에서만 약 3억 달러의 손실을 겪었다"며 WTO에 EU를 제소했다. 당시 미국의 조지 W. 부시 정부는 EU로 가지 못한 미국산 GMO 옥수수가 아프리카에 원조 작물로 들어가면, 아프리카 시장에서 GMO에 대한 인식을 개선하고, GMO에 반대하는 EU을 고립시킬 수 있다고 판단했다.

미국의 GMO 옥수수 원조를 끝까지 거부한 나라는 잠비아뿐이었다. 당시 잠비아는 EU 시장에 베이비콘과 쇠고기 등 유기농 농축산물을 수출하는 국가이기도 했다. GMO가 국내로 유입되면 자칫 최대 무역상대국인 EU 시장을 잃을 우려가 있었다. 잠비아의 레비 음와나와사Levy Mwanawasa 대통령은 2002년 10월 미국의 옥수수 원조에 대해 "독이 든 식량"이라고 비난했고, 잠비아의 원조 거부는 국제적 논란거리가 됐다. 미국 캘리포니아 폴리테크닉 주립대학교의 노아 제르베Noah Zerbe 교수는 "유럽과 미국이 GMO를 두고 벌이는 논쟁에서 잠비아가 상징적인 중요성을 갖게 됐다"[51]라고 했다. 당시 유엔의 식량특별보고관이었던 장 지글러Jean Ziegler는 잠비아의 원조 거부 사태에 대해 질문하는 기자들에게 이렇게 말했다.

"이 문제에 대해서는 무어라고 단정할 수가 없다. 하지만 유럽연합은 이 문제에 관해서 신중한 입장을 견지하고 있으며 유전자변형 생산물의 유통을 금지하고 있음을 말씀드린다. (중략) 자크 시라크 프랑스 대통령과 게르하르트 슈뢰더 독일 총리에게 유전자변형 생물의 무독성을 의심할 권리가 있다면, 잠비아 대통령에게도 같은 권리가 있다. 따라서 나는 아프리카의 거부가 정당하다고 본다."[52]

결국 미국의 GMO 옥수수 원조 계획은 원하는 대로 진행되지 않았다. EU가 미국을 대신해 이들 국가를 상대로 원조를 늘렸기 때문이다. WFP도 옥수수를 빻아서 아프리카 국가에 지급하는 방법을 썼다.

식량위기의 진짜 원인

기아 사태와 GMO 옥수수 원조 논란은 몇몇 아프리카 국가들을 변화시켰다. 대표적인 곳이 말라위였다. 2004년 말라위 대통령이 된 빈구 와 무타리카Bingu wa Mutharika는 "다른 나라에 음식을 구걸하러 다니고 싶지는 않다"라며 농부들에게 비료와 종자를 싼값에 구입할 수 있도록 보조금을 풀었다. 농업 보조금을 줄여나가기로 한 WTO나, 관련 정책을 폐지하도록 압박한 IMF와 세계은행의 방침과는 정반대 행보였다.

2005년에 시작된 보조금 프로그램은 말라위 농업부 연간 예산의 40~50퍼센트를 차지한다. 2021년에도 농업 예산 2840억 콰차(약 3600억 원) 중 절반인 1430억 콰차(약 1800억 원)가 보조금으로 지급됐다. 보조금 정책으로 말라위 농민들이 생산한 옥수수 생산량은 2004년 200만 톤 수준에서 2014년 400만 톤 수준까지 늘었다.

2007년에는 유니세프가 "말라위에서는 어린이 기아가 해결됐다"라며 말라위에 보내려던 분유를 우간다로 돌렸다. 세계은행은 자신들이 추진했던 아프리카 국가들의 비료 보조금 정책 폐지가 비료 가격 폭등으로 이어졌고 농업 생산성을 악화시켰다며 "식량 생산 증대를 위해서는 날로 악화되는 토질 개선이 필수적이라는 점을 깨닫지 못했다"라고 내부 감사를 통해 뒤늦게 실수를 인정했다.

전 세계가 말라위를 다시 주목하기 시작했지만, 그렇다고 말라위가 식량위기에서 벗어난 건 아니다. 세계 식량 안보 지수Global Food Security Index를 보면, 2021년 말라위는 전 세계 113개 국가 중 109위에 불과하다. 옥수수 가격은 그해 날씨와 작황에 따라 급등락을 반복하고 이런 변동성은 농민들을 옥수수만 보고 살 수 없게 만든다. 여전히 외화를 벌어오는 건 담배 농사다. 벌목은 끊이지 않고 관개시설은 부족하다. 정부 지원금은 종자와 화학비료를 판매하는 다국적 농업기업으로 흘러간다. 말라위에선 담배 농사에 대한 의존도를 낮추고 다양한 작물을 키우려는 시도가 이뤄지고 있지만 여전히 갈 길이 멀다.

병충해나 가뭄 등에 강하고 생산량이 많은 농작물을 개발하는 육종학에도 많은 자금이 투입된다. 특히 아프리카에선 GMO 작물 개발이 활발하게 이뤄지고 있다. 마이크로소프트의 공동창업자 빌 게이츠는 GMO의 열렬한 지지자로 꼽힌다. 그는 "GMO 기술은 제대로만 사용한다면 기아와 영양실조를 줄일 수 있다. 사람들이 비GMO를 더 좋은 것으로 생각하는 건 실망스러운 일"[53]이라고 말했다. 실제로 빌 게이츠는 빌앤멜린다게이츠 재단Bill & Melinda Gates Foundation을 통해 농산물 육종을 연구하는 아프리카농업기술재단(AATF)에 재정지원을 하고 있다.

과연 GMO가 식량위기의 해법이 될 수 있을까? 그 누구도 쉽게 답할 수 없는 문제다. 분명한 건 GMO가 기후위기에서 식량 생산을 늘릴 수 있는 가능성 있는 대안으로 여겨지고 있다는 것과 현재 식량은 전 세계인이 먹고 남을 정도로 과잉생산된다는 사실이다. 빈곤 경제학을 연구한 경제학자 아마르티아 센^{Amartya Sen}은 "기후 문제가 식량위기의 트리거가 될 순 있어도 근본 원인은 다른 데 있다"라고 지적한다. 2002년 동아프리카에서 벌어진 식량위기와 GMO 원조 논쟁은 이를 잘 보여준다.

BONUS!

다큐 〈부패의 맛^{Rotten}〉은 아보카도, 포도, 닭고기, 대구 등 글로벌 식품 공급망의 어두운 이면을 파고든 수작이다. 특히 시즌 2 '쓰디쓴 초콜릿' 편에서는 서구에서 소비되는 초콜릿을 위해 서아프리카 코트디부아르와 가나의 카카오 재배 농민들이 하루 1달러도 안 되는 수입으로 살아가고 있다는 사실을 조명한다. 이 지역 농부들에게 가난에서 벗어날 수 있는 유일한 탈출구는 카카오를 더 생산하는 일뿐이다. 카카오 농장의 '아동노동'은 끊이지 않고, 국립공원에 몰래 들어가 숲을 불태우고 카카오를 기르는 농부들도 생겼다. 글로벌 카카오 공급망의 최하단에 있는 농부들은 협상력을 높이기 위해 협동조합을 꾸리고 일부 초콜릿 업체들과 '공정무역' 방식으로 문제를 해결해가고 있다.

5

현대사의
특별한 순간들

노동계 대통령
'호파' 실종사건의 진실

미 마피아와 노동계의 검은 커넥션

영화 〈아이리시맨Irishman〉
출연 | 로버트 드니로, 알 파치노, 조 페시
감독 | 마틴 스코세이지
관람등급 | 18세 관람가

WHY?

〈아이리시맨〉은 무엇보다 배우들의 명연기를 지켜보는 재미가 있는 영화다. 거장 감독 마틴 스코세이지가 연출한 이 작품은 로버트 드니로, 알 파치노, 조 페시, 하비 케이틀 등 이른바 '연기의 신'들이 총출동해 큰 화제를 불러일으켰다. 제92회 아카데미영화상의 작품상, 감독상, 남우조연상 등 10개 부문에 후보 지명을 받았지만 아쉽게도 수상에는 실패했다.

드니로가 연기하는 프랭크 시런Frank Sheeran은 미국 필라델피아에서 트럭 운전사로 일하다가 우연히 마피아 조직의 권력자 눈에 들어 온갖 불법적인 일들을 처리해 주던 중 권력이 막강한 전미화물운송노조International Brotherhood of Teamsters의 위원장 지미 호파James R. Hoffa와 인연을 맺게 된다. 시런은 호파의 오른팔이 되고, 노조 지부장 자리까지 꿰찬다. 케네디 정권의 표적 수사로 수감됐다가 출소한 호파가 부담스러워진 마피아는 시런에게 그를 제거하라는 명령을 내린다.

〈아이리시맨〉은 영화적으로 뛰어날 뿐만 아니라 한 마피아 단원을 통해 20세기 중반의 미국 역사를 펼쳐 보인다는 점에서 흥미롭다. 특히 우리가 잘 알지 못했던 미국 노동운동의 어두운 면, 한때 미국을 뒤흔들었던 노동운동가 지미 호파와 케네디 정부와의 관계 등을 들여다볼 수 있다.

영화 〈아이리시맨〉에서 지미 호파는 프랭크 시런에게 이렇게 묻는다. "듣자 하니 자네가 페인트칠 좀 한다며…."

호파는 나는 새도 떨어뜨릴 정도로 막강한 힘을 자랑하는 전미화물운송노조위원장이다. 시런은 호파가 이끄는 노조의 일원이면서도, 미국 동부지역 마피아의 똘마니로 도둑질과 주먹질부터 청부살인에 이르기까지 온갖 시키는 일이란 일은 마다하지 않은 남자다. 호파가 그에게 자기 집 페인트칠을 부탁하려는 건 분명히 아닐 터. 그가 말한 페인트칠이란 벽에 피 칠갑하는 일을 뜻한다. 즉 "자네가 청부살인 좀 한다며…"라고 물어본 것이다. 호파의 질문에 시런은 "목수 일도 합니다"라고 답한다. 목수 일이란 '관 짜기'를 뜻하는 암흑가의 속어로, "청부살인 후 시신 뒤처리도 한다"라는 의미다.

〈아이리시맨〉은 검사 출신 변호사 겸 작가인 찰스 브렌트 Charles Brandt가 2004년 펴낸 책 《자네가 페인트칠 좀 한다고 들었네 I Heard

You Paint Houses》를 토대로 만들어진 영화다. 책과 영화는 마피아의 시선으로 20세기 중반 미국 정치와 사회상을 바라보고 있다는 점에서 흥미진진하다.

시런은 2003년 사망하기 전, 브렌트와의 인터뷰에서 1975년 마피아의 지시를 받아 호파를 살해했다고 주장했다. 호파가 어느 날 갑자기 실종된 후 시신조차 발견되지 않은 이유는 자신이 그를 살해한 후 다른 공범들이 화장해 버렸기 때문이란 것이다. 한 시대를 풍미했던 호파가 실종된 사건은 반세기에 가까운 시간이 흐른 지금도 미스터리로 남아 있다.

책과 영화의 화자이자 주인공은 시런이지만, 이야기의 중심은 역시 호파다. 그를 중심으로 20세기 중반 미국 노조의 어두운 이면과 마피아 범죄, 미국과 소련 간의 쿠바 미사일 긴장, 존 F. 케네디의 대통령 당선과 암살 등 굵직한 사건들이 파노라마처럼 펼쳐진다. 호파는 과연 어떤 인물이었으며, 그가 이끌었던 화물운송노조는 어떤 조직이었을까. 케네디 정부는 왜 호파를 감옥에 잡아넣지 못해 안달했을까. 그리고 호파는 어떤 최후를 맞았을까. 궁금증이 꼬리에 꼬리를 물고 이어진다.

'노동계 대통령' 호파는 누구인가

1975년 7월 31일, 미국 전국 일간지와 텔레비전 방송들은 톱뉴스로 '호파 실종'을 일

제히 보도했다. 호파가 마지막으로 목격된 곳은 미시간주 디트로이트 외곽의 한 음식점 앞. 음식점 주차장에서는 전날 그가 타고 왔던 자동차가 발견됐다. 미국 노동운동계의 전설적인 거인이자, 마피아와 결탁한 부패한 노동운동가라는 상반된 평가와 논란을 늘 달고 다녔던 호파의 실종은 미국 사회를 그야말로 발칵 뒤집어 놓았다.

1913년 인디애나주 소도시의 광부 집안에서 태어난 호파는 1957년부터 1971년까지 전미화물운송노조를 이끈 인물이다. 1903년 군소 화물운송노조들이 합쳐져 탄생한 전미화물운송노조를 미국에서 가장 영향력 있는 노조로 키워낸 사람이 바로 호파다.

〈아이리시맨〉에는 호파를 다음과 같이 소개하는 장면이 나온다. "호파를 모르는 사람이 없었다. 그는 1950년대에 엘비스 프레슬리Elvis A. Presley보다 유명했다. 1960년대에는 비틀스와 맞먹었으며, 미국에서 대통령 다음으로 막강한 사람이었다." 영화 속에서 시런은 호파와 처음으로 통화를 한 직후 감격스러운 심정을 이렇게 표현한다. "패튼Gen. G. Patton 장군과 통화하는 줄 알았다." 패튼 장군은 2차 세계대전에서 미국 등 연합국들이 승리하는 데 결정적인 역할을 한 사령관이다.

호파는 식료품 체인에서 일하던 10대 시절부터 열악한 노동환경에 맞서 싸웠던 타고난 노동운동가였다. 1932년 전미화물운송노조 지부장으로 스카우트된 그는 정세를 파악하는 날카로운 능력과 행동력, 탁월한 협상력과 리더십 등으로 급성장을 거듭해 1952년 부위원장으로 선발, 그로부터 5년 뒤인 1957년에 위원장이 됐으며, 1964년 조합원들의 임금을 보장하는 전국화물기본협정을 성사시켰다. 그야말로 미국 전역의 화물운송을 좌지우지할 수 있는 권력을 누리게 된 것이다. 그의 재임 기간 중 조합원 수가 230만 명을 돌파했고, 노조기금이 80억 달러가 넘었다고 한다.

호파와 전미화물운송노조의 힘이 이토록 막강했던 배경에는 20세기 중반 미국 경제의 급격한 성장이 있다. 전미화물운송노조의 영어 별칭인 '팀스터Teamster'란 여러 마리의 말·소·나귀 등이 끄는 마차의 운전사를 가리키는 말이다. 20세기에 자동차 산업이 발전하기 시작하면서 트럭이 마차를 대신해 물건을 수송하게 됐고, 대형트럭을 모는 운전사를 가리키는 말로 '팀스터'란 단어가 쓰였다. 물건들을 전국 방방곡곡으로 실어 나르는 팀스터가 미국 물류의 핵심이 된 것이다. "우리 트럭들이 멈추면 미국이 멈춘다"라는 호파의 말은 과장이 아닌 사실이었다.

호파는 탁월한 노동운동가이기는 했지만 기금을 불법적으로 사용하고, 수단과 방법을 가리지 않고 적과 방해꾼들을 제거해 나가며 권력을 독점한다는 비판을 끊임없이 받았다. 눈엣가시인 사업주들을 제거하기 위해 범죄조직들과 손잡고 온갖 불법행위를 벌인다는 혐의도 받았다. 그가 위원장에 당선된 직후 미국 최대 노조기구인 미국노동연맹–산별노조협의회(AFL–CIO) 호파의 부정부패 행위를 강력히 비난하면서 전미화물운송노조를 퇴출해 버렸을 정도로 노동운동계 내부에서도 호파에 대한 비판이 상당했다.

호파는 1964년 전미화물운송노조의 기금을 불법적으로 사용한 혐의로 유죄판결을 받아 징역 5년 형을 선고받았다. 대배심원을 매수한 죄로 8년 형을 더 받아 1967년 펜실베이니아주의 루이스버그 연방교도소에 수감됐다. 1971년 닉슨 대통령으로부터 사면을 받아 석방된 호파는 노조위원장 복귀를 모색하던 중 1975년 실종됐다.

호파는 사라졌지만 전미화물운송노조는 21세기인 지금도 왕성하게 활동하고 있다. 호파의 아들 제임스 P. 호파[James P. Hoffa]가 1998년부터 2016년까지 위원장으로 일했을 만큼, 전미화물운송노조는 여전히 호파의 그늘 아래 있다고 해도 과언이 아니다. 이 노조에는 미국뿐만 아니라 캐나다, 푸에르토리코에서 운수산업을 비롯한 여러 경제 부문에 종사하는 약 140만 명의 노동자들이 조합원으로 가입해 있다. 제임스 P. 호파는 2018년부터 2022년 3월까지 국제운수노련의 도로운수분과 의장으로도 일하는 등 아버지의 뒤를 이어 전 세계 노동계에 막강한 영향력을 행사해 오고 있다.

케네디와 호파는
왜 앙숙이었나

1961년 케네디 정부가 들어서면서 호파의 전성기도 저물어가기 시작한다. 대통령의 동생인 로버트 케네디[Robert F. Kennedy] 법무장관은 부서 안에 '호파 전담팀'을 두고 호파와 그의 측근들을 법의 심판대에 세우기 위해 총력을 기울였다.

케네디 형제와 호파의 싸움은 1950년대 중반부터 시작됐다. 미국 상원은 1957년부터 1960년까지 '노조 부당행위 조사 특위'를 만들어 여러 차례 청문회를 개최했다. 노조의 불법행위, 특히 전미 화물운송노조와 조직범죄의 연관성을 집중적으로 파헤친 이 특위 에는 존 F. 케네디 당시 상원의원도 참여하고 있었다. 그의 동생 로버트 케네디는 비록 특위의 법률자문이었지만 청문회에서 '백 전노장' 호파를 강하게 몰아붙이며 큰 활약을 펼쳤다. 두 사람이 청문회에서 맞고함을 지르며 정면충돌했던 것은 유명한 일화다. 이때 경험으로 케네디 형제는 정권을 잡자마자 호파 잡기에 본격 적으로 나섰고, 호파는 '세상 물정 모르는 애송이 장관'을 철천지 원수로 삼았다.

지난 2015년 출간된《복수: 바비 케네디 대 지미 호파Vendetta: Bobby Kennedy Versus Jimmy Hoffa》의 저자 제임스 네프James Neff는 전통적으로 민 주당이 노동운동에 호의적이었음에도 로버트 케네디가 호파와 전 미화물운송노조 공격에 몰두했던 이유에 대해, 당시 일부 노조 특 히 전미화물운송노조의 부정부패와 공갈행위가 매우 심각했기 때 문이었다고 지적했다. 전미화물운송노조와 마피아 간의 결탁은 호 파의 전임자인 데이브 벡Dave Beck 위원장부터 시작됐다. 책에서 저 자는 타락한 노조를 법적 처벌하려는 의지는 존 F. 케네디보다 동 생 로버트 케네디가 더 강했다고 주장했다. 노동계와의 반목이 존 F. 케네디에게 정치적 부담이 될 수도 있었음에도 로버트 케네디는 이 문제를 사회정의 구현으로 인식하고 있었다는 것이다.[54]

1963년 11월 22일, 호파는 존 F. 케네디 대통령의 암살에 만세 를 불렀다. 영화 〈아이리시맨〉에는 연방법원에 조기가 내걸린 것

を本 호파가 노조원들을 동원해 성조기를 다시 올리는 장면이 나온다. 그는 "바비(로버트 케네디 애칭) 케네디는 이제 일개 평범한 변호사일 뿐"이라고 일갈하기도 한다.

1964년 4월 미국 언론들은 노조와 관련된 부패행위로 유죄판결을 받아 감옥에 수감되어 있던 전미화물운송노조 중간 간부 에드워드 파틴Edward Grady Partin이 주장한 '로버트 케네디 암살 모의 사건'을 일제히 보도했다. 존 F. 케네디 대통령이 암살당한 지 약 반년이 흐른 시점이자, 로버트 케네디가 로스앤젤레스에서 암살되기 약 4년 전이다.

당시 보도에 따르면, 파틴은 루이지애나 형무소에서 수감생활을 하던 중 한 간수에게 전미화물운송노조 간부들이 로버트 케네디 법무장관을 상대로 폭탄 테러를 모의했다는 말을 흘린다. 케네디 장관의 집과 자동차에 설치할 폭탄을 입수하라는 명령을 간부들로부터 받은 적이 있다는 것이다. 10년 넘게 노조 일을 하면서 온갖 폭력과 부정부패 행위에 익숙한 그였지만, 폭탄으로 현직 법무장관을 제거하겠다는 노조의 발상은 충격 그 자체였다고 파틴은 주장했다. 파틴의 말을 들은 간수는 이 사실을 상부에 알렸고, 법무부가 이에 대해 내사를 벌이고 있다는 것이 기사의 주요 내용이다.[55]

사실, 파틴은 1964년 재판정에서 호파의 대배심원 매수 기도를 폭로해 유명해진 인물이다. 그는 호파가 2만 달러를 건네면서, 자신에게 호의적인 대배심원이 누구인지 뒷조사를 의뢰했다고 증언했다. 이는 훗날 호파가 대배심원 매수죄로 8년 형을 받는 데 결정적인 계기가 됐다.[56] 파틴이 폭로한 암살계획의 사실 여부는 확

244

인되지 않지만, 이 에피소드는 호파와 케네디 간의 갈등이 얼마나 극심했는지를 상징적으로 보여준다.

로버트 케네디는 1964년 9월까지 법무장관을 지내다가 상원의원 출마를 위해 사임했다. 이후 법무부는 집요한 수사 끝에 호파를 기소해 총 13년 형의 유죄판결을 받아냈으며, 항소심에서 패소한 호파는 결국 1967년 3월 수감됐다. 이듬해 6월 6일, 로스앤젤레스에서 민주당 대선 경선 후보인 로버트 케네디가 암살되자 감옥에 있던 호파는 또다시 쾌재를 부른다. 같은 해 대선에서는 닉슨이 대통령으로 당선, 민주당에서 공화당으로 정권이 교체됐다. 그로부터 약 3년이 흐른 1971년 12월, 호파는 사면을 받아 석방된다. 1980년까지 노조활동을 하지 않는다는 게 사면 조건이었는데, 영화는 호파가 1968년 대선 캠페인 당시 감옥 내에서 노조를 동원해 닉슨 후보 측에 막대한 후원금을 냈던 것이 결국 사면으로 이어졌다고 묘사하고 있다. 이것이 사실인지는 확인되지 않고 있다. 다만 닉슨은 1972년에 치러지는 대통령 선거에서 재선에 성공하려면 백인 블루칼라 유권자들의 지지가 필요하다고 판단했던 것으로 보인다.

케네디 암살 뒤에 마피아가 있었나

존 F. 케네디 대통령은 텍사스주 댈러스를 방문해 무개차를 타고 퍼레이드를 하던 중

용의자 리 하비 오즈월드Lee Harvey Oswald가 쏜 총알에 맞아 사망했다. 체포된 후 케네디 암살 범행을 강하게 부인했던 오즈월드는 교도소로 이송되기 위해 경찰서를 나서다가 주차장에서 나이트클럽을 운영하던 잭 루비Jack Ruby의 총에 사살됐다. 존 F. 케네디가 사망한 지 불과 이틀 만에 벌어진 일이었다. 경찰은 루비를 체포하고 오즈월드와의 연결점을 조사했지만 둘은 일면식도 없던 사이임이 밝혀지면서 사건은 미궁으로 빠졌다. 루비는 케네디의 죽음에 분노해 범행을 저질렀다고 주장했다. 루비가 오즈월드의 입을 막기 위해 그를 죽였다는 음모설이 나도는 가운데 케네디의 죽음을 조사한 '워렌위원회'는 사회에 불만이 많았던 공산주의자 오즈월드가 저지른 단독 범행이라고 잠정 결론을 지었다.

그 이후로도 케네디의 죽음에 관한 수많은 음모설이 제기됐다. 대표적인 것이 바로 마피아가 케네디 암살을 주도했다는 설이다. 이 설은 존 F. 케네디 대통령의 할아버지와 아버지 대에서부터 시작된다. 할아버지 패트릭 J. 케네디Patrick J. Kennedy와 아버지 조지프 P. 케네디Joseph P. Kennedy가 금주법 시절 밀주사업으로 큰돈을 벌었으며, 밀주사업 특성상 마피아와 관계가 가까웠다는 것이다. 조지프 P. 케네디는 1960년 아들이 대선에 출마하자 자신과 친분이 있는 마피아들에게 지원을 요청했고, 시카고 지역 마피아가 존 F. 케네디의 당선을 위해 적극적으로 선거에 개입했다는 이야기다. 케네디는 시카고가 속한 일리노이주에서 공화당의 닉슨 대통령 후보를 간신히 꺾어 대선에 승리할 수 있었던 게 사실이다. 대선 결과가 나온 직후부터 닉슨 진영을 비롯한 미국 일각에서는 시카고 암흑가 두목 샘 지앙카나Sam Giancana가 선거 결과를 조작했다고 주장했다.

그러나 《가장: 조지프 P. 케네디의 놀라운 삶과 격동의 시대The Patriarch: The Remarkable Life and Turbulent Times of Joseph P. Kennedy》의 저자 데이비드 나소David Nasaw는 2019년 한 인터뷰에서 "전기작가로서 조지프 케네디가 밀주업자였다는 사실이 확인됐다면 나도 좋았을 것이다. 그의 전기를 쓰는 과정에서 내가 할 수 있는 한 모든 루머들을 추적했지만 단 하나도 확인할 수 없었다. 조지프 케네디가 밀주업자(였고 마피아와 가까웠다)라는 이야기들은 그저 웃음거리 삼아 돈 것이었음이 정말로 분명하다"[57]라고 말했다. 또 조지프 P. 케네디가 밀주업자였다는 설은 그의 아들 존 F. 케네디 대통령이 암살당한 직후가 아니라 1960년대 말 또는 1970년대에서야 제기됐는데, 음모론자들이 마피아 개입 가능성에 주목하면서 나오게 된 것으로 보인다고 밝혔다.

나소에 따르면, 1960년 대선에서 패배한 닉슨 진영은 케네디 집안, 특히 조지프 P. 케네디의 온갖 구린 구석들을 찾기 위해 뒷조사를 했지만 그가 밀주업자였다는 증거는 찾지 못했다고 한다. 다만 케네디 대통령의 할아버지인 패트릭 조지프 케네디가 보스턴에서 술집을 운영하면서 위스키 수입 사업으로 큰돈을 벌었던 것은 사실이다. 그는 재력을 기반으로 매사추세츠주의 연방상원의원까지 지냈다.

마피아가 케네디 정권에 악감정을 느낄 이유는 많았다. 케네디가 대통령 취임 이후 범죄와의 전쟁을 선언하며 마피아 뿌리 뽑기에 나섰던 게 가장 큰 이유다. 쿠바에서 많은 사업장을 운영했다가 피델 카스트로 정권에 빼앗겼던 마피아가 케네디의 소극적인 대쿠바 정책에 실망해 그를 제거했다는 주장도 있다. 실제 케네디는 대선 유세 과정에서 쿠바 해방을 공약으로 내세웠다가 '피그스만 침공(1961년 4월 카스트로의 쿠바 정부를 전복하기 위해 미국이 훈련한 1400명의 쿠바 망명자가 미군의 도움을 받아 쿠바 남부를 공격하다 실패한 사건) 실패' 이후 이를 사실상 포기했다.

지난 2017년 10월 도널드 트럼프 행정부가 기밀해제해 공개한 케네디 관련 문건 2891건[58]에는 이른바 '록펠러위원회' 문서가 포함되어 있었는데, 그중 시카고 마피아 두목 지앙카나가 언급된 문건도 있었다. 록펠러위원회는 CIA의 불법활동을 조사하기 위해 1975년에 구성된 위원회로, 위원회의 문건에 따르면 케네디 정부 초기에 로버트 케네디 법무장관은 FBI에 "CIA가 쿠바에 가서 카스트로를 죽일 총잡이를 고용하기 위해 지앙카나에게 접근할 중개인을 고용했다고 들었다"고 말했다. 당시 CIA가 총잡이를 고용하는 대가로 지앙카나에게 10만 달러를 제의했다는 것이다. 앞서 1997년 공개된 문건에서도 CIA와 지앙카나 간의 카스트로 제거 모의가 언급된 적 있었지만, 이처럼 구체적인 금액이 제시된 경우는 처음이었다. 이 같은 문건의 내용은 CIA와 마피아가 손잡고 카스트로 암살을 모의했으며, 케네디의 온건한 대쿠바 정책에 반감을 느낀 이들이 케네디를 제거했다는 음모론에 더욱 불을 지피는 계기가 됐다. 물론 사실 여부는 확인되지 않았다.

호파가 마피아를 동원해 케네디를 제거했을 가능성도 있을까?

영화 〈아이리시맨〉에서 호파는 식당에서 식사하다가 케네디의 암살 뉴스를 듣고서도 태연한 태도를 보인다. 호파가 무슨 짓을 했을지 모른다는 뉘앙스를 슬쩍 풍기는 장면이다. 이런 묘사는 시런의 주장을 담은 책을 토대로 하고 있기 때문으로 보인다. 시런은 책에서 케네디 대통령이 암살당하기 며칠 전 자신이 댈러스 지역의 마피아 조직원들에게 라이플 세 개를 전달했는데, 그 총은 케네디 암살에 사용된 것과 같은 종류였다고 주장했다. 다만 영화에는 시런이 댈러스에 직접 가서 총을 전달하는 장면은 나오지 않는다.

1970년대 말 케네디 암살을 다시 규명하기 위한 하원 조사위원회에서 마피아 조직범죄 전문 뉴욕 경찰관 랠프 살레르노Ralph Salerno는 케네디 암살 전후 동안 미국 전역의 주요 범죄조직 두목들 간에 오갔던 전화통화와 전문, 서한 수천 건을 조사했지만 특별히 의심되는 점은 찾지 못했다고 증언했다. 위원회는 최종 보고서에서 "범죄집단이 조직적으로, 또는 특정 개인 조직원이 케네디 대통령의 암살에 개입했다는 증거가 없다"라는 결론을 내렸다.

아직도 풀리지 않는 '호파 실종' 미스터리

2013년 6월 19일, 호파의 이름이 미국 신문 지면과 방송 뉴스 화면, 인터넷을 다시 한번 장식했다. FBI가 새로운 증언을 토대로 호파의 시신을 찾기 위해 디트로이트 외곽의 한 들판에서 대대적인 수색을 했다는 것이다. 수색 작업은 유명 마피아 보스인 토니 제릴리Tony Zerilli의 제보 때문이었다. 그는 개인적으로 친분이 있는 사람들로부터 디트로이트 북부 오클랜드 지역의 한 곳간 터 콘크리트 더미 속에 호파의 시신이 묻혀 있다고 들었다며 자신의 변호사를 통해 수사당국에 제보했다. 호파가 사라진 지 38년, 2001년 재수사가 시작된 지 12년 만이었다. 하지만 수사당국은 이번에도 호파의 유해를 발견하지 못했고 결국 수색 종결을 선언했다.

시런은 책에서 자신이 직접 호파의 뒷머리에 총을 쏴서 살해했으며, 시신은 다른 조직원들이 소각 처리했다고 주장했다. 하지만 전문가들은 그가 허풍을 떤 것으로 보고 있다. 시런은 《자네가 페인트칠 좀 한다고 들었네》의 저자 브렌트와의 인터뷰 전에도 호파 살해와 관련해 여러 차례 말을 바꾼 전력이 있었다. 처음에는 다른 사람이 호파를 죽였고 자신은 시신 처리만 했다고 주장했다가, 그다음에는 자신이 자동차 안에서 호파를 살해한 다음 시신을 묻었다고 주장했다. 케네디 암살에 사용된 총을 댈러스 마피아에게 전달했다고 주장하는 등 20세기 중반 미국 역사상 중요한 의미를 가진 사건들을 마치 자신이 전부 한 일인 양 떠벌였던 것처럼, 시런은 호파의 최후에 대해서도 거짓말을 했을 가능성이 크다.

20여 년 동안 호파 실종사건을 조사해 호파 전문가로 유명한 잭 L. 골드스미스Zac L. Goldsmith 하버드대학교 법대 교수 역시 지난 2019년 발표한 《호파의 그늘 속에서In Hoffa's Shadow》에서 시런의 주장은 터무니없다고 지적했다. 골드스미스는 호파의 최측근 인사

중 한 명인 찰스 처키 오브라이언의 양아들로, 호파 및 전미화물 운송노조의 내부 정보에 정통한 인물이다(오브라이언은 한때 호파 살해사건 핵심 용의자 중 한 명으로 지목돼 수사를 받았다가 혐의를 벗었다. 영화에는 호파와 시런을 차에 태워 디트로이트 외곽의 한 집까지 태워다 줬다가, 호파가 살해된 다음 시신을 소각한 일당 중 한 명으로 등장한다). 시런의 증언은 정말로 거짓말일까? 아니면 진실을 말한 것일까? 호파 실종사건이 영구미제로 남아 있는 한 풀리지 않을 미스터리다.

BONUS!

다큐멘터리 〈아이리시맨을 말한다The Irishman: In Conversation〉에서 마틴 스코세이지 감독은 이 영화를 만들게 된 이유에 대해 브렌트가 쓴 원작을 읽고 "정말 대단하다고 생각했기 때문"이라고 회상한다. 범죄자의 시선으로 한 시대를 바라보는 책이 가진 힘과 매력에 완전히 반해 버렸다는 것이다. 그래서 스코세이지 감독은 〈아이리시맨〉을 "시대를 반추하는 영화"라고 말한다. 이 작품을 제작하던 당시 스코세이지는 물론 배우 로버트 드니로, 알 파치노, 조 페시는 모두 70대 중후반의 나이였다. 노배우들의 얼굴을 등장인물 나이에 맞게 보이려고, 스코세이지 감독이 어떤 최신 '회춘' 기술을 동원했는지도 공개한다.

"체스판은
곧 세상"

체스판 위 미-소 냉전

드라마 〈퀸스 갬빗The Queen's Gambit〉
출연 | 안야 테일러 조이, 빌 캠프, 마리엘 헬러
감독 | 스콧 프랭크
관람등급 | 청소년관람불가

WHY?

드라마는 1950년대 미국 켄터키주 시골의 한 보육원에서 시작한다. 홀어머니를 잃고 낯선 보육원에 들어온 소녀 엘리자베스 하먼은 보육원 관리인 할아버지로부터 우연히 체스를 배우게 된다. 하먼은 천재적인 재능으로 체스 스타가 되지만 약물과 알코올중독에 발목이 잡힌다. 세계 최고 체스 선수와의 일생일대 대국에서 승리하기 위해선 먼저 자신과의 싸움에서 이겨야 한다. 〈퀸스 갬빗〉은 무엇보다도, '삶'에 관한 이야기이다. 극 중에 나오는 영국 작가 올더스 헉슬리Aldous Leonard Huxley의 말처럼 "체스판은 곧 세상"이다.

〈퀸스 갬빗〉이 매력적인 작품이 될 수 있었던 데에는 주인공을 연기한

안야 테일러 조이^{Anya Taylor-Joy}의 공이 크다. 영국과 미국, 아르헨티나, 심지어 조상대로 거슬러 올라가면 아프리카 콩고 원주민의 피까지 섞였다는 이 배우의 무표정하고 뚱하면서도 섬세한 얼굴과 큰 눈망울을 잊기 힘들다. 그는 이 작품으로 2021년도 골든글로브 미니시리즈·TV 드라마 부문의 여우주연상을 수상했다.

체스에서 '퀸스 갬빗^{Queen's Gambit}'은 첫수를 두는 방식 중 하나다. '갬빗'은 미끼를 던져서 자신의 수를 버는 것을 말하는데, '퀸스 갬빗'은 퀸 열에 있는 폰^{pawn}을 먼저 움직여서 상대에게 일부러 빼앗기려는 전략이다. 폰을 희생함으로써 뒤쪽의 기물들에게 길을 열어주고 중앙의 공격 주도권을 가질 수 있다. 그런데 노련한 체스 선수라면 이런 전략을 간파해 휘말리지 않기 위해 치열한 수 싸움을 벌인다. '퀸스 갬빗'이 드라마의 제목이 된 이유는 주인공 하먼의 인생과 닮았기 때문이다. 하먼은 체스 대국에서 뻔한 수를 두지 않고, 상대편을 무자비할 정도로 몰아붙이는 스타일이다. 하지만 일찍부터 겪어야 했던 쓰디쓴 상실의 트라우마에 여러 차례 넘어지고 처절하게 좌절한다. 그리고 그는 아픔을 딛고 일어나 여왕이 된다. '여왕의 도박'은 결국 성공한 것이다.

〈퀸스 갬빗〉은 1983년 미국에서 출간된 동명 소설을 원작으로 하고 있다. 체스 게임을 매우 상세히 묘사한 것이 특징으로, 작가 월터 테비스^{Walter Stone Tevis} 자신이 체스광이자 C급 선수였다고 한다. 테비스는 1984년 56세 나이로 사망하기 전까지 총 여섯 편의 소설을 썼는데 그중 네 편 《지구에 떨어진 사나이^{The Man Who Fell to Earth}》 (1976년 영화화), 《허슬러^{The Hustler}》(1961년 영화화), 《컬러 오브 머니^{Color of Money}》(1986년 영화화), 《퀸스 갬빗^{The Queen's Gambit}》(2020년 드라마화)이 영화와 드라마로 만들어졌다.

테비스는 소설 《퀸스 갬빗》을 출간한 후 「뉴욕타임스」와 가진 인터뷰에서 "나는 이 책이 명석한 여성에게 바치는 헌사(a tribute to brainy women)라고 생각한다. 나는 베스가 용감하고 지적이어서 좋다. 과거엔 많은 여성들이 자신의 두뇌를 감춰야만 했다. 하지만 지금은 아니다"[59]라고 말했다.

젠더 이슈는 이 드라마의 중요한 이슈다. 하먼의 생모는 코넬대에서 수학 박사학위를 받았을 정도로 명석한 두뇌의 소유자이지만 불우한 삶을 살다가 어린 딸을 홀로 남겨두고 세상을 떠난다. 자세히 묘사되지는 않지만 '잘못된 사랑' 또는 실패한 결혼생활에 좌절한 듯하다. 정신적인 문제도 있어 보인다. 하먼을 입양한 양어머니 알마도 비슷하다. 피아노 연주에 남다른 재능을 가지고 있지만 무대 공포증 때문에 피아니스트가 되지 못했고, 아이를 잃은 후에는 알코올중독에 빠져 살아 결혼생활이 파탄 났다. 당시 대다수 여성들이 그랬듯이 스스로 돈벌이를 하지 못하는 알마는 냉담하기 짝이 없는 남편의 눈치를 보며 살지만 결국 버림받고 만다. 하먼의 회상 장면에서 생모는 어린 딸에게 이런 말을 남긴다.

"남자들은 온갖 것들을 가르치려고 해. 자기 면을 세우려는 거지. 너는 네 생각대로 가는 거야. 자신이 누군지 잊지 말아야 해."

하먼은 체스 선수가 되기 위해 자신의 앞에 놓인 무수히 많은 성차별의 장애물을 넘는다. 당시엔 여자가 체스를 한다는 것 자체가 낯설기 짝이 없는 일이었다. 바꿔 말하면, 여자가 체스를 할 정도로 머리가 좋고 배짱이 있다는 사실이 사회적으로 인정되지 않았던 것이다. 체스의 종주국이라고 할 수 있는 소련에서조차 "여자 체스 챔피언이 있기는 하지만 남자와 대결한 적은 없다"라는 대사가 나온다.

〈퀸스 갬빗〉은 2차 세계대전 이후 미국과 소련이 벌였던 냉전과 체스 경쟁을 시대 배경으로 하고 있다. 그런데 그 묘사가 상투적이지 않다. 예를 들어, 큰 대국을 앞두고 이기기 위해 부정한 공작을 벌이는 따위의 장면은 없다.

체스는 어떻게 탄생했나

체스의 기원은 약 1500년 전 인도로 거슬러 올라간다. 인도의 '차투랑가' 또는 '아슈타파'라는 게임에서 오늘날의 체스가 발생한 것으로 추정된다. 중국의 장기, 페르시아의 샤트랑 등도 차투랑가에 뿌리를 두고 있다. 차투랑가가 페르시아에 전파된 것이 6세기 말에서 7세기 초이며, 이를 변형한 2인용 게임 샤트랑이 7세기 중엽에 아랍인들을 통해 중동 지역 및 북아프리카로 전파되면서 체스로 발전했다. 체스는 이베리아반도와 발칸반도를 통해 유럽에 유입됐고, 이후 전 유럽으로 전파됐다. 특히 스페인에서 체스가 큰 인기를 끌면서 발전했는데,

'퀸스 갬빗'에서 보듯 '갬빗'이란 수는 1561년 스페인의 신부 루이 로페스Ruy Lopez가 처음 도입했다.

오늘날 체스를 정기적으로 즐기는 인구는 전 세계적으로 약 6억 명에 이른다. 여론조사 기관 유거브YouGov의 최근 조사에 따르면, 러시아, 미국, 영국, 인도, 독일 등에서 성인 인구의 약 70퍼센트가 체스를 두어본 적이 있다고 답했을 정도로 체스는 광범위한 사랑을 받고 있다.

체스의 '최고수'를 그랜드 마스터(GM)Grand Master로 부른다. 특정 대회에서 우승하는 것으로 이 칭호를 받을 수는 없다. 세계체스연맹(FIDE)이 정한 엄격한 기준들을 충족해야만 그랜드 마스터가 될 수 있기 때문이다. FIDE 주관 대회에 출전해서 2500점 이상의 실적 점수를 획득하는 한편 국제대회에서 세 개의 자격 기준norms을 얻어야 하는 등 기준이 매우 까다롭다. FIDE 타이틀에는 여덟 가지 종류가 있는데, 한 번 획득하면 평생 지속된다. 그랜드 마스터 뒤로 인터내셔널 마스터(IM)International Master, 피데 마스터(FM)FIDE Master, 캔디데이트 마스터(CM)Candidate Master, 여성 그랜드 마스터(WGM)Woman Grand Master, 여성 인터내셔널 마스터(WIM)Woman International Master, 여성 피데 마스터(WFM)Woman FIDE Master, 여성 캔디데이트 마스터(WCM)Woman Candidate Master가 있다.

세계 최강 체스 국가는 러시아다. FIDE 집계에 따르면, 2020년 10월 기준으로 전 세계의 그랜드 마스터는 1721명인데 러시아가 256명의 그랜드 마스터를 보유해 세계 1위를 차지하고 있다. 미국은 101명, 독일 96명, 우크라이나 93명, 인도 64명 순이다.

체스에는 유독 어린 천재 선수들이 많다. 〈퀸스 갬빗〉에서 하먼은 9세 나이에 체스에 재능을 나타내 유명한 체스 선수들을 차례로 꺾는다. 현실에서 최연소 체스 그랜드 마스터는 인도계 미국 소년 아비마뉴 미슈라Abhimanyu Mishra다. 그는 2021년 7월 1일 헝가리 부다페스트에서 열린 한 토너먼트에서 그랜드 마스터 타이틀을 가진 상대 선수를 꺾었다. 이에 따라 미슈라는 12세 4개월 25일의 나이로 체스 역사상 최연소 그랜드 마스터가 됐다. 기존 최연소 기록은 2002년 러시아 출신의 세르게이 카야킨Sergey Karjakin이 세운 12세 7개월이었다. 두 살 반 나이에 체스를 시작한 미슈라는 10세 9개월 때 인터내셔널 마스터 타이틀을 따 역시 최연소 기록을 갱신한 바 있다.

소련은 어떻게
체스 최강국이 됐나

〈퀸스 갬빗〉 6화에는 이런 대사가 나온다.

"소련 체스가 세계에서 최고인 이유가 뭔 줄 알아? 바로 팀으로 하기 때문이야. 머리를 모아서 하는 거지. 그런데 미국 선수들은 개인주의여서 혼자서 해."

러시아에 체스가 처음 전파된 것은 9세기경이다. 중동의 체스 문화가 카스피해-볼가 무역로를 타고 러시아에 유입됐다. 13세기에 체스를 뜻하는 러시아어인 '샤크마티shakhmaty'라는 단어가 생겼다. 16세기 중반에는 체스가 너무 인기 있어서 차르 이반 뇌제 Ivan The Terrible가 이를 금지시켰을 정도였다. 하지만 이반 뇌제 자신도 체스 대국을 준비하던 중 쓰러져 세상을 떠났을 만큼 체스를 즐겼던 것으로 전해진다.

1917년 볼셰비키혁명이 일어난 이후 공산정부는 체스를 '부르주아의 놀이'로 비판했다. 이로 인해 한때 러시아에서 체스가 사라지는 듯했지만 이내 되살아났다. 사실, 혁명을 이끈 블라디미르 레닌Vladimir Lenin도 휴식 시간에 체스를 매우 즐겼다고 한다.

1925년 모스크바에서 정부가 공식적으로 후원하는 국제 체스 토너먼트 경기가 열렸다. 당시 무려 5만 명의 관람객이 몰렸다고 한다. 이 경기에서는 소련 그랜드 마스터 에핌 보골리우보프Efim Bogoliubov가 승리했다. 이후 소련에서는 체스의 인기가 하늘을 찌를 듯이 폭발했다고 한다.

체스를 러시아의 '국민 게임'으로 만드는 데 결정적인 역할을 한 사람은 알렉산드르 일린 게네프스키Alexander Ilyin-Genevsky다. 1925년 국제 체스 토너먼트 경기에서 쿠바의 세계 챔피언 호세 라울 카파블랑카José Raúl Capablanca를 꺾은 인물로도 유명하다. 열렬한 볼셰비키 지지자였던 그는 1920년대 초반에 체스를 소련군 훈련 프로그램의 하나로 만들었고, 신병들을 위한 체스 교육을 직접 관장했다. 이런 활동은 소련체스학교Soviet Chess School의 설립으로 이어졌다.[60]

레닌과 스탈린Joseph Stalin의 최측근 중 한 명이었던 니콜라이 크릴렌코Nikolai Vasilyevich Krylenko는 정부의 체스 육성정책을 주도했던 인물이다. 1930년대에 정부의 주요 요직뿐만 아니라 소련 체스협회의 회장직을 맡았던 그가 "우리는 체스의 중립성을 당장 끝내야한다. '예술을 위한 예술'이란 공식을 거부하듯이 '체스를 위한 체스'도 뿌리 뽑아야 한다. 체스 선수들로 구성된 '충격여단Shockbrigades'을 조직하고, 체스를 위한 5개년 계획을 즉각 구현해야 한다"라고 말했던 것은 유명한 일화다. 5개년 계획에 따라 소련 전역의 공장과 집단농장, 군대에는 체스 클럽들이 우후죽순 생겨났다.

영국의 그랜드 마스터 대니얼 킹Daniel King은 소련의 체스 육성정책에 대해 "볼셰비키의 체스 장려 동기는 이념적이면서 정치적이다. 그들은 논리적이고 이성적인 이 게임이 러시아 대중을 종교로부터 멀어지게 만들 수 있기를 희망하고 있다. 또한 자본주의 국가들에 대해 소련의 지적 우월성을 입증하기를 원한다. 즉, 체스는 (소련의) 세계 지배의 일환인 것이다"라고 지적했다.

크릴렌코는 붉은군대 최고사령관을 거쳐 1936년에 검찰총장을 맡아 스탈린의 반대파 제거 캠페인인 '대숙청'을 최전선에서 이끌었지만, 불과 2년 뒤에 그 자신이 숙청당해 총살됐다.

미-소는 왜
체스 전쟁을 벌였나

2차 세계대전 이후 1950~1960년대 미국과 소련은 자본주의 진영과 공산주의 진영의 중심축이었다. 당시까지만 해도 미국을 비롯한 서방 국가들은 소련을 그리 큰 위협으로 여기지 않았다. 소련이 연합군의 승리에 큰 공헌을 하기는 했지만 경제적으로는 어려운 상황이었기 때문이다. 하지만 1957년 소련은 세계 최초로 우주선 스푸트니크 1호를 발사해 전 세계에 충격을 줬다. 뒤이어 발사한 스푸트니크 2호에는 라이카란 이름의 개를 태워 보내기까지 했다. 소련이 우주선을 쏘아 올렸다는 것은 가공할 무기를 실어 보내 미국을 공격할 수도 있다는 의미였다. 미국으로선 그야말로 '스푸트니크 쇼크'였던 셈이다. 이를 계기로 미국은 대통령 직속기구로 미항공우주국 NASA을 창설해 우주개발에 박차를 가했다.

1961년에는 독일 베를린을 동서로 가르는 장벽이 세워져 미국과 소련의 갈등이 악화일로로 치달았다. 이듬해인 1962년에는 쿠바 미사일 위기사태가 발생해 핵전쟁의 발발 가능성에 전 세계가 떨었다. 미국 측의 첩보기 록히드 U-2에 의해 쿠바에서 건설 중이던 소련의 SS-4 준중거리 탄도 미사일MRBM 기지의 사진과 건설현장으로 부품을 운반하던 선박의 사진이 촬영된 것. 존 F. 케네디 당시 미국 대통령은 쿠바의 소련 미사일 기지를 선전포고로 받아들였고, 이를 강행한다면 3차 세계대전도 불사하겠다는 초강경 자세를 취했다. 일촉즉발의 상황으로 치달았지만, 양국이 극적으로 타협하면서 세계는 핵전쟁을 겨우 피할 수 있었다. 이런 상황에서 미국과 소련은 체스를 놓고 자존심 대결을 펼쳤다. 체스는 전통적으로 뛰어난 두뇌를 자랑하는 게임인 만큼 자국민의 우월성을 보여줄 수 있었기 때문이다.

사실 냉전 이전에도 양국 간에 체스 교류는 있었다. 2차 세계대전이 끝난 직후인 1945년 9월 미국과 소련 간에 체스 경기가 열렸다. 독특하게도, 라디오 통신을 이용한 '비대면 대국'이었다. 바다 건너편에 있는 선수가 통신으로 체스 말의 이동을 말해 주면, 상대편 선수가 이를 받아 자신의 말을 움직이고 알려주는 식이다. 미국과 소련에서 각각 열 명의 선수들이 참여한 이 경기는 미국의 참패로 끝났다. 그로부터 1년 뒤, 이번에는 모스크바에서 재경기가 펼쳐졌다. 이번에도 미국이 패배했지만, 전과 달리 근소한 차로 져서 그나마 체면을 세울 수 있었다.

냉전기에 벌어졌던 가장 유명한 미·소 체스 대결은 1972년 아이슬란드 레이캬비크에서 열린 세계체스챔피언십대회에서 치러진 미국의 바비 피셔Bobby Fischer 대 소련의 보리스 스파스키Boris Spassky 대국이다. 피셔는 여섯 살에 체스를 처음 배워 14세에 최연소 미국 챔피언이 됐고, 1958년 15세 나이로 당시 역사상 최연소 그랜드 마스터 기록을 세운 인물이다. 국제 체스계에 돌풍을 일으키던 피셔는 1962년 소련 선수들의 승부조작 혐의를 제기하고 항의의 의미로 국제무대에서의 은퇴를 선언해 버렸다. 하지만 1971년 컴백했고, 이듬해 세계체스챔피언십대회에서 당시 세계 챔피언이었던 스파스키를 7승 11무 3패로 꺾어 승리한다. 세계체스챔피언십대회에서 미국 선수가 소련 선수를 꺾기는 110여 년 만에 처음 있는 일이었다. 피셔는 '미국의 영웅'이 됐고, 미국 사회는 마치 냉전에서 소련에 승리한 것처럼 환호했다.

피셔는 1992년 유고슬라비아에서 스파스키와 다시 맞붙어 승리하지만, 당시 미국 정부의 유고슬라비아 경제제재 조치 위반 혐의로 기소됐다가 2004년 일본 나리타 공항에서 필리핀으로 출국하려던 중 붙잡혀 기소됐다. 2005년 3월 21일 아이슬란드 정부가 피셔에게 시민권을 주는 조치를 취해 일본 정부는 피셔의 아이슬란드 출국을 허락했고, 이후 피셔는 아이슬란드에서 살다가 2008년 1월 17일 64세의 나이로 세상을 떠났다. 스파스키는 1975년 프랑스로 망명했다.

러시아에서는 체스 마스터들이 워낙 존경받고 영향력을 갖기 때문에 개중에는 정치가로 변신한 사람도 있다. 바로 가리 카스파로프Garry Kimovich Kasparov다. 1963년 구소련 연방 아제르바이잔에서 태어난 그는 1985년부터 2000년까지 16년간 세계 챔피언 자리를 지켰다. 2005년 은퇴한 뒤엔 정계에 뛰어들어 2007년 러시아 대통령 선거에 출마하기도 했다.

〈퀸스 갬빗〉에 자문을 하기도 했던 카스파로프는 한 언론 인터뷰에서 "1960년대 소련의 체스 챔피언들은 가족과 여행을 갈 때도 국가보안위원회(KGB)와 동행해야 했다"[61]고 밝혔다. 1996년 IBM이 제작한 체스 인공지능 컴퓨터 '딥 블루Deep Blue'와 역사적인 대국을 벌인 것으로 유명한 카스파로프는 총 여섯 번의 대결에서 첫판을 딥 블루에 내준 뒤 나머지 판에서 승리했다. 하지만 이듬해 알고리즘 성능을 더욱 보완한 딥 블루와의 재대국에서는 1승 3무 2패로 패배했다. 지금은 푸틴 러시아 대통령의 장기집권을 비난하는 '반정부 체스왕'으로 불리고 있다.

피셔 역시 말년에는 반미적 행보를 걸었다. 9.11 테러가 일어난 날인 2001년 9월 11일에 피셔는 한 필리핀 라디오 방송사와의 인터뷰에서 "멋진 뉴스다. 박수를 보낸다. 미국과 이스라엘은 팔레스타인인들을 학살해 왔다"라고 말했다. 이어서 "미국 정부는 나를 냉전의 말(Cold War pawn)로 이용했다. 1972년 내가 세계 챔피언이 됐을 당시만 해도 미국은 풋볼(미식축구)의 나라, 야구의 나라란 이미지를 가지고 있었다. 미국을 지적인 나라로 생각하는 사람은 아무도 없었다. 그때는 냉전기였기 때문에 내가 유용했다. 하지만 냉전이 끝난 지금은 내가 더 이상 유용하지 않게 됐다. 이제 그들(미국 정부)은 나를 지워버리고, 내가 가진 모든 것을 빼앗고, 나를 감옥에 처넣으려 한다"[62]라고 주장하기도 했다. 그동안 피셔가 일으킨 수많은 말썽들에도 불구하고 그를 두둔해 왔던 팬들조차 9.11테러의 비극이 일어난 당일에 한 이 발언 때문에 결국 두 손을 들 수밖에 없었다.

체스는 여성차별적인가

하먼은 원작자 월터 테비스가 허구로 만들어낸 인물이다. 하지만 여성 체스 선수가 매우 드물었던 시절에 그랜드 마스터가 돼 명성을 떨쳤던 '롤모델'들은 꽤 있다. 그중 가장 유명한 여성 체스 선수가 노나 가프린다슈빌리Nona Gaprindashvili다. 1941년 소비에트 체제 아래 그루지야(현재 조지아)에서 태어난 가프린다슈빌리는 여성 세계 챔피언 타이틀을 차지한 데 이어 1962년 FIDE의 여성 그랜드 마스터가 됐고

1978년엔 그랜드 마스터가 됐다. FIDE 역사상 여성이 그랜드 마스터 타이틀을 획득한 경우는 가프린다슈빌리가 최초다. 그는 남성 체스 선수들과도 여러 차례 대국했다. 1963년과 1964년 헤이스팅스 챌린저스 토너먼트에서 남성들과 싸워 우승했고, 1977년 론 파인 국제 토너먼트에서는 공동우승을 하기도 했다. 1995년 제1회 여성 월드 시니어챔피언십대회에서 승리한 이후 2009년, 2014년, 2015년, 2016년, 2018년, 2019년에도 타이틀을 방어했다. 수도 트빌리시에는 가프린다슈빌리의 이름을 딴 '체스 궁전'이 있을 정도로 그는 조지아의 국민 영웅이다.

전 세계적으로 1700명이 넘는 그랜드 마스터 중 여성 그랜드 마스터는 38명뿐이다. FIDE 세계 랭킹 1위는 2022년 12월 현재 노르웨이의 마그누스 칼센^{Magnus Carlsen}인데, 여성 체스 선수 랭킹 1위인 중국의 허우이판^{侯逸凡}의 세계 랭킹은 115위다. 체스 역사상 여성 선수가 전 세계 랭킹 1위를 차지한 적은 아직까지 없다.

체스에서의 성 불균형은 여전하다. 우선, 여성 체스 인구가 남성에 비해 크게 적기 때문에 좋은 체스 선수가 나오는 데 불리한 환경인 게 사실이다. 여성은 본래 체스에 적합하지 않다는 시선도 있다. 영국의 그랜드 마스터이자 FIDE 부회장인 나이젤 쇼트는 "체스는 생래적으로 남성에게 적합하다"라고 말해 큰 파문을 일으킨 적이 있다. 미국의 체스 영웅 바비 피셔는 "여성은 끔찍한 체스 플레이어다. 여성이 지적인 일(체스)을 엉망으로 만들어선 안 된다고 생각한다. 그들은 집안일이나 해야 한다"라는 막말을 하기까지 했다. 러시아 그랜드 마스터 카스파로프 역시 1989년 「플레이보이」와의 인터뷰에서 "진짜 체스가 있고, 여성 체스가 있다"라고 말했다. 여성은 수학이나 과학에 적합하지 않다는 주장과 맥을 같이 하는 셈이다.

하지만, 헝가리의 유명 체스 선수인 유디트 폴가르^{Judit Polgar}는 2015년 은퇴 인터뷰에서 "우리(여성 체스 선수)는 남자들과 똑같이 싸울 능력이 있다. 이것(체스)은 젠더의 문제가 아니다. 얼마나 똑똑하냐의 문제다"라고 일갈했다. 카스파로프는 2002년 폴가르에 패배한 후 "여성 체스 선수에 대한 이전의 발언에 대해 어떻게 생각하느냐"는 질문을 받고 "지금은 그렇게 믿지 않는다"라고 말을 바꿨다.

체스계의 젠더 갭은 서서히 좁혀지고 있다. 2001년 FIDE 타이틀을 가진 선수 중 여성은 6퍼센트에 불과했지만 2020년에는 15퍼센트 이상으로 증가했다. FIDE가 규정을 바꿔 리그에 참여하는 체스팀에 최소 한 명의 여성 선수를 포함시키도록 의무화한 것이 영향을 미쳤다는 지적도 있다.

BONUS!

〈콜디스트 게임Coldest Game〉은 체스 게임을 소재로 미국과 소련 간에 벌어지는 치열한 막후 스파이전을 그린 스릴러다. 폴란드 영화지만 영어로 제작됐다. 1962년 쿠바 미사일 위기가 고조되고 있는 가운데 폴란드 바르샤바에서 미국과 소련의 우호 체스게임이 개최되고, 양국은 국가적 자존심이 걸린 이 경기에서 이기기 위해 온갖 공작을 동원한다. 특히 미국 측은 세상의 관심이 체스 게임에 쏠린 틈을 타 비밀요원과 접촉해 소련 핵무기에 관한 극비정보를 넘겨받을 계획이다. 빌 풀만이 뜻하지 않게 냉전에 휘말린 주정뱅이 체스 마스터 조슈아 맨스키를 연기한다.

'복지 선진국'
우루과이의 투쟁

민주주의와 인권

영화 〈12년의 밤La noche de 12 anos〉
출연 | 안토니오 데 라 토레, 치노 다린, 알폰소 토르트
감독 | 알바로 브레치네르
관람등급 | 15세 관람가

WHY?

우루과이는 우리에겐 낯선 국가다. 굳이 찾자면, WTO 설립의 토대가 된 '우루과이 라운드Uruguay Round'(1986년 9월 남미 우루과이의 푼타델에스테에서 개최된 '관세 및 무역에 관한 일반협정(GATT)' 각료회의를 시작으로 1993년 12월 타결된 다자 간 무역협상)에 이름을 올린 국가라는 정도다. 이를 계기로 우리나라는 농산물시장 개방이란 엄청난 변화와 충격을 입었던 터라 우루과이에 대한 이미지가 그리 좋지 않은 게 사실이다. 하지만 우루과이는 1900년대 초에 8시간 노동제와 의무교육제 등을 도입했던 복지 선진국이자, 중남미에서는 이례적으로 오랜 민주주의의 역사를 가진 국가이기도 하다.

〈12년의 밤〉은 우루과이의 민주주의가 위기를 맞았던 1973년에서 1985년 사이, 군부독재에 저항하다 붙잡혀 12년간 독방 감금과 고문 등 끔찍한 고통을 겪었던 실존 인물 세 명의 이야기다. 투파마로스 국민해방운동(MLN-T)Movimiento de Liberacion Nacional-Tupamaros 게릴라 단원들인 호세 무히카Jose Mujica, 마우리치오 로센코프Mauricio Rosencof, 엘레우테리오 페르난데스 우이도브로Eleuterio Fernandez Huidobro는 체포당해 모처로 끌려가 고문을 당한다. 국내 곳곳의 비밀감옥들로 끌려다니며 햇빛조차 들지 않는 독방에 수감된 이들은 두려움과 절망 속에서도 하루하루를 견뎌낸다.

우리나라처럼 군부독재 하에서 민주주의를 지키기 위해 수많은 사람이 피와 눈물을 바쳤고, 결국엔 '작지만 강한 국가'가 된 우루과이를 이해하기 위한 텍스트로 이 영화만큼 적합한 것은 없다.

2015년 3월 1일, 팔순을 앞둔 푸근한 인상의 무히카 우루과이 대통령이 임기를 마치고 퇴임했다. 대통령궁을 나선 그는 1987년형 하늘색 폴크스바겐 비틀을 타고 수도 몬테비데오의 변두리에 있는 농장으로 향했다. 2000년 취임 당시 그가 신고한 재산은 허름한 농장과 낡은 자동차 한 대, 트랙터 두 대, 그리고 약간의 현금뿐이었다. 그는 재직하는 동안 관저를 가난한 사람들에게 내주고 농장에 살면서 프로필에 직업을 '농부'로 적었고, 월급의 90퍼센트에 달하는 총 40만 달러를 서민주택 건설 사업에 기부했다. 그래서 붙은 별명이 '세계에서 가장 검소한 대통령'이다. 하지만 국민들은 그를 스페인어로 '아버지'란 뜻의 '페페^{pepe}'로 부른다. 군부독재 시절 무려 12년간의 투옥생활을 했지만, 최고권력자가 된 이후 정치적 보복 대신 '화해'를 강조하면서 '소박한 삶'을 실천했던 그에게 2015년 영국 「더타임스」는 '철학자 대통령'이란 타이틀을 부여하기도 했다. 무히카는 재임 기간에 조세개혁 등을 통한 지속 성장과 빈곤 감소, 노동 기회 확대, 환경보호 등에서 상당한 성과를 거뒀다는 평가를 받았다. 마리화나 합법화와 낙태의 제한적 허용, 동성결혼 인정 등 파격적이고 급진적인 정책을 도입하기도 했다. 퇴임 당시 지지율이 무려 65퍼센트였다는 사실은 그에 대한 국민들의 사랑과 존경이 얼마나 지극한지를 단적으로 보여준다.[63]

무히카가 상원의원직에서도 물러나 '전업 농부'가 된 2020년, 우루과이의 1인당 GDP는 2만 2793달러로 남미 12개국 중 2위, 1인당 국민총소득(GNI), 한 나라의 국민이 국내외 생산 활동에 참가한 대가로 받은 소득의 합계는 남미 1위를 기록했다.[64] 유엔에 따르면 우루과이의 행복지수는 세계 30위로 우리나라(59위)를 크게 앞선다.[65] 인구 347만 명(2020년 기준)의 작은 나라 우루과이는 경제뿐만 아니라 정치적으로 안정돼 '남미의 스위스'로 불리고 있다. 우루과이의 이 같은 번영에 토대를 마련한 무히카를 비롯해 민주화 운동가들의 고난과 희생을 그린 작품이 바로 〈12년의 밤〉이다.

우루과이의 찬란한
민주주의 전통

우루과이는 남미대
륙의 대국 브라질과 아르헨티나 사이에 위치한 국가다. 남미에서
수리남 다음으로 작은 면적을 가지고 있다. 본래 차루아족과 차
니족 등의 원주민들이 수렵과 채집생활을 하면서 살던 지역이었
으나 17세기에 스페인에 식민화됐고, 19세기 초에 브라질에 편
입됐으나 독립을 쟁취하기 위한 무력활동이 활발하게 일어났다.
1825년 후안 안토니오 라바예하Juan Antonio Lavalleja가 이끄는 세력이
아르헨티나의 지원을 받아 독립을 선언했지만 이에 발끈한 브라
질이 아르헨티나에 선전포고를 하면서 전쟁이 일어났다. 하지만
1828년 영국의 중재로 종전이 이뤄지면서 우루과이(당시 국명은
우루과이강 동안 공화국)는 독립을 인정받게 됐으며, 1830년에 헌법
을 공포하면서 정식의 독립공화국이 됐다. 19세기 중반에 콜로라
도당과 블랑코당의 갈등으로 인한 내전과 군사독재 등 혼란이 벌
어지기는 했지만, 1877년부터 무상의무교육을 실시하고 1917년
에 스위스식 직접민주주의에 따른 국민 투표를 실시했는가 하면,
1927년에 공공 부문에 최저임금제를 도입하는 등 선진적인 복지,
민주주의 정책을 과감하게 시행했다. 1930년 국제축구연맹(FIFA)
주최의 첫 월드컵 경기를 개최한 국가와 우승국이 바로 우루과이
란 사실이 당시 이 나라의 국력과 국제적 위상을 잘 말해 준다.

우루과이의 정치체제와 복지 모델은 1930년대에 대공황으로
한때 심각한 위기를 맞았다가 1942년 개헌으로 민주주의 원칙을

재정립하면서 다시 안정과 번영을 찾았다. 1954년부터 1967년까지는 대통령제를 없애고 스위스를 본떠 아홉 명으로 구성된 '정부 국가평의회' 제도를 실시하기도 했다. 하지만 1960년대에 우루과이페소화 가치가 폭락하고 인플레이션율이 60퍼센트를 넘는 등 경제난이 닥치면서 국가의 근본이 뿌리째 흔들리는 사건이 일어나게 된다. 1973년 후앙 마리아 보르다베리^Juan María Bordaberry 대통령의 측근인 군부 인사들이 도시게릴라조직 투파마로스의 제압과 사회 혼란을 바로잡는다는 명분으로 무혈 친위 쿠데타를 일으킨 것이다. 보르다베리 대통령은 상하 양원을 해산하는 등 독재권력을 휘둘렀지만 1976년 군부에 사실상 쫓겨났다. 같은 해 군부가 주도하는 국민평의회는 블랑코당의 아파리시오 멘데스를 새로운 대통령으로 선출했으며, 1981년에는 쿠데타 주역이자 국민평의회 의장인 그레고리오 콘라도 알바레스^Gregorio Conrado Álvarez를 대통령 자리에 앉혔다. 그러자 우루과이 전국에서 군부독재에 반대하는 24시간 파업시위 등 시민들의 저항이 거세게 일어났고, 결국 군부는 민의에 밀려 민정으로의 정권이양을 약속했다.

1984년 11월 총선거에서 국민은 콜로라도당의 후안 마리아 상기네티^Julio María Sanguinetti를 대통령으로 선택했다. 군정에서 민정으로 드디어 정권이 이양된 것이다. 이때 많은 정치범이 풀려났는데, 그 중에는 〈12년의 밤〉의 세 주인공도 포함되어 있었다. 알바레스 전 대통령은 2009년 반정부 인사들에 대한 학살 등 인권탄압 혐의로 25년 형을 선고받았으며, 교도소에서 수감생활을 하던 중 2016년 91세 나이로 사망했다. 보르다베리 전 대통령도 2010년 헌정질서를 무너뜨리고 반정부 인사들을 무단 구금, 고문, 살해한 혐의로 35년 형을 선고받았지만 이듬해 83세로 자택에서 눈을 감았다.

12년에 걸친 군부독재 기간에 피살당한 우루과이인은 약 180명으로 추정된다. 이중 상당수는 시신조차 찾지 못한 상태다.

중남미 뒤흔든 극좌 무장조직들

투파마로스는 1960~1970년대에 우루과이에서 활동한 도시게릴라조직이다. 막스레닌주의를 신봉하는 변호사이자 노동운동가인 라울 센딕^{Raúl Sendic}이 쿠바혁명의 성공에 자극을 받아 설립했다. 가난하고 배움이 없는 노동자들이 권리를 찾기 위해서는 폭력도 불사해야 한다는 것이 투파마로스의 신념이었다.

'투파마로스'란 이름은 잉카제국의 후신인 신잉카국 마지막 황제인 투팍 아마루^{Túpac Amaru}에서 따온 것이다. 그는 스페인에 맞서 저항하다가 붙잡혀 우상숭배, 스페인에 대한 반란 선동 등의 죄목으로 사형당했다. 이후 그의 이름은 원주민 독립운동 및 저항의 상징이 된다. 18세기에 활동한 페루의 원주민 독립운동가 호세 가브리엘 콘도르캉키^{José Gabriel Condorcanqui}는 이름을 투팍 아마루 2세로 바꾼 후 잉카제국의 부흥 및 아메리카 원주민, 메스티소, 흑인의 차별 철폐를 선언하며 봉기했다. 그의 봉기는 스페인군에 진압당하면서 실패했지만, 이후 중남미 식민지에서 독립운동이 더욱 확산하는 데 영향을 미쳤다.

1960년대 초 은행, 총기 클럽, 사업체 등에서 훔친 음식과 돈을 가난한 사람들에게 나누어주는 것으로 활동을 시작한 투파마로스는 1960년대 말 경제위기 악화를 이유로 호르헤 파체코 대통령이 노조활동을 억누르고 비상사태를 선포한 후 활동가들을 잡아들이고 고문까지 자행하자 은행장, 외교관 납치 및 암살 등으로 극렬한 무력투쟁을 전개했다. 이 같은 움직임은 그동안 국민들이 투파마로스에 가졌던 '로빈 후드' 이미지를 훼손하고 지지기반을 약화시키는 원인이 되기도 했다. 1971년 9월에는 푼타 카레타스 교도소에 수감돼 있던 투파마로스 조직원 100여 명이 감방 안에서 땅굴을 파 집단 탈출해 우루과이는 물론 전 세계를 깜짝 놀라게 만들었다. 이 사건은 투파마로스를 소탕하기 위해 정부가 군부와 손을 잡는 직접적인 계기가 됐고, 결국 1973년 군부 쿠데타로 이어지게 됐다.

쿠데타 이후 라울 센딕과 무히카, 로센코프, 우이도브로 등 투파마로스의 지도부 인사들은 물론 수많은 조직원이 붙잡혀 수감되거나 피살당했다. 가난한 농부 집안에서 태어난 무히카는 투파마로스의 많은 무장활동을 주도했다가 체포된 후 12년간 독방 수감생활을 하다가 석방됐다. 이후 농무장관, 상원의원 등을 거쳐 대통령이 됐다. 영화에서처럼 수감생활을 하는 동안 극도의 공포감, 정신분열 등을 앓았던 것으로 알려져 있다. 로센코프는 언론인, 극작가 등으로 활동하다가 투파마로스에 합류했으며, 석방 후 몬테비데오시 문화국장을 지내다가 문학활동을 계속해 오고 있다. 역시 언론인이자 작가였던 우이도브로는 국방장관으로 재직 중이던 2016년에 쓰러져 세상을 떠났다. 센딕은 13년간의 수감생활 끝에 1985년 석방된 후 투파마로스를 합법적인 정당으로 만드는 일을 하다가 1989년 프랑스 파리의 한 병원에서 병으로 사망했다. 당시 의료진은 오랜 수감생활이 건강 악화의 원인이 됐다고 밝혔다.[66]

투파마로스가 활동하던 시기에 중남미의 다른 국가들에서도 체제전복을 목표로 한 극좌 성향의 무장조직들이 속속 등장했다. 대표적인 예가 콜롬비아무장혁명군(FARC)Fuerzas Armadas Revolucionarias de Colombia과 콜롬비아민족해방군(ELN)Ejército de Liberación Nacional, 페루의 빛나는 길Sendero Luminoso, 엘살바도르의 파라분도 마르틴 민족해방전선(FMLN)Frente Farabundo Martí para la Liberación Nacional, 과테말라민족혁명(URNG)Unidad Revolucionaria Nacional Guatemala 등이다. FARC는 1964년 콜롬비아 공산당 산하 무장조직으로 출범해, 소련의 지원을 받으며 한때 중남미 지역의 최대 공산주의 게릴라조직으로 악명을 떨쳤다. 경찰서와 군 초소는 물론이고, 송유관이나 전력망, 교량, 학교 등 사회시설을 폭격하는가 하면, 2002년에는 유세 중이던 녹색산소당 대통령 후보 잉그리드 베탕쿠르를 납치해 무려 6년간이나 인질로 잡아 국제적인 비난을 받았다. 베탕쿠르는 2008년 7월 군사작전을 통해 다른 인질들과 함께 극적으로 구출됐으며, 자서전 집필과 신학 공부 등을 하다가 당에 복귀해 현재는 당 대표로 활동하고 있다. 50년 넘게 이어진 FARC와 정부군, 민병대 간의 내전은 2016년 평화협정으로 막을 내렸다. 내전 동안 약 22만 명이 사망하고, 5만 명 이상 실종됐으며, 800만 명이 주거지를 잃고 국내 난민이 된 것으로 추정된다. 내전 당시 벌어졌던 전쟁범죄를 심판하고 있는 콜롬비아 특별평화재판소(JEP)는 지난 2021년, FARC가 1996년부터 20년간 최소 1만 8667명의 미성년자를 전쟁에 동원했다며 이와 관련한 범죄 혐의를 조사하겠다고 밝힌 바 있다. 이는 지금까지 알려졌던 반군 소년병 규모인 7400명보다 훨씬 큰 규모이고, 14세 미만도 5691명이나 된다. 에두아르도 시푸엔테스 특별평화재판소장은 이날 기자회견에서 "소년병 동원은 전쟁 중에 일어날 수 있는 가장 끔찍한 행위 중 하나"라며 "소년·소녀들을 분쟁의 도구로 이용해 콜롬비아 사회에 고통을 안겼다"[67]라고 말했다. FARC는 협정발효 이후 무장해제하고 합법적인 정당으로 변신해 활동하고 있다.

콜롬비아의 또 다른 무장조직 ELN은 1964년 막스레닌주의를 신봉하는 지식인 청년들이 쿠바 정부로부터 군사훈련 지원을 받아 만들었다. 남미 해방신학의 선구자로 꼽히는 콜롬비아의 사제 겸 혁명가 카밀로 토레스 레스트레포Camilo Torres Restrepo 신부가 리더로 활동하기도 했다. 토지 귀족 계급과 독재에 맞서 사제의 지위와 특권을 포기하고 총을 들었던 그는 1966년 정부군과의 전투에서 사망했다. FARC가 해체된 이후 현재까지도 테러를 계속하고 있는 ELN은 마약 밀매, 불법 광업 등으로 수익을 마련하고 있으며, FARC 잔당과 더불어 베네수엘라와의 국경 부근에서 군경에 대한 공격도 일삼고 있다. 여러 차례 정부와 평화협상을 벌였지만 별다른 성과를 보지 못했다. 2022년 6월에 치러진 대선에서 게릴라조직 '4월 19일 운동(M – 19)Movimiento 19 de Abril' 출신인 구스타보 페트로^{Gustavo Petro} 후보가 대통령에 당선된 이후 새 정부와 협상을 재개할 뜻을 밝혔다.[68]

'빛나는 길'은 1968년 중국의 마오쩌둥을 숭배하던 철학교수 아비마엘 구스만^{Abimael Guzmán}이 만든 조직으로, 처음에는 페루 공산당 분파였다가 따로 떨어져 나와 공산 혁명을 목표로 테러활동을 벌이며 한때 조직원이 1만여 명에 이르기도 했다. 1992년 구스만이 체포된 이후에도 명맥을 이어왔지만 2012년 지도자 아르테미오(본명은 플로린도 플로레스)가 체포되면서 사실상 와해됐다.

엘살바도르의 FLMN은 군사정권에 대항하기 위한 무장투쟁이 전국적으로 벌어진 가운데 1980년 다섯 개의 무장 게릴라단체들이 연대해 결성한 조직이다. 정부군과 FLMN 간에 벌어진 10여 년간의 내전으로 약 7만 5000명의 민간인이 목숨을 잃고 약 40만 명이 난민이 됐다. 1992년 평화협정 이후 정당으로 변신한 FLMN은 2009년과 2014년 대통령 선거에서 승리하면서 수권정당으로 발돋움했다. 1980년 과테말라의 게릴라단체 네 곳이 연합해 만든 URNG는 1997년에 정부와 평화협정을 맺고 정당으로 변신했다. 파라과이의 EPP는 2008년에 출범한 조직이지만, 그 뿌리는 1990년대 좌파당의 비밀무장조직에 두고 있다. 약 반세기 동안 이어진 파라과이의 군부독재 및 극심한 정치 혼란 속에서 몸집을 키워나갔으며, 2022년 현재까지도 활동을 이어가고 있다. 2020년 9월 오스카르 데니스 전 부통령을 납치해 인질로 잡고 있다. 2022년 5월 데니스의 딸들은 언론과의 인터뷰에서 "EPP는 내 아버지가 어디에 있는지만이라도 알려달라"라고 호소했다.[69]

'콘도르 작전'과
CIA

1960~1970년대에
중남미에서 많은 극좌 게릴라조직들이 생겨난 데는 빈부격차의 확
대에 따른 갈등 고조 등 내재적인 문제도 있었지만, 무엇보다 미국
과 소련 간의 냉전이 큰 영향을 미쳤다. 미국은 자국의 앞마당 격
인 중남미에서 소련의 영향력을 차단하기 위해 각국에서 쿠데타를
사주 또는 지원하는가 하면 군부독재 정부들에게 막대한 군사 원
조금을 쏟아부었고, 이는 중남미 각국의 반정부 인사들에 대한 탄
압과 조직적인 살해 등 국민들의 막대한 피해를 초래했다. 미국 정
부는 CIA를 통해 1954년 과테말라에서 카를로스 아르마스가 이
끄는 반군을 지원해 민주선거로 당선된 하코보 아르벤스 대통령
정부를 무너뜨렸고, 1973년에는 칠레의 좌파 살바도르 아옌데 정
부를 몰아내기 위해서 아우구스토 피노체트 참모총장의 쿠데타를
도왔다. 훗날 비밀해제된 CIA, 국무부, 국방부 등의 문건에 따르면,
칠레 주재 미 대사관의 해군 무관은 보고서에서 쿠데타가 일어난
9월 11일을 "우리의 디데이(D-Day)"라고 표현했다. 1970년 10월
16일 헨리 키신저 당시 국가안보보좌관은 칠레 CIA 지부장에 보
내는 전문에서 "아옌데가 쿠데타에 의해 전복돼야 한다는 것은 확
고하고 지속적인 우리의 정책"이라면서 구체적인 공작지침을 내리
기도 했다.[70]

미국 정부가 1973년 우루과이 쿠데타에 개입했다는 증거는 없
다. 다만, 쿠데타 이후 우루과이의 독재정부는 미 CIA와 협력해

이른바 '콘도르 작전Operation Condor'에 적극적으로 참여했다. '콘도르 작전'이란 1970~1980년대 남아메리카 각국 독재정권의 군·정보 기관이 좌파세력 근절을 이유로 내세워 서로 협력하면서 정치적 반대자를 암살하고 민주주의 요구를 탄압한 작전을 말한다. 가담 국은 아르헨티나, 칠레, 브라질, 우루과이, 파라과이, 볼리비아 등 6개국이며, 이 작전으로 약 6만 명이 살해당하고 3만 명이 실종됐 으며 40만 명이 투옥됐다. 특히 아르헨티나 군부정권은 반체제 인 사들을 죽인 후 어린 자녀를 경찰이나 군인 가정에 입양시키기까 지 했다. 강제 입양의 피해를 입은 사람은 최소 500명으로 추정 된다. 개중에는 성인이 된 후 자신의 양아버지가 친아버지를 죽인 장본인이었다는 사실을 알게 된 피해자도 있었다.[71]

역사 속에 은밀하게 숨겨질 뻔했던 콘도르 작전의 실체가 드러 난 것은 1992년이었다. 파라과이에서 한 시민운동가가 독재정권 기록들을 추적하던 도중 수도 아순시온 인근 도시 람바레의 경찰 서 지하창고에서 산더미처럼 쌓여 있는 기밀문서들을 찾아냈다. 여기에는 독재정권에 의해 살해, 납치, 실종된 사람들과 관련된 정 보들이 담겨 있었다. 이후 다른 도시에서도 유사한 문건들이 속속 발견됐는데, 그동안 소문으로만 돌았던 남미 '콘도르 작전'에 미국 이 깊숙이 개입되어 있었다는 사실이 확인됐다. 파라과이 대법원 과 검찰청, 시민단체 등은 이 문건들을 정리한 '테러 아카이브'를 1993년 세상에 공개했다.[72]

1998년 비밀해제된 FBI 문서들을 통해서도 미 정부가 CIA를 통해 콘도르 작전을 후원한 사실이 드러났다. 그러나 2020년 영국「가디언」은 콘도르 작전에 관한 장문의 기사에서 "이 작전에 참여한 많은 사람이 파나마에 있는 미 육군학교를 졸업하기는 했지만 미국이 '주도적'으로 이끌지는 않았다"[73]라고 언급했다. 하지만 같은 해「워싱턴포스트」는 '세기의 정보 쿠데타'란 제목의 기사에서, 스위스에 있는 암호기계 제조회사 크립토AG가 아르헨티나 등 중남미 국가들은 물론 전 세계의 군대, 경찰, 첩보기관들에게 암호기계를 공급했는데, 놀랍게도 이 회사는 CIA와 서독 정보부가 비밀리에 소유하고 있었다고 폭로했다. 즉 자사에서 만든 암호기계를 통해 '콘도르 작전' 관련 정보들을 미국과 서독 정부가 알고 있었다는 것이다. 신문은 "CIA는 남미의 가장 잔혹한 일부 정권들에게 부정한 수법으로 조작된 통신장비들을 제공했으며, 결과적으로 이들 국가의 잔인무도한 만행을 인지하는 데 있어 특별한 위치를 차지하고 있다"[74]라고 비판했다. 또 독일은 1990년대 초 손을 뗐으나 CIA는 2018년까지 암호기계 공급 및 정보갈취 작전을 계속했으며 한국도 1980년대에 이 회사의 주요 고객이었다고「워싱턴포스트」는 전했다. 한편 1977년 CIA 전문에는 서독, 영국, 프랑스 정보기관들이 유럽판 콘도르 작전에 관심을 나타냈던 사실이 담겨 있다. 당시 서독은 적군파, 영국은 아일랜드공화국군(IRA)의 테러로 골머리를 앓고 있었다. 전문은 "그들(서독, 영국, 프랑스)은 유럽에서 테러리스트. 전복적 위협이 매우 위험한 수준에 이르렀으며, 콘도르 같은 협력체를 통해 각국의 정보 역량을 모으는 것이 최선이라고 믿고 있다"[75]라고 언급했다.

콘도르 작전은 1983년 아르헨티나 군사정부가 무너지면서 공식적으로 종료됐다. 그로부터 33년이나 지난 2016년에야 아르헨티나 연방법원은 콘도르 작전의 책임을 물어 레이날도 비그노네 Reynaldo Benito Bignone 전 대통령에게 징역 20년을 선고했다. 그는 재임 당시 저지른 고문 살해 혐의로 2010년에 이미 종신형을 선고받았지만, 콘도르 작전의 책임이 법정에서 밝혀지고 처벌받기는 처음이었다. 주범인 호르헤 라파엘 비델라Jorge Rafael Videla 전 대통령도 2010년에 종신형을 선고받았으나 2013년 사망했다. 법원은 우루과이 육군 대령 마누엘 코르데로 피아센티니 등 전직 장교 14명에게도 콘도르 작전에 개입한 혐의로 각각 징역 8~25년을 선고했다.

BONUS!

중남미 군부독재의 만행과 이에 맞서는 민중의 저항에 대해 좀 더 알고 싶다면 〈리마스터드: 빅토르 하라의 마지막 노래ReMastered: Massacre at the Stadium〉를 추천한다. 2019년에 제작된 이 작품은 칠레의 전설적인 민중가수 하라의 음악과 그의 죽음을 둘러싼 미스터리를 추적하는 다큐멘터리다. 하라는 1973년 9월 11일 피노체트가 주도한 쿠데타가 일어나자마자 체포돼 산티아고 국립경기장으로 끌려갔고, 며칠 뒤 시 외곽 공동묘지 인근의 철로 옆에서 시신으로 발견됐다. 시신에는 고문의 흔적과 함께 40여 발의 총알이 박혀 있었다. 하지만 훗날 법정에서 군부 관계자들은 하라의 죽음과 무관하다며 무죄를 주장했다. "노래 한 곡이 기관총 100자루보다 더 강력"했던 하라의 삶을 통해 인간의 숭고한 자유의지와 민주주의의 가치를 다시 한번 생각해 볼 수 있다.

개인의 '국가 세우기'는 가능한가?

국가와 시민권

영화 〈로즈 아일랜드 공화국Rose Island〉
출연 | 엘리오 제르마노, 마틸다 데 안젤리스
감독 | 시드니 시빌리아
관람등급 | 15세 관람가

WHY?

"이게 나라냐?" 국가나 정부, 또는 사회가 돌아가는 꼴이 영 못마땅하게 느껴질 때 흔히들 이런 말을 내뱉는다. "확, 이민이나 가버릴까?"라는 말도 한다. 그렇다고 해도 "내가 직접 국가를 만들어서 독립하겠다"라고 생각하는 사람은 없지 않을까? 하지만 세상에는 그런 생각을 실제로 행동에 옮긴 사람들이 있다. 〈로즈 아일랜드 공화국〉은 1960년대에 이탈리아 앞 바다 위에 '미니 국가'를 세웠던 남자의 실화를 그린 영화다. 이탈리아 북동부 해안도시 리미니에 사는 조르지오 로사Giorgio Rosa는 엉뚱한 구석이 있는 엔지니어다. 예를 들어 자동차를 직접 만들어 등록도 하지 않은 채 타고 다니는 식이다. 어느 날 그는 근처 바다 위에 모든 사람들이 자유롭게 와서 놀 수 있는 인공 섬을 짓는다. 섬의 이름은 로즈 아일랜드 공화국. 로사는 독립 선포까지 한다. 이 일은 곧 유럽 각국은 물론 유엔까지 주목하는 '사건'이 되고, 이에 이탈리아 정부는 로즈 아일랜드 공화국과의 전쟁을 선포한다.

기성체제에 저항하는 혁명과 반전운동이 거세게 펼쳐지고 있던 당시 시대 분위기 속에서, 모든 규제로부터 해방된 자유로운 국가를 꿈꾸었던 한 청년의 행동을 과연 '유치한 장난'으로만 폄하할 수 있을까? 영화는 국가란 과연 무엇이며, 시민의 권리와 자유란 어떤 의미인지를 생각해 보게 한다.

개인이나 단체가 자의적으로 세운 초미니 국가를 '마이크로네이션Micronation'이라고 한다. 초소형국민체, 극소형국가로 번역되기도 한다. 과거에 존재했거나 현재까지도 활동 중인 마이크로네이션은 130여 개로 추정된다. 그러나 국제법에 따라 국가로 인정받은 마이크로네이션은 없다. 인구수가 1만여 명에 불과한 투발루와 나우루는 물론, 800여 명(2022년 기준)뿐인 바티칸이 정식 독립국인 것과는 차이가 있다.

1934년에 제정된 '국가들의 권리와 의무에 관한 몬테비데오 협약Montevideo Convention' 제1조는 국제법의 인격체로서 국가가 갖춰야 할 조건을 △상주하는 인구 △명확한 영토 △정부 △다른 국가들과의 관계를 맺을 수 있는 능력으로 규정하고 있다. 마이크로네이션들은 이 조건을 충족했다면서 당당한 '국가'임을 주장하지만 현실은 그렇게 간단하지 않다. 국제법상 어느 나라도 주권을 행사하지 않는 이른바 '무주지^{Terra nullius}'를 제외하고, 한 국가의 영토 내에 마이크로네이션을 세우는 것은 불법이기 때문이다. 게다가 무주지에 국가를 세운다 해도 영토주권을 인정받을 가능성은 극히 적다. 국가의 주권이 미치지 않는 공해상에 인공 구조물을 지어 한 국가의 영토로 인정받는 것 역시 불가능하다. '해양의 헌장'으로 불리는 유엔해양법협약(UNCLOS)^{United Nations Convention on the Law of the Sea}은 인공섬, 시설 및 구조물에 대해 섬의 지위를 인정하지 않기 때문이다. 영화 〈로즈 아일랜드 공화국〉의 주인공 조르지오 로사도 유럽연합(1968년 당시는 유럽공동체)과 유엔에 호소했지만 인공섬을 국가로 인정받는 데 실패했다.

"금지하는 것을 금지한다"

로사가 로즈 아일랜드 공화국을 세운 1967년에서 1968년은 유럽은 물론 세계 곳곳에서 혁명의 바람이 거세게 일어난 시기였다. 특히 프랑스에서 일어난 이른바 '68년 5월 학생혁명'(이하 68혁명)은 베트남전 반대, 권위주의적인 구질서 타파, 그리고 자유를 부르짖으며 유럽 각국으로 확산되었다.

68혁명은 1968년 3월 파리 근교의 낭테르대학교에서 학생 여섯 명이 미국의 베트남전에 항의해 성조기를 불태운 혐의로 체포된 사건이 도화선이 됐다. 같은 대학에 다니던 학생 다니엘 콩방디^{Daniel Cohn-Bendit}가 이끄는 시위대는 학교를 점거하며 시위를 벌였고, 이는 다른 대학까지 급속도로 확산했다. 같은 해 5월 파리 소르본대학에서 열린 집회에서 콩방디 등 학생들은 "금지하는 것을 금지한다(Il est interdit d'interdire)"라고 외치며 바리케이드를 치고 경찰에 맞서 저항했다. 샤를 드골 정부의 보수주의에 부정적인 일부 시민들은 물론 노동계도 시위에 참여해 총파업을 벌이는 등 그야말로 프랑스 사회 전체가 혼돈의 소용돌이 속으로 휘말려 들어갔다. 당시 트로츠키주의 그룹 '혁명적 공산주의 연맹'의 리더였던 앙리 베베르^{Henri Weber}는 저서 《68년 5월을 청산해야 하는가^{Faut-il liquider Mai 68}》에서 "68년은 코르셋을 착용한 (경직된 가치에 갇힌) 프랑스를 해방시켰던 자유화운동이었다"[76]라고 평가한 바 있다.

68혁명은 유럽의 공산권에도 영향을 미쳤다. 특히 체코슬로바키아(현재의 체코)에서는 1960년대 중반부터 경제난으로 인해 정부와 사회주의 체제에 대한 시민들의 비판이 고조되는 가운데 학생, 작가 등을 중심으로 한 자유주의 운동이 벌어졌다. 1968년 제1서기장이 된 알렉산데르 둡체크^{Alexander Dubček}는 '인간의 얼굴을 한 사회주의'를 선포하면서 경제개혁, 다당제, 서방과의 외교개선 등 획기적인 정책들을 도입했다. 이에 따라 체코슬로바키아에서 정치, 사회, 문화 등 다방면에서의 자유가 폭발적으로 늘어난 시기를 '프라하의 봄'이라고 한다.

하지만 같은 해 8월 소련은 서방의 북대서양조약기구(NATO)에 대항하는 동구권 군사동맹 바르샤바조약기구 회원국들의

20만 대군과 탱크, 장갑차 등을 이끌고 체코슬로바키아를 침략했다. 시민들은 비폭력저항으로 맞섰지만, 이듬해 둡체크가 실각하고 그의 개혁정책들이 폐기되면서 '프라하의 봄'은 결국 막을 내렸다. 하지만 그 정신은 20여 년 뒤인 1989년 11월 '벨벳혁명'으로 이어졌다. 이 혁명 역시 시작은 학생 시위였다. 독일 베를린 장벽이 무너진(1989년 11월 9일) 지 불과 며칠 뒤에 일어난 이 시위는 전국으로 확산됐고, 같은 해 12월 저명한 극작가이자 민주화 투사인 바츨라프 하벨Václav Havel이 대통령으로 선출되면서 결국 공산체제가 무너지게 됐다. '프라하의 봄'의 도화선 역할을 했던 둡체크는 연방의회 의장에 선출돼 1992년까지 재직하다가 같은 해에 세상을 떠났다.

그런가 하면, 미국에서는 베트남전에 반대하고 평화를 주장하는 히피즘이 등장해 온 나라를 뒤흔들었다. 1950년대부터 일어난 흑인민권운동이 60년대에 본격적으로 확산된 가운데 1963년 존 F. 케네디 대통령의 암살, 1964년 마틴 루서 킹 주니어 목사 암살, 1968년 로버트 케네디의 암살 등 엄청난 사건들을 겪은 미국에서 기성체제에 저항하는 히피즘은 정치, 사회, 문화 등 각 분야에 막대한 영향을 미쳤다.

"공권력에 저항하라"

마이크로네이션의

원조 격은 1967년에 세워진 시랜드 공국Principality of Sealand이다. 이전에도 무인도 또는 육지의 특정 지역에 마이크로네이션을 세우는 시도는 있었지만, 해상의 인공 구조물을 국가로 선포한 경우는 시랜드 공국이 처음이었다. 시랜드 공국은 영국 동남부 서퍽주에서 약 6.5해리(약 12킬로미터) 떨어진 바다 위에 세워졌다. '건국' 당시에는 공해상이었지만, 1982년에 체결된 '유엔해양법협약'에 따라 영해의 기준이 기존 3해리에서 12해리로 확대되면서, 지금은 영국 영해에 속한다. 두 개의 원통형 기둥에 큰 철판을 올린 모양으로, 면적은 550제곱미터이다. 이곳은 원래 영국 해군의 군사시설로 2차 세계대전 동안 독일 전함의 움직임을 감시·저지하고, 작전을 펼치기 위해 세운 여러 개의 해상 요새 중 하나였다.

전쟁이 끝나고 방치되어 있던 이 요새들을 노리는 사람이 있었다. 바로 '해적'들이다. 지나가는 배를 공격해 약탈하는 해적이 아니라, 국가가 운영하는 공영방송에 저항하는 '해적 라디오 방송사'의 운영자들이었다. 미국과 달리 유럽 대부분의 국가에서는 방송 태동기부터 "전파는 공공재산"이라는 개념이 강해, 공영 또는 국영방송 체계가 자리를 잡았다. 하지만 1960년대 반항과 자유의 시대를 맞아 국공영 독점에 반발하는 자유라디오 운동이 일어났다. 특히 영국과 네덜란드, 덴마크 등에서 배를 타고 먼 바다로 나가 전파를 가로채 하고 싶은 말을 마음대로 떠들거나 망측한 가사의 노래들을 멋대로 틀어대는 이른바 '해적 라디오Pirate Radio'가 큰 인기를 끌었다. 당시 영국의 라디오는 모두 BBC 소유였고 대중음악을 거의 방송하지 않았다. 따라서 로큰롤 음악을 원하는 청년들은 해적 라디오에 열광했다. 광고까지 붙을 정도였다. 정부 당국은 단속에 나섰지만, 드넓은 바다 위에서 문제의 해적 라디오 방송국을 찾는 게 쉽지는 않았다. 물론 강제 폐국되거나 전파를 차단당하는 방송국들도 있었다.

이런 와중에 '라디오 캐롤라인'이란 해적 방송사를 운영하던 잭 무어^{Jack Moore}가 기발한 아이디어를 냈다. 공해상에 방치되어 있는 해상 요새를 점거해 그곳에 방송사를 차리는 방법이었다. 공해에 있기 때문에 영국 정부가 방송사를 철거하거나 자신을 검거하기가 어렵다는 점도 그에겐 매우 매력적이었다. 결국 1965년 무어는 해상 요새 중 하나인 러프스 요새^{HM Roughs Fort}를 무단 점거하고 해적 방송을 시작했다. 하지만 그가 예상하지 못했던 게 있었다. 바로 경쟁자였다. 약 2년 뒤 또 다른 해적 라디오 운영자 패디 로이 베이츠^{Paddy Roy Bates}에게 쫓겨난 것이다. 베이츠도 처음에는 이곳에서 해적 라디오 방송을 할 계획이었다. 하지만 불법 라디오에 대한 규제가 강화돼 상업적 이득이 줄어들게 되자, 그는 러프스 요새의 이름을 시랜드 공국으로 바꾸고 건국을 선포했다. 본인의 공식 명칭은 '로이 공'이다. 1975년에는 헌법을 제정하고 국기, 국가, 화폐, 여권 등도 만들었다. 공식홈페이지 sealandgov.org에 들어가 작위를 구매하고 여권을 발급받을 수도 있다. 건국자인 '로이 공'은 2012년에 사망했고, 그의 아들 마이클이 작위를 이어받았다. 그러나 그는 자신의 왕국 대신 서퍽주에서 가족과 함께 살면서 어업과 관련된 사업을 하고 있다.

시랜드 공국은 반세기가 넘는 시간 동안 나름대로 많은 산전수전을 겪었다. 베이츠에게 요새를 빼앗긴 무어가 1967년 친구들과 함께 공격해 온 '외세 침입'도 있었고, 1978년에는 총리를 자칭한 독일 사업가 알렉산더 아헨바흐가 로이 공 부부의 해외여행 중 용병들을 동원해 시랜드를 점령해 마이클 왕자를 인질로 잡은 '반란 사건'이 벌어졌다. 아헨바흐는 시랜드를 럭셔리 해상 호텔로 만들려는 자신의 계획을 로이 공이 반대하자 반란을 일으킨 것으로 알려졌다. 이에 분노한 로이 공이 '전쟁'을 불사하겠다는 의지를 나타내자 점거를 풀고 자진 퇴각하면서 사건이 마무리됐다. 시랜드 공국은 2007년부터 2010년까지 스웨덴과 스페인 기업을 상대로 매각 협상을 벌였지만 성공하지는 못했다. 공국 측이 원한 매각 액수는 7억 5000만 유로로 전해졌다.

기존 시설을 점거한 시랜드 공국과 달리 로즈 아일랜드 공화국은 로사가 직접 설계해 세운 인공섬이었다. 아홉 개의 기둥 위에 400제곱미터 면적의 철판을 올린 형태로 시랜드 공국보다는 약간 작은 크기다. 위치는 이탈리아 영해에서 500미터 떨어진 지점이었다. 로사는 로즈 아일랜드 공화국을 이탈리아로부터 완벽하게 독립된 국가로 만들려 했지만, 1968년 5월 1일 독립을 선언한 지 불과 55일 만에 그의 계획은 산산조각이 났다. 6월 25일 오전 7시쯤 해안경비대 소속 병력과 경찰들이 로즈 아일랜드 공화국을 점거해 버린 것이다. 이듬해 2월 11일 해군은 로즈 아일랜드 공화국을 폭파했고, 며칠 뒤 폭풍이 불어닥쳐 그나마 남아 있던 구조물들을 아드리아해 깊은 바닷속에 침수시켰다. 로즈 아일랜드 공화국이 소련 스파이들의 거점이라는 소문도 있었고 소련 잠수함 기지란 설도 있었지만, 정작 이탈리아 정부가 가장 못마땅하게 여긴 점은 탈세행위였다. 비록 국제법으로 인정받은 국가는 아니었지만, 2차 세계대전 이후 이탈리아가 타국을 침략한 사례는 이때가 처음이자 유일하다.

이탈리아는 물론 유럽을 떠들썩하게 만들었던 로즈 아일랜드 공화국은 이후 사람들의 기억 속에서 사라졌다. 로사의 아들 로렌조는 한 인터뷰에서 "어렸을 때 아버지가 바다 위에 세운 로즈 아일랜드 공화국에서 놀곤 했다고 친구들에게 이야기했더니 '화성에서 살다 왔냐'는 황당한 표정을 지었다. 그다음부터는 아버지에 대해선 입을 꼭 다물었다"[77]라고 회상했다. 로사는 나라를 잃은 이후 엔지니어로 계속 일했으며 대학교에서 학생들을 가르쳤고, 2017년 92세로 세상을 떠났다. 시빌리아 감독은 로사가 작고하기 전 만나 그의 이야기를 영화화해도 좋다는 허락을 받았다고 한다.

한편 1970년 호주에서 정부의 농산물 정책에 반발한 레너드 캐슬리가 자신의 농장에 세운 헛리버 공국Principality of Hutt River은 2020년 코로나19 사태로 관광객이 급감해 재정위기를 겪다가 늘어난 빚을 감당하지 못해 스스로 호주 연방 편입을 선언해 역사 속으로 사라졌다. 이로써 헛리버는 코로나 사태로 멸망한 최초의 국가가 됐다.

21세기의 마이크로네이션

자신만의 국가를 세우려는 시도는 21세기에도 계속되고 있다. 2014년 미국 남성 제레미야 허튼은 이집트와 수단 사이에 있는 '무주지' 비르 타윌에 북수단 왕국Kingdom of Northern Sudan[78]을 세워 스스로 국왕임을 선포했다. 공주가 되고 싶다는 딸의 소원을 들어주기 위해서였다. 왕국 홈페이지에 들어가면, 허튼 국왕의 딸인 에밀리 공주가 활짝 웃는 사진을 볼 수 있다. 비르 타윌이 어느 나라도 영유권을 주장하지 않는 무주지가 된 데에는 식민주의의 아픈 역사가 있다. 이집트와 수단을 보호령으로 식민지배하던 영국은 1899년 북위 22도에 선을 그어 두 나라의 국경을 정했다. 이때 황무지 비르 타윌은 수단, 바로 옆의 할라입은 이집트에 속하게 됐다. 문제는 1902년 영국이 마음을 바꾸면서 시작됐다. 수단의 총독이 광물자원이 풍부한 할라입을 더 잘 다스릴 수 있다는 이유를 내세우면서, 두 지역의 소속을 바꾸어 버린 것이다. 이후 수단과 이집트는 더 좋은 땅 할라입을 갖기 위해 경쟁을 벌였고, 그러다 보니 비르 타윌은 어느 국가에도 속하지 않는 땅이 돼버렸다. 아무도 없는 비르 타윌에 들어가 건국을 선포하고 국기를 꽂은 허튼은 21세기판 아프리카 침략 또는 식민주의란 비판을 받았다. 하지만 그는 비르 타윌을 친환경적으로 개발하겠다는 계획을 밝히며 유엔에 국가 인정 신청서도 제출해 놓은 상태다.

체코의 우파정당 자유시민당 당원 비트 예들레카가 2015년 크로아티아와 세르비아 국경 사이의 다뉴브강가 벌판에 세운 리베를란트 자유공화국Free Republic of Liberland 역시 1991년 유고연방 분리 이후 양국 간의 영토분쟁 때문에 아무도 살지 않는 무주지에 세운 국가다. 면적은 지브롤타와 비슷하다. 예들레카 대통령은 2022년 7월 한 인터뷰에서 미국 뉴욕에 있는 로비스트 회사를 통해 리베를란트의 독립을 인정받기 위한 활동을 벌이고 있다고 밝혔다.[79]

빙하 위에 세운 국가도 있다. 2014년 국제환경운동단체 그린피스 칠레 지부는 파타고니아 빙하 지역에서의 광산 개발 움직임에 저항하며 빙하공화국Republic of Glacier [80] 건국을 선포했다. 빙하를 주권이 미치는 대상으로 보지 않는 칠레 법의 허점을 이용한 것이다. 정부 측은 "거대한 빙하라는 실체가 (칠레) 헌법에서도, 물과 관련된 어떤 법에서도 모두 무시당하고 있어서 독립국을 창설했다"라고 주장했다.[81]

제2의 로즈 아일랜드 공화국을 실현하려는 움직임 역시 이어지고 있다. 대표적인 케이스가 플로팅 시티 프로젝트Floating City Project로, 2008년 시스테딩 재단Seadteading Institute이 공해상에 인공섬을 건설하겠다는 계획[82]을 발표하면서 시작됐다. 시스테딩 재단은 노벨상 수상자인 저명한 경제학자 밀튼 프리드먼의 손자이자 구글 엔지니어 출신인 패트리 프리드먼과 선마이크로시스템스 출신의 IT 사업가 웨인 그램리치가 설립한 비영리기구다. 온라인 결제시스템 페이팔의 창립자이자 실리콘밸리의 거부 투자자인 피터 틸이 참여해 큰 화제를 모은 이 프로젝트는 기후변화로 해수면 상승이 우려되는 가운데 바다 위에 안전하면서도 쾌적한 시설을 갖춘

도시를 세우는 것을 목표로 했다. 일체의 규제가 없는 자유방임형 유토피아를 지향한다는 점에서는 로즈 아일랜드 공화국의 정신과 일맥상통했다. 그러나 2011년 틸이 재단 이사회에서 물러나는 등 좌초 위기를 맞았다가, 이후 재단이 공해가 아닌 영해에 해상도시를 세우기로 하고 2017년 프랑스령 폴리네시아 정부와 해상도시 개발을 위한 예비양해각서를 체결하면서 프로젝트가 재개됐다. 2020년까지 12개의 인공섬을 폴리네시아 해상에 세운다는 내용이었다. 하지만 부유한 상류층을 대상으로 한 일종의 리조트 단지에 불과하고, 새로운 형태의 식민주의라는 비난 여론이 고조되자 부담을 느낀 폴리네시아 정부가 손을 떼면서 아무런 성과 없이 기한이 만료되고 말았다.

그렇다고 해서 플로팅 시티 구상이 완전히 물거품이 된 것은 아니다. 폴리네시아 관광장관 재직 당시 플로팅 시티 프로젝트에 열정을 기울였던 부호 사업가 마르크 콜린스 첸이 2018년 독자적으로 오셔닉스Oceanix란 회사를 만들어 덴마크 건축그룹 비아이지BIG와 손잡고 오셔닉스 시티Oceanix City를 추진하고 있기 때문이다. 기후난민을 위해 '현대판 노아의 방주'를 세우겠다는 것이다.

이 프로젝트는 2022년 4월 국내외에서 많은 관심을 모았다. 유엔 산하기구인 유엔 해비타트와 오셔닉스, 그리고 우리나라의 부산광역시가 미국 뉴욕에 있는 유엔본부에서 '세계 최초의 지속가능한 해상도시'를 기치로 내세운 '오셔닉스 부산'의 디자인을 공개했기 때문이다. 이 디자인에 따르면, 부산 앞바다에 세 개의 플랫폼이 서로 연결된 총 6만 3000제곱미터 면적의 해상도시가 세워진다. 약 1만 2000명의 인구를 수용할 수 있으며, 향후 20개 이상의 플랫폼에 10만 명 이상을 수용할 수 있는 규모로 확장할 가능성도 있다. 부유식 플랫폼은 육지와 다리로 연결되며, 태양광 패널을 이용해 에너지를 100퍼센트 자급자족하는 것은 물론이고 폐기물 제로 순환 시스템, 폐쇄형 물 시스템, 식량, 연안 서식지 재생 등의 시스템을 갖출 예정이다. 박형준 부산시장은 해비타트 원탁회의에 화상으로 참여해 "부산의 지속가능한 해상도시 프로젝트 참여는 글로벌 파트너십 협력과 실행의 모범 사례가 될 것"[83]이라고 말했다. 부산시와 오셔닉스, 유엔 해비타트는 2026년까지 기본·실시설계와 관련 부서 협의를 거치고 2027년 해상도시를 착공해 2030년에 '오셔닉스 부산'을 완공한다는 계획이다.

'오셔닉스 부산'은 마이크로네이션과는 관계가 없다. 하지만 자급자족할 수 있는 해상도시 건설 기술이 보다 발전하고 대중화된다면, 공해상에 독립국가를 건설하는 일이 현실화될 가능성도 배제할 수는 없다.

BONUS!

혁명의 열기와 혼란에 휩싸인 1968년 프랑스 파리의 분위기를 느낄 수 있는 영화로 〈몽상가들The Dreamers〉을 추천한다. 〈마지막 황제〉 〈파리에서의 마지막 탱고〉로 유명한 이탈리아의 명감독 베르나르도 베르톨루치가 2003년에 발표한 논쟁적인 작품이다. 파리에 사는 쌍둥이 남매 이자벨과 테오, 미국 유학생 매슈가 전위적 영화운동의 산실이자 68혁명의 발원지 중 하나였던 시네마테크 프랑세즈에서 만나는 장면으로 시작한 영화는, 세 명이 화염병이 날아다니는 거리로 뛰쳐나가는 장면으로 끝난다.

진짜 '괴물'은
우리가 사는 세계에 있다

납작이 나라의 괴물들

드라마 〈기묘한 이야기|Stranger Things〉
출연 | 위노나 라이더, 데이비드 하버, 밀리 바비 브라운
감독 | 매트 더퍼, 로스 더퍼
관람등급 | 15세 관람가

WHY?

〈기묘한 이야기〉는 1980년대 미국 인디애나주에 있는 가상의 마을 호킨스에서 벌어지는 기묘한 사건을 다룬 SF 호러 드라마다. 루카스, 마이크, 던스틴 등 호킨스의 10대 아이들이 염력을 사용하는 또래 일레븐과 함께 괴물과 맞서 싸우는 내용을 담았다. 현실 세계의 뒤집힌 공간(업사이드다운)에서 사는 데모고르곤(시즌1), 데모도그(시즌2), 마인드 플레이어(시즌3), 베크나(시즌4) 따위의 괴물들은 호킨스에 생긴 차원의 '틈'을 통해 드나들며 사람들을 습격한다.

드라마는 1980년대 영화와 소설들을 오마주했다. 정부의 비밀 실험 대상이 된 여성, 그리고 염력을 갖고 태어난 딸의 이야기는 스티븐 킹이

1980년 발표한 소설 《저주받은 천사》의 설정과 거의 흡사하다. 10대 아이들이 괴물과 맞서 싸우는 얘기는 스티븐 킹의 1986년작 《그것It》을 닮았다. 드라마 곳곳에서 〈폴터가이스트〉 〈이블데드〉 〈구니스〉 〈ET〉 〈에일리언〉 등의 영화를 떠올린다면 눈썰미가 좋은 관객이다. 실제로 연출자인 더퍼 형제Duffer Brothers는 이들 소설과 영화의 영향을 상당히 받았다고 밝히기도 했다.

납작이 나라Flatland가 있다. '높이'라는 개념이 존재하지 않는 2차원 평면의 세계다. 납작이 나라에는 삼각형, 사각형, 동그라미 등 납작한 도형들이 납작한 일들을 하며 산다. 어느 날 3차원 세계에 사는 '사과'가 납작이 나라를 방문했다. 사과는 둥둥 떠다니다가 인상 좋은 사각형에게 인사를 건넸다. "안녕하세요. 저는 3차원 세계에서 온 방문객입니다." 사각형이 깜짝 놀라 납작한 주변을 두리번거렸지만, 그 누구도 보이지 않는다.

둥둥 떠다니던 사과는 평면으로 내려와 자신을 밀어 넣었다. 납작이 나라에서 사과는 '점'으로 존재(아랫부분이 평면에 닿았을 경우)하기도 하고, 모양과 크기가 변하는 둥그스름한 도형으로 존재(중간 부분의 어딘가를 밀어 넣었을 경우)하기도 한다. 정체를 알 수 없는 녀석의 등장에 사각형은 어리둥절할 뿐이다. 사각형은 여전히 그 녀석이 높이를 가진 3차원의 존재라는 것을 상상조차 할 수 없다.

사과는 사각형의 아둔함에 화가 나서 결국 그를 쿵 하고 들이받았다. 그 순간 사각형이 '위'로 붕 하고 뜨면서 3차원에 들어섰다. 납작이 나라의 그 누구도 사각형을 볼 수 없게 됐다. 반면 위로 떠오른 사각형은 납작이 나라를 내려다볼 수 있었다. 선과 선으로 연결된 2차원 공간의 내부를 들여다보는 신기한 경험도 한다. 사각형이 땅으로 내려와 동료들에게 '위'라는 공간을 설명했지만 아무도 그 말을 이해하지 못했다.

칼 세이건Carl Edward Sagan은 1980년대 인기 TV 프로그램이었던 〈코스모스〉에서 영국 빅토리아 여왕 집권 시대의 학자 애드윈 애벗Edwin Abbott의 납작이 나라를 소개했다. 2차원 공간의 사각형이 3차원 세계를 알지 못하듯 3차원 공간의 인간도 4차원 이상의 세계를 이해하기 어렵다. 사각형은 납작이 나라에는 없는 '위'라는 공간에 들어가서야 비로소 3차원을 이해하기 시작했다. 〈기묘한 이야기〉는 3차원 너머 뒤집힌 공간인 '업사이드다운'에 '윌'이라는 10대 아이가 갇히는 이야기로 시작한다. 사각형이 위로 붕 하고 떴을 때 2차원의 세상에서 자취를 감춘 것처럼, 윌도 뒤집힌 공간에 갇히자 호킨스 마을에서 사라졌다.

윌을 구하는 방법을 찾던 아이들은 과학 선생님에게 묻는다. "〈코스모스〉에서 칼 세이건이 다른 차원 얘기를 하잖아요. 이론상 그곳으로 어떻게 이동하죠?" 과학 선생님은 종이 접시 위에 긴 줄과 그 줄을 타는 곡예사를 그리며 말했다.

"이 줄이 우리 차원이야. 우리 차원에는 규칙이 있어 앞으로 혹은 뒤로 갈 수 있지. 곡예사 옆에 벼룩이 있다고 해보자. 벼룩 역시 앞으로 혹은 뒤로 갈 수 있어. 재밌는 건 이 벼룩은 다른 줄로 이동할 수도 있고 심지어는 뒤집혀서 줄 아래로도 갈 수 있다는 거야."

"하지만 우린 벼룩이 아니라 곡예사잖아요. 곡예사가 뒤집힌 곳으로 갈 방법은 전혀 없어요?"

"그러려면 엄청난 양의 에너지를 생성해야 해. 시공간에 틈을 만든 다음 문을 만드는 거야."

냉전시대가 배경인 이 드라마에서 '차원의 문을 누가 먼저 만드냐'를 두고 미국과 소련이 경쟁한다. 호킨스 연구소는 미국 에너지부Department of Energy 소속으로, 차원의 문을 열기 위한 에너지를 연구하는 기관으로 묘사됐다. 〈기묘한 이야기〉 시즌 1이 공개된 후 호킨스 연구소에 대한 문의가 빗발치자 미국 에너지부는 홈페이지에 "호킨스 연구소는 존재하지 않는다"며 이런 글을 게시했다.

"드라마에서는 호킨스 연구소 연구원들이 전신 수트와 보호 장비를 착용하고 '업사이드다운'으로 이동하는 장면이 있습니다. 미국 에너지부는 (드라마처럼) 평행 우주로 가겠다는 계획은 없지만 새로운 세계를 탐험하는 데에는 도움이 되고 있습니다. 〈기묘한 이야기〉에 나오는 기괴한 우주 말고, 실제 우주 공간을 말하는 겁니다. 예를 들어 에너지부는 나사NASA를 위해 '다중 임무 방사성 동위원소 열전 발전기'라고 불리는 우주선용 핵 배터리를 만듭니다."

에너지부는 가볍게 농담조로 웃어넘겼지만, 웃지 못하는 기관이 있으니 바로 CIA다. 극 중 호킨스 연구소에서는 인간 정신을 조종하는 실험도 진행됐다. 한 여성이 호킨스 연구소의 브레너 박사를 찾았다가 실험 대상이 됐는데, 그로 인해 태중에 있던 일레븐이 초능력을 갖게 된다는 설정이다. 일레븐은 염력으로 강력한 에너지를 생성해 차원의 틈을 만들기도 하고, 이를 닫기도 한다.

브레너 박사가 진행한 실험의 프로젝트명은 MK 울트라[MK Ultra]. 이는 CIA가 마약과 약물, 전기충격 등을 이용해 인간의 정신과 행동을 통제하고 조종하려 했던 실제 프로젝트였다. 그 계기가 된 사건은 한국전쟁이었다.

드라마 속 괴물들의 현신

한국전쟁이 막바지에 이르던 1953년 4월 10일 CIA의 앨런 덜레스[Allen Dulles] 국장은 프린스턴대학 동문 모임에서 '두뇌 전쟁[brain warfare]'에 대해 말했다.

"두뇌 전쟁의 목적은 사람의 마음을 조정해 자유의지대로 반응하는 것을 막거나, 외부에서 주입된 자극에 반응하도록 만드는 겁니다. (중략) 소련은 냉전의 주요 무기 중 하나로 두뇌 침투 기술을 사용하고 있지요."[84]

당시 미군 포로 중에는 미국으로 돌아가는 것을 거부하거나, 미군이 한국전쟁에서 세균전을 벌였다고 주장한 이들이 있었다. 전쟁에서 세균 등 생물학무기를 사용하는 것은 1925년 체결된 제네바 의정서를 위반하는 일이다. 이 같은 주장이 제기되자 영국의 생화학자인 조지프 니덤[Joseph Needham]을 비롯해 프랑스, 이탈리아, 스웨덴, 소련, 브라질의 학자들이 한반도에서 세균이 전쟁에 사용됐는지 여부를 조사하기 시작했고 미군 포로 등을 인터뷰해「니덤 보고서」를 작성했다.

북한군에 포로로 잡혔던 미 공군 조종사 플로이드 오닐Floyd O'Neal 중위는 1952년 6월 30일 진술서에서 미군이 북한과 중국 북동부 지역에서 세균전을 벌였다면서 "미국 시민이자 미 공군의 일원으로서 세균전이 있었음을 고발한다. 세균전을 하라는 명령을 받았기에 수행할 수밖에 없었지만 나는 그런 전쟁이 필요하다고 생각하지 않는다"라고 밝혔다.

미국은 생물학무기 사용을 부인했고 오닐 중위 등 미군 포로들도 포로 교환 후 귀국해서는 당시 자신들의 진술이 적의 강요와 협박으로 이뤄진 허위 진술이었다고 주장했다. 한국전쟁에서 미군의 생물학무기 사용 여부는 지금도 논쟁적이지만 당시 미군 포로들의 진술이 미국 정부에게 상당한 위협이 됐다는 것만큼은 분명하다.

덜레스 국장은 포로들의 증언이 공산주의자들의 두뇌 침투 기술 때문이라고 믿었다. "철의 장막 이면에서 인간의 마음을 바꾸기 위한 거대한 실험이 진행되고 있습니다. (중략) 우리 서구는 두뇌 전쟁에 다소 불리하죠. 생존자도 거의 없고 그런 기이한 기술을 적용할 인간 기니피그가 없거든요. (반면) 소련은 정치범, 수감자, 그리고 비극적이게도 포로로 잡은 우리 동포들을 (인간 기니피그로) 데리고 있어요."85

하지만 덜레스의 CIA도 포로와 이중 스파이를 인간 기니피그로 삼아 정신과 행동을 통제하는 내용의 '아티초크 작전Artichoke Operation'을 벌이고 있었다. 일본과 독일, 파나마운하 지대에 비밀감옥을 만들고 이곳에 갇힌 포로와 이중 스파이에게 헤로인과 암페타민, 수면제, LSD 등의 약물을 주사하고 이들을 심문했다. 덜레스가 프린스턴 동문 모임에 참석했을 즈음에는 아티초크 작전의 규모도 커지고 이름도 'MK 울트라'로 바뀌었다. 미 국방부는 물론, 대학 44곳, 연구재단·제약회사 15곳, 병원 12곳, 교도소(교정기관) 3곳이 여기에 참여했다. CIA는 공식적으로는 1953년부터 1964년까지 MK 울트라 프로젝트를 진행했지만, 후속 프로젝트인 'MK 서치MK Search'를 가동해 1970년대 초까지 이어갔다.

하위 프로젝트가 여럿 있지만 알려진 것은 일부에 불과하다. 그중 하나가 세뇌 및 자백과 관련한 실험이다. 실험 대상의 눈을 가리고 진정제와 수면제 등을 주입해 방어기제가 작동하지 않도록 만든 다음, 각성 작용을 일으키는 마약인 LSD, 암페타민 등을 주사하는 방식이다. 방어기제가 없으면 대상자가 진실을 말할 가능성이 높고, 새로운 생각을 주입시키기에도 용이하다는 발상에서 이뤄진 실험이다. 음파를 이용해 뇌진탕이나 기억상실을 일으키는 내용의 실험도 계획됐지만, 진행되지는 않은 것으로 알려졌다.

MK 울트라의 하위 프로젝트 중에는 '심야의 절정Midnight Climax'이라고 명명한 약물 실험도 있었다. CIA는 매춘부를 고용해 일반인 남성들을 '안가'로 유인토록 한 뒤, LSD 등을 몰래 먹이고 다양한 질문을 던지도록 했다. CIA 요원들은 안가 유리문 뒤에서 남성들을 관찰하고 때로는 비자발적인 행동을 하도록 유도하는 메시지를 전달하기도 했다.

한편 캐나다에서는 맥길대학교 부속 앨런 메모리얼 병원의 이웬 캐머런Ewen Cameron 박사가 기존의 기억을 지우는 방식으로 정신분열증과 우울증 등을 치료하는 연구를 진행 중이었다. 여기에 다양한 약물과 전기충격요법 등이 활용됐는데 CIA는 1957년부터 인류생물학연구회라는 위장 단체를 통해 캐머런의 연구를 후원하기 시작했다.

캐머런은 병원에 상담을 받으러 온 환자들을 상대로 수면제, 진정제, 각성제 등을 투입하고 전기충격을 여러 차례 가했다. 대부분 환자 동의 없이 이뤄졌다. 창과 조명이 없고 외부 소음도 완전히 차단된 방 안에서 몇 주간 몽롱한 상태로 갇혀 지낸 환자도 있었다. 외부 세계와 단절된 공간에 있던 환자들이 식사에 맞춰 현재시간을 가늠하는 것을 보고는 식사 시간을 바꾸기도 했다. 과도한 전기쇼크로 환자들은 단기 기억상실을 겪거나 태아처럼 몸을 웅크리고 엄지손가락을 빠는 퇴행 현상을 경험하기도 했다. 캐머런 박사는 인지능력이 떨어진 환자에게 특정 행동을 하도록 지시하는 메시지를 들려주는 방식으로 행동을 교정하고자 했다.

MK 울트라는 세뇌와 관련해서는 별다른 성과를 내진 못했지만 약물과 전기쇼크를 이용한 심문 방식은 이후 CIA 내에서 널리 사용됐다. 1990년대 중반 기밀해제되어 공개된 CIA의 '쿠바르크 방첩활동 심문법KUBARK Counterintelligence Interrogation'은 고립, 최면, 마취 등을 적절히 활용해 심문당하는 사람을 퇴행시켜 순종적인 상태로 만드는 방법을 다뤘다. 이 심문법은 MK 울트라가 진행 중이던 1963년 처음 만들어졌고, 1983년 한차례 업데이트됐다. 심문이라고 하지만 사실상 고문에 더 가깝다. CIA는 온두라스 등 남미에서 사람들을 고문하는 데 이 심문법을 활용했다.

닉슨 행정부가 야당인 민주당 전국위원회 본부를 불법 도청하는 등 '워터게이트Watergate'가 터지자 1973년 당시 CIA 국장이었던 리처드 헬름스Richard Helms는 사면초가에 몰린 닉슨이 CIA를 희생양으로 삼을 것을 우려해 문제가 될 만한 CIA 비밀파일을 파기하기로 했다. 이때 MK 울트라 관련 문서 대부분이 사라졌다.

MK 울트라 사건은 이듬해 12월 「뉴욕타임스」 보도로 세상에 알려졌고, 1977년 상원에서 열린 청문회에서 파기되지 않은 일부 문서가 공개됐다. 미국 정부가 자국민을 상대로 세뇌를 벌였다는 충격적인 사실은 이후 〈컨스피러시〉 〈본 아이덴티티〉 등 다양한 할리우드 영화의 단골 소재가 됐다. 다만 아직까지 일부 실험만 확인됐을 뿐이다. MK 울트라에 대해 알려지기도 전에 문서 대부분이 파기되다 보니 그 실태를 온전히 알 수 없게 됐다.

그들에게 치료제를 주지 않은 까닭

정부가 시민을 대상으로 생체 실험에 나섰던 건 MK 울트라만이 아니었다. CIA가 정신과 의사 등을 동원해 '두뇌 전쟁'에 나섰을 무렵, 군대에서는 '매독과의 전쟁'이 한창이었다. 매독은 성적 접촉을 통해 전파되는 감염병으로, 치료하지 않고 방치하면 실명이나 청각 장애, 중추 신경계 악화, 정신 이상, 심장병 등을 유발한다. 중증인 경우 사망에 이른다. 1930년대부터 미군에서는 '우리의 적은 매독'이라는 포스터를 부대 내에 붙일 정도였고, 2차 세계대전 때는 염화수은 연고와 요도 주사기 등이 성병 예방 도구로 부대에 보급됐다. 미군 장성으로 보건 관련 장교들을 통솔하는 연방의무감US Surgeon General과 그 휘하의 공중보건국Public Health Service은 병사들의 사기를 저해하고 병력에 영향을 미치는 최악의 질병 매독 연구에 나섰다. 1932년부터 1972년까지 미국 앨라배마주 메이콘카운티 터스키기 지역에서 진행한 '터스키기 매독 실험'이 바로 그것이다. 공식 연구 제목은 '흑인 남성의 치료되지 않은 매독에 대한 터스키기 연구Tuskegee Study of Untreated Syphilis in the Negro Male'로, 매독이 인체에 어떤 피해를 주는지 관찰하기 위한 실험이었다.

공중보건국은 '유색인을 위한 무료 혈액 검사: 문제없어 보여도 나쁜 피bad blood가 있을 수 있다'는 내용의 포스터를 붙여 사람들을 모았다. 당시 터스키기에서 나쁜 피는 매독, 빈혈, 피로 등 각종 질병을 통칭하는 뜻으로 쓰였다. 25세에서 60세 아프리카계 남성 600명이 모였는데, 이 가운데 399명이 이미 매독에 걸린 상태였다. 나머지 201명은 대조군으로 참여했다. 이들은 연구 참여 대가로 무상 의료와 무료 식사, 장례비 지원 등을 약속받았다. 하지만 이 실험의 설계 의도는 분명했다. '매독을 치료하지 않고 놔두면 어떻게 될까?' 매독에 감염된 399명은 전문적인 매독 치료를 받지 못했다. 매독에 걸렸다는 사실조차 고지받지 못한 이들이 대부분이었다.

이 실험은 1941년 폐기될 뻔했다. 미국이 2차 세계대전에 참전키로 하면서 실험 참가자들이 군에 입대하게 됐기 때문이다. 실험 참가자들이 군에서 전문적인 매독 치료를 받게 되자 공중보건국에 비상이 걸렸다. 공중보건국은 징집을 담당하는 지역위원회에 실험 참가자 명단을 전달했고, 이들을 징집 대상자 명단에서 제외하라고 요구했다. 지역위원회는 매독 연구가 이어질 수 있도록 공중보건국의 요구를 받아들였다.[86]

1940년대 후반부터 항생제 페니실린이 매독 치료제로 사용되기 시작했다. 하지만 공중보건국은 실험 참가자들에게 아스피린 같은 위약만 제공하고, 페니실린은 처방하지 않았다. 일부 참가자들이 페니실린을 복용하자 실험에서 제외하기도 했다. 당시 공중보건국은 치료받지 않은 매독 환자 집단을 유지하는 것이 중요하다고 여겼으며, 페니실린으로 환자 집단이 오염되지 않아야 한다고 판단했다.

「AP통신」장 헬러 기자의 기사가 1972년 7월 「뉴욕타임스」 1면에 실리면서 터스키기 매독 실험이 대중에게 알려졌고, 그제야 실험이 중단됐다. 공식적으로는 참가자 28명이 매독으로 죽었고 100명이 합병증으로 사망했다. 참가 남성들의 배우자 중 40명이 매독에 걸렸고, 이들이 출산한 아이 19명이 매독을 가지고 태어났다.

1973년 미국의회는 터스키기 실험에 대한 청문회를 열었지만, 실험을 주도한 이들은 "해당 실험 덕분에 매독이란 병에 대해 더 알게 됐으며 오히려 많은 이들을 살리게 됐다. 필요한 실험이었다"라고 주장했다. 20여 년 후 빌 클린턴 대통령이 피해자들에게 사과했지만, 이 실험으로 많은 아프리카계 미국인들이 공중 보건

시스템과 백신 등에 대해 깊은 불신을 갖게 됐다.

이뿐만이 아니었다. 미국 보건당국이 1940년대 중미 과테말라에서 매독 감염 실험을 진행한 사실이 2005년에 드러났다. 매독 치료제를 테스트하기 위한 목적으로 사람들을 매독에 감염시킨 것이다. 연구원들은 성매매 여성을 매독에 걸리게 한 뒤 성관계를 통해 군대와 교도소 등에 매독을 퍼뜨렸다. 보육원과 정신병원 등에서는 매독균을 원아와 환자들에게 강제로 주입했다. 그러고 나서 페니실린을 투여해 치료 효과를 알아보는 실험을 벌였다. 피해자는 수천 명으로 알려져 있다. 이 중에는 당시 아홉 살 고아였던 마르타 오렐라나Marta Orellana도 있었다. 오렐라나는 70여 년이 지나 영국 「가디언」과의 인터뷰에서 "연구원들은 자신이 하는 일을 나에게 말하지 않았고, 거절할 기회도 주지 않았다. 평생을 진실을 모른 채 살아왔다"[87]라고 말했다.

MK 울트라와 터스키기 매독 실험은 불과 수십 년 전에 벌어진 비극이다. 하지만 여전히 우리는 비극의 유산을 안고 산다. 쿠바 관타나모만에 있는 미군의 관타나모 수용소에서는 수감자들이 국제 협약에 따른 포로 대우조차 받지 못한다. 이곳에서는 다양한 가혹 행위들이 심문 기법이라는 이름으로 자행되고 있다. 메이저 제약회사들은 가난한 나라의 독재정부에 돈을 쥐여주고 신약에 대한 임상시험 등을 진행한다. 인간이 기니피그가 되는 일들이 더 세련된 형태로 도처에서 벌어지고 있다. 괴물은 누구인가? 그들은 어디에 있나? 〈기묘한 이야기〉가 답한다. 괴물은 이 세계에 있고 실은 우리의 또 다른 모습이라고.

BONUS!

1970년대 후반부터 1990년대 중반까지 대학 연구소와 항공사 등을 노리고 우편물 폭탄을 보낸 '유나바머Unabomber, University and Airline bomber' 시어도어 카진스키Theodore John Kaczynski도 하버드대학교 재학 시절 MK 울트라 실험의 대상이 됐다. 유나바머의 이야기를 다룬 넷플릭스 8부작 드라마 〈맨헌트 유나바머Manhunt: Unabomber〉에서는 16세의 어린 나이로 하버드대학교 수학과에 들어간 천재 소년 카진스키가 당시 심리학과 교수였던 헨리 머레이Henry Murray의 실험에 참여하는 이야기가 나온다. 당시 머레이는 MK 울트라 프로젝트의 하위 연구로, 학대에 가까운 공격적인 심문을 받은 사람의 스트레스에 관한 연구를 진행하고 있었다. 이 드라마와 넷플릭스 4부작 다큐멘터리 〈유나바머 그가 입을 열다Unabomber: In His Own Words〉는 카진스키가 유나바머가 된 데에 당시 머레이의 실험이 상당한 영향을 미쳤다고 주장한다. MK 울트라 초기 작업에 관여한 미 육군 생물학전 연구소US Army Biological Warfare Laboratories 소속 프랭크 올슨Frank Olson의 사망사건을 파헤치는 넷플릭스 6부작 다큐멘터리 〈어느 세균학자의 죽음Wormwood〉도 추천한다.

미주

1 The New York Times, "August Wilson, Theater's Poet of Black America, Is Dead at 60", (2005.10.03)

2 The New York Times, "Overlooked No More: Ma Rainey, the 'Mother of the Blues'", (2019.06.12)

3 Wall Street Journal, "Netflix's False Story of the Central Park Five", (2019.06.10)

4 〈SACHEEN Breaking the Silence〉, 피터 스파이러, 2019.

5 Brief Take, "Interview: Chambers' Sivan Alyra Rose", (2019.04.26)

6 St. Louis Post-Dispatch, "Cards' Helsley, a member of Cherokee Nation, calls 'chop' chant 'disappointing, disrespectful'", (2019.10.05)

7 AP, "The Academy apologizes to Sacheen Littlefeather for her treatment at the 1973 Oscars", (2022.08.15)

8 Yucatan Magazine, "Mexico apologizes to native Maya on 120th anniversary of battle that ended Caste War", (2021.05.04)

9 "Declarations of the Lacandon Jungle", radiozapatista.org

10 〈씨네21〉, "〈로마〉 알폰소 쿠아론 감독, "〈로마〉는 언젠가 만들었어야

할 영화다"", (2019.01.03)

11 유엔안전보장이사회, "Final Report of the Group of Experts on the DRC submitted in accordance with paragraph 5 of Security Council resolution 1952", 문서번호 S/2011/738, (2010)

12 BBC, "Interview with Hugo Blick", (2018.09.04)

13 Variety, "'Black Earth Rising' Creator Breaks Down the Challenges and Nuances of Exploring the Rwandan Genocide", (2019.01.25)

14 Anzac day Commemoration Committee, "Witness to genocide-A personal account of the 1995 Kibeho massacre"

15 The Washington Post, "Rwanda's government now uses the annual genocide remembrance as a political tool", (2021.04.07)

16 https://millercenter.org/the-presidency/presidential-speeches/april-30-1970-address-nation-situation-southeast-asia

17 《폴 포트 평전》, 필립 쇼트, 실천문학사, 2008.

18 《폴 포트 평전》, 필립 쇼트, 실천문학사, 2008.

19 《킬링필드, 어느 캄보디아 딸의 기억》, 로웅 웅, 평화를품은책, 2019.

20 The Jewish Chronicle, "Eli Cohen's body must be returned to Israel", (2022.01.10)

21 The New York Times, "A Top Syrian Scientist Is Killed, and Fingers Point at Israel", (2018.08.06)

22 Asharq Al-Awsat, "10 Factual Errors Committed by 'The Spy' Series on Eli Cohen", (2019.09.19)

23 CNN, "From Scottish teen to ISIS bride and recruiter: the Aqsa Mahmood story", (2015.02.24)

24 Sky News, "Shamima Begum: IS bride insists she 'didn't hate Britain' when she fled to Syria-and now wants to face trial in UK", (2021.11.22)

25 〈시사IN〉, "'후회한다'던 김군은 어떻게 됐을까", (2015.10.15)

26 《이슬람 불사조》, 로레타 나폴레오니, 글항아리, 2015.

27 Independent, "Messiah: Jordan calls on Netflix to ban controversial 'anti-Islamic' drama series", (2019.12.31)

28 《문명의 충돌》, 새뮤얼 P. 헌팅턴, 김영사, 1997.

29 《문명의 공존》, 하랄트 뮐러, 푸른숲, 2000.

30 The New Yorker, "Raising Cane", (1971.02.21)

31 Los Angeles Times, "Many Refuse to Clap as Kazan Receives Oscar", (1999.03.22)

32 "The Summary Rights in Conflict", chicago68.com

33 Variety, "Aaron Sorkin: Trump and Giuliani Did What the Chicago 7 Were on Trial for Doing", (2021.04.02)

34 Meaww, "'The Trial of the Chicago 7': What is the Rap Brown Law? Here's how the Anti-Riot Act is used even today", (2020.10.16)

35 〈연합뉴스〉, "교황, 세월호 유족 고통 앞에서 중립 지킬 수 없었다", (2014.08.19)

36 The Boston Globe, "Church allowed abuse by priest for years", (2002.01.06)

37 BBC, "Vatican laws changed to toughen sexual abuse punishment", (2021.06.01)

38 "India: extreme inequality in numbers", Oxfam.org (2020.01)

39 Asia Times, "A rape in India every 15 minutes: government data", (2020.01.15.)

40 NPR, "In France, A Star Rises From An Oft-Neglected Place", (2021.06.28)

41 The New Yorker, "The Formidable Charm of Omar Sy", (2021.06.13)

42 《아케이드 프로젝트》, 발터 벤야민, 새물결, 2005.

43 《모더니티의 수도, 파리》, 데이비드 하비, 글항아리, 2019.

44 https://www.leighday.co.uk/news/cases-and-testimonials/cases/british
-american-tobacco-and-imperial-brands

45 Ngwira S, Watanabe T, "An Analysis of the Causes of Deforestation in
Malawi: A Case of Mwazisi", (2019.3.15)

46 https://www.hydropower.org/sediment-management-case-studies/
malawi-kapichira

47 《바람을 길들인 풍차소년》, 윌리엄 캄쾀바, 브라이언 밀러, 서해문집,
2009.

48 The New York Times, "Ending Famine, Simply by Ignoring the Ex-
perts", (2007.12.02)

49 "FAMINE IN MALAWI: CAUSES AND CONSEQUENCES",
UNDP.org (2008.01.01)

50 GreenPeace, "USAID and GM Food Aid", (2002.10)

51 Noah Zerbe, 2004, "Feeding the famine? American food aid and the
GMO debate in Southern Africa" Food Policy, Volume 29, Issue 6: 593
-608.

52 《탐욕의 시대》, 장 지글러, 갈라파고스, 2008.

53 https://www.reddit.com/r/IAmA/comments/80ow6w/im_bill_gates_
cochair_of_the_bill_melinda_gates/dux50sc

54 KNKX, "Why Bobby Kennedy Went After The Teamsters, Including
Seattle's Dave Beck", (2015.08.10)

55 The New York Times, "Hoffa 'Plot' to Kill R. F. Kennedy Alleged; Secret
Testimony From Jury Tampering Trial Released by Judge; Hoffa Calls
Accusation 'Lie' and an Attempt to Influence New Trial", (1964.04.12)

56 "THE LIFE AND TIMES OF EDWARD GRADY PARTIN, 1924 −
1990", Jasonpartin.com

57 "How Joseph Kennedy Made His Fortune (Hint: It Wasn't Bootlegging)", History.com, (2019.10.28)

58 〈연합뉴스〉, "CIA, 카스트로 암살에 10만달러…케네디 암살범, KGB 접촉", (2017.10.27)

59 RadioTimes.com, "Is Netflix's The Queen's Gambit based on a true story?", (2020.10.29)

60 Michael A. Hudson , "STORMING FORTRESSES:A POLITICAL HISTORY OF CHESS IN THE SOVIET UNION, 1917-1948" (Doctor of Philosophy in History, University of California Santa Cruz, 2013), https://escholarship.org/content/qt0s71f0cw/qt0s71f0cw_noSplash_22625b826d6aad8c2769f6e3e401dac6.pdf

61 Slate, "World Chess Champion Garry Kasparov on What The Queen's Gambit Gets Right", (2020.11.17)

62 Rence.com, "Chess Grandmaster Bobby Fischer Applauds 911 Attacks"

63 〈연합뉴스〉, "'검소한 대통령' 우루과이 무히카, 퇴임도 소박하게", (2015.03.02)

64 World Population Review, "Richest Countries in South America 2022"

65 World Happiness Report, "Happiness, Benevolence, and Trust During COVID-19 and Beyond", (2022.03.18)

66 The Washington post, "Raul Sendic Dies", (1989.04.23)

67 〈문화일보〉, "콜롬비아 옛 반군, 내전 당시 소년병 1만8000여명 동원", (2021.08.11)

68 Reuters, "Colombia ELN rebel group open to peace talks with next president Gustavo Petro", (2022.06.21)

69 BBC, "Óscar Denis: Former Paraguay VP's family marks his 600 days in captivity", (2022.05.03)

70 「한겨레21」, "미국, 칠레 민주주의를 쏘다: 73년 피노체트 쿠데타 배후 확인", (1998.11.26)

71 〈문화일보〉, "아버지가 친부모 죽인 원수였다니… 30년 만에 찾은 '진실'", (2012.07.13)

72 《라틴아메리카의 과거청산과 민주주의》, 노용석, 산지니, 2005.

73 The Guardian, "Operation Condor: the cold war conspiracy that terrorised South America", (2020.09.03)

74 The Washington post, "The Intelligence coup of the Century", (2020.02.03)

75 The Guardian, "Operation Condor: the cold war conspiracy that terrorised South America", (2020.09.03)

76 〈동아일보〉, "佛 "68혁명은 현재진행형"", (2008.05.01)

77 Sky News, "The man who built Rose Island: 'Creating it was his scream for freedom", (2020.12.18)

78 The Washinton post, "Local Va. man plants flag, claims African country, calling it 'Kingdom of North Sudan'", (2014.07.12)

79 Radio Free Europe, "Wedged Away In The Balkans, Would-Be Microstate 'Liberland' Keeps Up Its Fight For Recognition", (2022.07.25)

80 WorldCrunch, "Glacier Republic - Environmental Politics At The 'Bottom Of The Earth'", (2014.03.29)

81 〈경향신문〉, "[공감] 빙하공화국", (2014.03.11)

82 NPR, "Libertarian Island: No Rules, Just Rich Dudes", (2008.05.21)

83 〈연합뉴스〉, "세계 최초 해상도시 '오셔닉스 부산' 디자인 공개", (2022.04.27)

84 2003년 5월 5일 공개된 CIA 문서. CIA-RDP80R01731R001700030015-9

85 2003년 5월 5일 공개된 CIA 문서. CIA-RDP80R01731R001700030015-9

86 Public Health Service, "FINAL REPORT of the Tuskegee Syphilis

Study Ad Hoc Advisory Panel", (1973.04.28)

87 The Guardian, "Guatemala victims of US syphilis study still haunted by the 'devil's experiment", (2011.06.08)

넷플릭스 세계사

첫판 1쇄 펴낸날 2023년 6월 20일
3쇄 펴낸날 2023년 9월 20일

지은이 오애리, 이재덕
발행인 김혜경
편집인 김수진
편집기획 김교석 조한나 유승연 김유진 곽세라 전하연
디자인 한승연 성윤정
경영지원국 안정숙
마케팅 문창운 백윤진 박희원
회계 임옥희 양여진 김주연

펴낸곳 (주)도서출판 푸른숲
출판등록 2003년 12월 17일 제2003-000032호.
주소 서울특별시 마포구 토정로 35-1 2층, 우편번호 04083
전화 02)6392-7871, 2(마케팅부), 02)6392-7873(편집부)
팩스 02)6392-7875
홈페이지 www.prunsoop.co.kr
페이스북 www.facebook.com/prunsoop   인스타그램 @prunsoop